일상에서의
자폐성장애
영유아 발달지원

Merle J. Crawford · Barbara Weber 공저
김선경 · 김은윤 · 임미화 공역

Autism Intervention Every Day!
Embedding Activities in Daily Routines for Young Children and Their Families

학지사

역자 서문

　최근 자폐 범주성 장애의 출현율이 높아지고 있으며, 진단 연령 또한 점점 어려지고 있음을 특수교육 현장에 있는 역자들도 체감하고 있습니다. 어린 연령의 자폐 범주성 장애 영아를 더 많이 만나게 되면서 그 부모님들의 어려움을 가깝게 느낄 수 있었습니다. 자폐 성향을 나타내는 영아의 부모 대부분은 자녀와의 눈맞춤, 주의 공유 그리고 정서적 공감에서의 어려움으로 상호작용에서 많은 좌절을 느끼고 자녀의 이해하지 못할 행동들로 인해 양육에 더욱 어려움을 가집니다. 또한 자녀를 위한 다양한 치료 및 교육에 대해 알고 자녀에게 필요한 중재를 찾고 결정하는 것 모두 부모의 몫이 되기 때문에 부모의 스트레스는 더 커집니다. 따라서 교사는 자폐 범주성 장애 아이들을 직접 가르치는 역할뿐만 아니라 그 가족과 어려움을 나누고 아이의 미래에 대한 희망과 불안을 함께 안고 가는 역할을 해야 합니다.

　국내외 많은 연구를 통해 자폐 범주성 장애 영아에게는 가장 자연스러운 환경인 가정의 일상에서 부모가 실행하는 중재가 효과적이라고 밝히고 있습니다. 따라서 역자들도 임상현장에서 부모교육과 상담을 통해 부모 역할의 중요성에 대해 알리고자 노력해 왔습니다. 그러한 과정에서 부모에게 도움이 될 만한 자료나 서적을 찾는 데 어려움이 있었고 다른 치료사들에게 일상에서의 부모개입 방법을 설명하고, 협력하고자 할 때에도 도움이 되는 자료를 찾기 어려웠습니다. 그러던 중 이 책을 만나게 되었습니다.

이 책의 저자인 Merle Crawford와 Barbara Weber는 미국의 임상현장에서 장애 영아들의 조기개입에서 다른 전문가들과 함께 일하고 있습니다. 특히 이 책에서는 집, 유치원, 지역사회와 같은 일상 환경에서 자폐 범주성 장애 영아들의 발달을 도울 수 있는 토대를 제공하기 위해 조기개입 전문가나 부모들이 실행해 볼 수 있는 다양한 방법을 구체적으로 제시하고 있습니다. 이 책은 목욕할 때, 잠잘 때, 책을 읽어 줄 때, 지역사회로 외출할 때 등과 같은 일상생활에서 부모에게 자녀의 사회적 의사소통 발달과 문제행동에 대한 이해와 도움을 줄 수 있는 다양한 사례, 구체적인 방법을 제시하고 있습니다. 따라서 이 책은 자폐 범주성 장애 영아를 양육하는 부모와 그 부모를 지원하고자 하는 조기개입 전문가들에게 실제적인 가이드를 줄 수 있을 것입니다. 그리고 이 책은 조기개입의 연령인 36개월 미만을 주 대상으로 하고 있으나 영아기 이후 유아에게도 적용할 수 있기 때문에 『일상에서의 자폐성장애 영유아 발달지원』이라는 제목으로 출간하게 되었습니다.

이 책에서 제시하는 방법들을 활용하여 자폐 범주성 장애 영아들의 발달을 지원하기 위해서는 아이들이 매일매일 마주하는 일상생활에서의 경험들이 좋은 배움의 기회가 된다는 것을 알아야 합니다. 또한 환경과 개별 영아의 특성에 맞게 전략들을 적용하여 아이들이 자신의 일상에서 최대한의 능력을 발휘할 수 있도록 도움을 주어야 합니다. 자폐 범주성 장애 영아들이 자신의 잠재력을 최대한으로 발휘하고 그들의 부모가 자녀의 발달을 지원함에 있어 유능한 조력자가 되는 과정에 조금이나마 도움이 될 수 있기를 바랍니다. 학지사의 김진환 사장님, 김영진 선생님을 포함하여 이 책이 나올 수 있도록 함께 도움을 주신 모든 분께 감사의 마음을 전합니다.

2020년 9월
역자 일동

서문

이 책은 자폐 범주성 장애(autism spectrum disorder) 영아들 또는 자폐 위험 영아들을 가르치는 조기개입 전문가(early intervention providers)를 위해 쓰였다. 이 책의 목적은 조기개입 전문가가 부모와 다른 양육자들에게 영아의 중요한 기술을 발전시키고 문제행동을 관리하는 방법을 가르칠 수 있도록 전략과 도구를 제공하는 것이다. 이 책에 나오는 중요한 기술들은 저자들이 2014년에 발간하였던 『Early Intervention Every Day! Embedding Activities in Daily Routines for Young Children and Their Families』(Crawford & Weber, 2014)의 것과는 다르다. 그 책은 생후부터 36개월까지 여섯 가지 발달 영역에 이르는 중심 기술에만 집중하였다. 반면, 이 책은 특히 자폐 범주성 장애(ASD) 영아들을 위한 기술을 담고 있다. 이 기술들은 집, 유치원, 지역사회와 같은 일상 환경에서 교류하고 소통하며 참여하는 방법을 배우는 것에 관한 토대를 제공한다. 『Early Intervention Every Day!』에서 제시하였던 기술처럼 이 책에서 제시한 기술 역시 일반적인 영아와 가족의 일상이나 활동에서도 사용할 수 있을 것이다.

시중에는 이미 ASD에 대한 책이 많이 있으며, ASD 영아들을 위한 책들도 출판되어 있다. 다른 책들과 비교해 이 책이 특별한 점은 저자들의 오랜 임상경험과 연구자료, 코칭, 다양한 증거 기반 교수 전략 그리고 문제 해결 방법을 통합하고 있으며,

이 점이 교사뿐만 아니라 궁극적으로 부모와 영아를 도울 수 있다는 점이다. 게다가 이 책은 ASD 영아의 부모들과 ASD 성인들로부터 많은 추천을 받았는데, 조기 중재를 위해 교사들이 알아야 할 중요한 이슈에 대해 그들의 관점을 많이 반영하고 있기 때문이다. 저자들은 ASD 징후를 보이는 영아들을 성공적으로 중재하기 위해서 영아의 동기, 규칙, 발달 측면의 장점과 요구 등에 대한 지속적인 평가가 필요하다는 점을 발견하였다. 이는 기술 획득이 종종 전형적인 발달 궤도를 따라가지 않기 때문이다(예: ASD 영아들이 일상에서 일반적으로 접하는 물건의 이름을 알기 전에 숫자, 글자, 모양, 색깔을 아는 것, 언어를 타인에게 요구하기 등과 같은 의사소통의 목적으로 사용하지 않고 단지 어떤 상태나 사건을 언급하기 위해 사용한다는 것).

이 책은 단독으로 사용할 수도 있고, 이전 책인 『Early Intervention Every Day!』를 보충하는 용도로도 사용할 수 있다. 또한 이 책은 조기개입 전문가들이 영아의 능력과 어려움을 분석하고, 주요 결함들을 목표로 설정하여 일상생활을 통하여 영아의 발달 이정표를 밟아 갈 수 있도록 하는 정보를 독자들에게 제공한다.

이 책은 총 9장으로 구성되어 있다. 제1장은 자폐 범주성 장애 및 영아의 진단과 관련된 전반적인 정보를 소개한다. 영아들이 보이는 '위험 신호(red flag)'와 핵심적인 어려움에 대해서 강조하고 있다. 제2장에서는 조기개입 전문가들에게 정보를 제공하여 ASD 영아들이 진단에서부터 서비스까지 연계되는 과정에서 가족을 도울 수 있도록 한다. 제3장은 ASD 영아들이 특별한 교수 전략이 필요한 이유에 관한 정보를 제공하고 있으며, 응용행동분석으로부터 나온 많은 전략을 기술하고 있다. 동기, 과제 분석, 형성법, 촉진, 강화, 행동 관성 그리고 행동 기능을 포함하는 중요한 개념과 교수 전략들에 관해 다룬다. 제4장에서는 조절, 자신과 타인 그리고 환경에 대해 이해하기, 융통성, 사회적 의사소통 간의 관계에 대한 설명과 이론적 틀을 제시한다. 이 주제는 제5~8장에서도 계속 다루어지는데, 이전의 책인 『Early Intervention Every Day!』에서 나온 것과 유사한 형태로 제시된다. 몇몇 장에서 제시하는 중요한 기술들은 연구 자료나 ASD 영아와 관련된 정보들 그리고 교사가 부모 및 양육자에게 가르칠 수 있는 실제적인 제안이 제시된다. 그 기술들은 목욕할 때, 잠잘 때, 책을 읽을 때, 지역사회로 외출할 때, 기저귀를 갈 때, 옷을 갈아입을 때, 몸단장할 때와 위생관리를 할 때, 집안일을 할 때, 식사할 때, 놀이할 때 등을 포함하여 매일매일의 일상에서 실행될 수 있도록 설명하고 있다. 또한 그 과정을 점검하는 방법 역시 제시된다. 마지막 장에서는 문제 해결 접근 방법이 더 자세하게 제시되는데, 이를 통해 교사는 가족들에게 일상생활과 활동 속에서 일어나는 일반적인 어려움에 도움을 줄 수 있을 것이다. 이 책에서 다루는 주제들은 저자들이 가족들과 의사소통해 온 오랜 경험으로부터 나왔으며, 가족들이 종종 힘들다고 말하는 행동들, 상동행동 등과 관련된 전략을 포함한다.

『Early Intervention Every Day!』의 서론에서 저자들은 이렇게 말했다. "우리는 독자들이 이 책의 유용함을 알 수 있고, 또한 이 책이 독자들에게 아이디어를 줄 수 있다는 것을 알기 바란다. 또한 조기개입 전문가의 차에서 책장 모서리가 많이 접힌 이 책을 볼 수 있기를 바란다"(Crawford & Weber, 2014, p. x).

저자들은 이 책에 대한 희망을 함께 가지고 있다. 그들은 이 책이 교사들, 가족들 그리고 ASD 영유아를 위해 일하는 모든 사람에게 도움이 되기를 희망한다. 또한 잠재력을 끌어내기 위한 특별한 교수 전략과 행동 분석이 필요한 영유아들, 즉 ASD와 유사한 행동적, 학습적 특징을 가진 영유아들을 위해 일하는 모든 사람에게도 도움이 되기를 바란다.

차례

자폐와 조기개입*

조기개입 전문가**(예: 교사, 치료사 등)들은 발달에 어려움을 가지는 영아와 가족에게 전문적 지식과 경험을 제공한다. 그러나 그들의 자폐 범주성 장애(ASD)에 대한 지식과 ASD 영아들과 함께한 경험은 모두 다양하다.

어떤 전문가는 ASD 영아들을 가르치는 것에 어려움을 느끼고, 어떤 전문가는 자신이 ASD 영아들을 가르칠 수 있는 역량이 부족하다고 느낀다. 자신의 역량이 부족

---

*역자 주. 조기개입(early intervention): 0~2세(만 36개월 미만) 장애가 있거나 발달지체의 위험이 있는 신생아 및 영아, 그 가족을 위해서 제공되는 협력적이고도 종합적인 특수교육 서비스이다. 아동의 개별적 요구에 맞춰 보조공학, 언어치료, 가족상담 및 지원, 의료서비스, 간호서비스, 영양서비스, 작업치료, 물리치료, 심리치료 등이 포함된다. 조기개입의 중재에서는 생후 3년 동안 발달하는 전형적인 기술 및 새로운 기술을 습득하는 것에 초점을 둔다. 예를 들어, 신체적 기술(뻗기, 구르기, 기기, 걷기), 인지 기술(생각하기, 배우기, 문제해결하기), 의사소통 기술(말하기, 듣기, 이해하기), 사회/정서적 기술(놀기, 안정감과 행복감 느끼기), 자조 기술(먹기, 옷 입기) 등이다.

**역자 주. 조기개입 전문가(early intervention provider): 발달지연 및 장애 영아의 조기개입 프로그램과 관련된 역할을 수행하는 전문가를 의미한다. 조기개입 전문가는 아동의 환경(예: 가정, 어린이집 등)에서 아동의 발달상 강점과 약점 및 문제행동 등을 평가하기도 하고, 발달을 촉진하기 위한 양육 전략을 제공하기도 하며, 직접적으로 아동에게 중재를 제공하는 역할을 할 수도 있다. 개별 아동에 따라 조기개입 전문가의 팀이 결정되며 특수교사, 의료전문가, 물리치료사, 작업치료사, 놀이치료사, 언어재활사, 사회복지사 등이 포함될 수 있다.

하다고 느끼는 전문가는 ASD 진단을 받은 영아들을 다른 곳에 의뢰한다. 그리고 자신이 ASD 보다 전문적으로 더 잘 안다고 생각하는 다른 장애의 영아들을 가르치는 것을 선호한다. 예를 들어, 섭식 문제, 의학적 문제, 신체적 문제, 감각장애를 가진 영아들이다. 또한 초기에는 ASD '위험 신호'를 보이지 않았던 영아들이 점차 ASD 특성을 보이게 될 때 조기개입 전문가는 그러한 영아들을 가르치는 데 어려움을 가질 수 있다. 예를 들어, 초기에 물리치료사는 발달지연 영아에게 앉기, 구르기, 걷기와 같은 기술을 촉진시킬 수 있도록 도와줄 수 있다. 하지만 그 영아가 시간이 지나 ASD 특성을 보이게 되고 지시 따르기와 모방이 필요한 더 높은 단계의 운동 기술을 가르쳐야 할 때 물리치료사와 부모 모두 어려움을 느끼게 되는 것이다. 그러므로 모든 조기개입 전문가가 ASD와 관련 장애들, 증거 기반의 중재방법들을 잘 이해하는 것은 매우 중요하다.

Daniels와 Mandell이 1990년부터 2012년까지 실행한 42개의 연구(2014)를 분석하였는데, 영유아가 ASD로 진단을 받는 나이는 평균 38개월에서 120개월 사이라는 것을 밝혔다. 그들은 조기진단에 대한 추세와 유아들이 더 이른 시기에 진단을 받지 못하는 여러 이유에 대해 설명하였다. 조기개입 과정에서 일했던 저자들의 경험에 따르면, 부모마다 자녀의 ASD 위험 신호에 대해 조기개입 전문가와 이야기를 나눈 후 대처해 나가는 방법은 매우 다양하였다. 어떤 부모는 자녀의 ASD 성향을 의심하거나 또는 조기개입 전문가에게 ASD에 대한 우려를 듣고 나면 바로 진단을 받기도 하지만, 어떤 경우는 아예 그러한 의견을 무시하기도 한다. 또한 다른 몇몇 부모는 망설이기도 하는데, 그 이유는 그들이 생각하기에 굳이 진단은 필요치 않고 적절한 서비스를 받으면 된다고 생각하거나 어린 나이에 진단으로 인한 낙인을 원치 않기 때문이다. ASD에 대한 걱정을 하기 시작한 이후 어떻게 하는가는 부모에게 달려 있지만, 모든 조기개입 전문가는 영아들에게 적절한 지원과 자원을 제공하기 위해서 ASD의 특성에 대해 잘 알고 있어야 한다.

『정신장애 진단 및 통계 편람[Diagnostic and Statistical Manual of Mental Disorders (5판)]』(DSM-5; American Psychiatric Association [APA], 2013)에서는 ASD를 진단하는

기준으로 유아의 초기 발달기에 "사회적 의사소통과 상호작용에서의 지속적인 결함(persistent deficits in social communication and social interaction)", "제한적이거나 반복되는 행동, 흥미, 활동의 패턴(restricted, repetitive patterns of behaviors, interests, or activities)"과 같은 증상이 나타난다고 말한다(p. 50). 그리고 이런 결함들이 사회적, 직업적 그리고 현재의 중요한 기능들에서 심각한 장애를 초래하며, 이는 단순히 지적장애나 발달지연만으로 설명될 수 없다고 본다(APA, 2013, p. 50). 또한 『DSM-5』에서는 영아 및 유아 시기에 나타나는 행동의 예시들을 설명하고 있다. 예를 들어, 눈맞춤의 어려움, 장난감 줄 세우기, 물건 던지기, 반향어, 작은 변화에서의 극심한 스트레스, 전이의 어려움, 특이한 사물에 대한 몰두, 감각적 자극에 대한 과대반응 또는 과소반응, 환경의 감각적 양상에 대한 특이한 몰두 등이다.

그동안 많은 학자는 영아기 ASD를 판별하기 위해 ASD 위험 신호에 대해 연구해 왔다. Wetherby와 Watt, Morgan, Shumway의 2007년 연구에서 ASD 영아들이 18~24개월 시기에 다섯 가지의 사회적 의사소통 결함을 보인다고 밝혔으며, 그것은 시선 이동, 포인팅 하는 것을 따라 응시하기, 의사소통 비율, 공동관심을 위한 행동, 다양한 제스처에서 어려움이다(p. 973). 또한 Trillingsgaard와 Sørensen, Nĕmec, Jørgensen의 2005년 연구에서도 ASD 위험 신호를 밝혀냈는데, 이는 영아가 전문가의 개입으로 이루어진 반구조화된 놀이 상호작용에서 다음의 지표들(웃음에 웃음으로 답하기, 호명에 반응하기, 포인팅 하는 것을 따라가기, 얼굴 표정 읽기, 성인과 함께 미니어처 장난감으로 기능적인 놀이하기, 언어적 · 비언어적으로 행동 요구 시작하기 등)을 24개월까지 보이지 않는다는 것이다(p. 71).

ASD 옹호 단체인 Autism Speaks에서는 부모와 전문가를 위한 웹사이트에 다음과 같은 ASD 위험 신호 리스트를 제시하였다(2015b).

- 6개월 또는 그 이후까지 함박웃음이나 아주 기뻐하는 표현이 없음
- 9개월까지 소리, 웃음, 얼굴 표정을 서로 주고받지 않음
- 12개월까지 옹알이가 나타나지 않음

- 12개월까지 가리키기, 보여 주기, 손 뻗기, 손 흔들기 등의 상호 제스처가 없음
- 16개월까지 낱말 발화가 없음
- 24개월까지 의미 있는 두 단어 이상의 구(단순 모방이나 따라 하기가 아닌)를 말하지 않음
- 개월 수에 상관없이 사회적 기술이나 옹알이, 말 등이 현저히 적음

미국 질병통제예방센터(The Centers for Disease Control and Prevention: CDC, 2014)에서는 다음과 같은 행동들이 조기에 ASD 영아들이 보일 수 있는 위험 신호라고 설명하였다.

- 12개월까지 호명에 응답하지 않음
- 14개월까지 사물에 대한 관심(예: 날아가는 비행기 가리키기)을 표현하는 행동을 보이지 않음
- 18개월까지 상징 놀이(예: 인형 밥 먹이기)를 하지 않음
- 눈맞춤을 피하고 혼자 있고 싶어 함
- 다른 사람의 감정을 이해하거나 스스로의 감정을 말하는 데 어려움이 있음
- 말 또는 언어 기술의 지연
- 단어나 구문의 계속되는 반복(반향어)
- 질문에 연관되지 않은 답변을 함
- 작은 변화에 흥분함
- 과도한 흥미를 보임
- 손뼉을 치거나, 몸을 흔들거나, 뱅뱅 돌기
- 청각, 후각, 미각, 시각, 촉각 등에 일반적이지 않은 반응을 보임

Johnson과 Myers는 2007년 『소아과학회지(Pediatrics)』에 ASD와 관련 있는 의사들을 위해 논문을 출간하였다. 이 논문은 ASD의 정의, 역사, 역학, 진단 영역, 조기

위험 신호, 신경병리학, 병인학에 대한 배경지식과 소아과 의사들이 ASD 영아들을 선별할 수 있는 전략, 그리고 ASD 영아들을 위한 지원방안 등을 다룬 임상적 보고서이다(p. 1183).

이 보고서의 출간 이후로 정기적인 선별검사(routine screening)가 일반화되었고, 소아과 의사들은 조기개입과 더 심화된 평가를 위해 부모에게 전문적인 도움을 받을 곳을 소개할 수 있었다. 선별검사의 종류는 영유아들이 사는 곳이나 그 지역의 자원에 따라 달라지는데, 자주 쓰이는 선별검사 도구 두 가지는 M-CHAT-R(Modified Checklist for Autism in Toddlers-Revised; Robins, Fein, Barton, & Green, 2001)과 BITSEA(Brief Infant-Toddler Social and Emotional Assessment; Briggs-Gowan, Carter, Irwin, Wachtel, & Cicchetti, 2004)이다. M-CHAT-R은 16~30개월 사이의 영아를 위해 고안되었고, 20개의 예/아니요 질문으로 구성되어 있다. 영아의 부모가 해당 질문에 답하고, 전문가나 의사에 의해 검사가 이루어진다. M-CHAT-R은 부모의 답변에 따라 필요한 경우 추가질문이 이루어진다(M-CHAT-R/F; Robins, Fein, & Barton, 2009). BITSEA는 12~35개월 사이의 영아들을 위한 검사로 사회-정서 문제나 ASD 특성 관련 문항으로 구성된다.

자폐증 진단 면담지 개정판(Administration of the Autism Diagnostic Interview-Revised: ADI-R; Rutter, Le Couteur, & Lord, 2003) 또는 자폐증 진단 관찰 도구(Autism Diagnostic Observation Scale, Second Edition: ADOS-2; Lord et al., 2012)는 ASD를 진단하기 위해 더 심화된 평가가 요구되는 영유아들을 위한 검사이다(Falkmer, Anderson, Falkmer, & Horlin, 2013). ADI-R은 양육자에 대한 93개의 질문 인터뷰 형식으로 이루어져 있고, 18개월 이상의 인지 기술을 가진 영유아들에게 적절하다. ADOS-2는 12개월 혹은 그 이상의 대상에 대한 평가로 구성되어 있다.

ASD '위험 신호'를 보인 영아들 중에서는 이후 ASD 진단을 받는 경우도 있고 아닌 경우도 있다. 또한 저자들의 경험에 따르면 유아기에 ASD로 진단을 받은 경우 중에는 영아기에는 ASD 진단 기준에 부합하지 않은 경우도 많았다. 어떤 유아는 영아기에 발달지연 진단을 받고, 나중에 다시 동일한 의사 또는 다른 의사를 통해

ASD 진단을 받기도 한다. Guthrie와 Swineford, Nottke, Wetherby(2013)는 시간에 따라 진단이 달라지는 이유에 대해서 의사의 경험, 표준화된 검사 여부, 시간의 흐름에 따른 증상의 정도 변화, 집 또는 병원과 같은 다양한 환경에서의 평가 실시 여부 등을 주요한 요인으로 보았다. 또한 다른 장애의 경우, 초기 사인이나 증상에 대한 연구가 거의 선행되지 않았다는 점도 고려해야 한다. 예를 들어, 조울증이나 강박장애는 영아기에 이상행동을 많이 보였다고 해도 어느 정도 연령이 될 때까지는 진단을 내리지 않는다(Faedda, Baldessarini, Glovinsky, & Austin, 2004; Mian, Godoy, Briggs-Gowan, & Carter, 2012).

　ASD의 원인에 대한 연구는 유전적이고 환경적인 위험 요인에 초점을 맞추어 계속되고 있고, 역학 연구는 후속 연구를 뒷받침하는 중요한 정보를 제공해 왔다. 예를 들어, 부모의 고령이 ASD를 발생시키는 위험 요소로 지목되어 왔는데, 이것이 유전자 변이에 의한 것인지 그리고/또는 결혼 연령이 늦은 사람들이 ASD를 유발하는 특성을 지닌 것인지 판별하기 위해서는 후속 연구가 더 필요하다(Sucksmith, Roth, & Hoekstra, 2011).

　연구자들의 또 다른 주제는 ASD의 다양한 특성을 밝혀내는 것이다. 언어, 인지, 사회적 기술, 반복 행동 등의 어려움의 정도는 ASD 영유아들마다 매우 다양하다. ASD의 퇴행과 관련해서도 연구가 이루어지고 있는데, Kern과 Geier, Geier(2014)는 만 두 돌 즈음에 퇴행을 보이며 ASD 특성을 나타내기 시작한 영아 비율이 연구에 따라 15%에서 62%까지 다양하다고 하였다. 결론적으로 ASD에 대해 더 알기 위해서는 많은 연구가 필요하지만, ASD 아동들의 개별적 차이는 다음 문장으로 표현될 수 있다. "당신이 자폐성장애를 가진 누군가를 만났다면, 그건 당신이 자폐성장애를 가진 그 한 사람을 만난 것이다."

　ASD의 개별적 특성을 고려하는 것은 ASD 조기개입 전문가에게 매우 중요한 원칙이다. 저자들의 경험에서 보면 ASD 영아들에게 효과적이라고 알려진 교수 자료나 전략들이 개별 영아의 강점이나 요구를 고려하지 않은 채 사용되는 경우를 볼 수 있었다. 영아가 새 유치원에 등원하여 새로운 일과를 시작할 때를 예로 들 수 있다.

등원 첫날, 선생님은 부모에게 아이가 더 쉽게 사용할 수 있는 전이(transition) 방법을 묻기보다는, 아이에게 익숙하지 않은 손짓이나 사진 스케줄을 일률적으로 사용하였다. 만약 선생님이 사전에 부모에게 전이를 더 쉽게 하는 방법을 물어봤었다면 부모는 "아이에게 익숙하지 않은 방법으로 다음 활동을 소개하기보다는 '화장실에 먼저 갔다가 자전거를 더 타렴.'과 같이 명확하게 말로 알려 주는 것이 더 적절할 거예요."라고 답했을 것이다. 즉, 아이가 이해하지 못하거나 익숙하지 않은 방법이 아닌 익숙한 방법으로 루틴을 이해할 수 있도록 하루 이틀의 시간을 주는 것이 더 나을 수 있다.

조기개입 전문가들에게는 ASD에 대한 지식도 중요하지만, 효과가 입증된 교수방법에 따라 어떻게 중재를 실행할지에 대해서도 알고 있어야 한다. ASD와 관련된 교수 전략은 크게 두 가지로 나눌 수 있다.

첫 번째 방법은 종합적인 중재 모델(comprehensive treatment model)인데 ESDM(Early Start Denver Model; Rogers & Dawson, 2010), LEAP(Learning Experiences and Alternative Program for Preschoolers and their Parents; Hoyson, Jamieson, & Strain, 1984), TEACCH(Treatment and Education of Autistic and Communication Handicapped Children; Mesibov, Shea, & Schopler, 2005) 등이 있다. 이 모델들은 다양한 기술과 능력을 다루기 위한 실제로 구성요소들에 대한 패키지를 개념적으로 조직화한 것이다(Odom, Boyd, Hall, & Hume, 2010, p. 425).

두 번째 방법은 특정한 행동, 발달의 변화를 가져오기 위해 고안된 개별 교수 전략(focused intervention practices)이다(Odom, Collet-Klingenberg, Rogers, & Hatton, 2010, p. 276). 예를 들어, 비디오 모델링, 촉진, 강화, 시각적 지원과 같은 교수방법들이 있다.

효과가 입증된 증거 기반의 실제는 중재방법이 반드시 연구결과에 기초해야 한다는 점을 강조하며, 미국 소아과학회(American Academy of Pediatrics; Myers & Johnson, 2007)와 국립연구위원회(National Research Council Committee on Educational Interventions for Children with Autism; 2001)에서도 앞의 두 가지 교수 전략 중 어떤

방법이라도 증거 기반의 실제로 실행되어야 한다는 연구 자료를 출간하였다. 이 증거 기반의 교수 전략은 전문가와 영유아의 가족들에게 유용하다. 하지만 Strain과 Schwartz, Barton(2011)이 다음과 같이 언급했듯이, 이러한 증거 기반의 교수 전략이 모든 ASD 영유아에게 딱 맞는 체계적이고 효과적인 교육에 항상 접근할 수 있다는 것을 의미하는 것은 아니다.

> 즉, 교사에게 체계적이고 효과적인 교육이란 단지 증거 기반이라고 인정받은 전략들을 많이 사용한다는 것을 의미하는 것이 아니다. 체계적이고 효과적인 교육이란 교사가 개별 학생의 교육적 요구를 확인하고, 이를 충족시키기 위한 교수 계획을 세우며, 그들이 사용할 수 있는 교수 전략을 개별 학생의 요구에 맞추는 것이다(p. 324).

어떤 치료 모델 및 중재 방법은 행동주의 접근에 기초한 것인 반면, 어떤 것은 발달주의 접근에 기초한 것이다. 또한 몇몇 중재 모델은 역사적으로 논란이 된 두 관점 사이의 간극을 이어 주며, 두 가지 접근법을 결합시킨다. Leach(2012)는 "행동주의와 발달주의의 양쪽 학자와 임상전문가 모두를 통해 배울 수 있는 점이 많고, 이 두 관점의 장점들은 ASD 영유아들을 위한 중재의 질을 높이는 데 기여한다."고 말했다(p. 70). Leach와 이 책의 저자들이 주목한 바와 같이 행동주의와 발달주의 관점은 용어상 차이가 있음에도 불구하고 실제로 많은 교수 전략이 두 관점을 접목하여 이루어지고 있다.

문헌에서의 일부 치료 모델 및 중재방법은 영아기 이후의 유아에게는 효과적인 것으로 입증되었으나, 이러한 중재방법을 영아에게 적용한 연구는 거의 없는 편이다. 영아와 유아는 인지, 의사소통 방법, 학습 특성 그리고 일상의 일과에서 중요한 차이점을 갖는다(Zwaigenbaum et al., 2009). 따라서 영아를 위한 조기개입 전문가들은 영아기의 발달, ASD에 관한 연구, 증거 기반의 실제에 대한 지식을 반드시 종합해 봐야 한다. ASD 영아를 위한 조기개입의 증거 기반의 실제들 중 하나는 부모에게 이루어지는 코칭(coaching)이다.

Rogers와 Vismara(2014)에 따르면,

> 성공적인 조기 중재서비스인 Birth-to-3 world는 미국 「장애인교육법(IDEA)」
> 에서 명시한 가족 중심의 가치를 반영한 이론적 틀을 가지고 있는데, 전문가가 영
> 아를 직접 치료·교육하는 전문가 중심이 아닌 장애 영아의 부모를 돕는 성인학습
> 이론과 의뢰인 중심체계로 실행되고 있다. Birth-to-3 world의 효과를 알린 Rush
> 와 Shelden(2011)의 연구는 부모 코칭의 중요성을 강조하였다. 코칭은 장애를 가
> 진 영아를 전문가가 직접 지원하는 것이 아닌 부모의 중요성을 강조하며 부모와
> 전문가 간의 상호작용을 중요시한다. 이것은 그동안 선호되어 사용되어 왔던 부
> 모 훈련(parent training)을 대체하는 것이다(p. 759).

Rogers와 Vismara는 이렇게 질문한다.

> 우리는 ASD 영아의 부모에게 제공하는 코칭에서 강조하는 '성인 행동의 변화, 일
> 관성, 증거 기반의 실제'와 '개별 부모의 다양한 학습스타일 및 가치들'을 어떻게 통
> 합할 수 있을까? 이는 ASD 조기개입 팀에서 활발하게 논의되고 있는 부분이고, 우
> 리는 향후 몇 년 내에 이 점에서 의미 있는 변화가 일어날 것이라 기대한다(p. 760).

저자들은 코칭 전략이 많은 가족에게 매우 효과적임을 입증하였다. 양육자나 가
족의 요구, 자원 그리고 중재 과정에서 이루어지는 전문가와 양육자 간의 상호작용
은 조기개입의 효과에 큰 영향을 미친다(Strauss et al., 2012). 또한 미국의 「장애인
교육법」과 정책들도 전문가와 양육자의 협력 관계의 필요성을 중요하게 다루어 왔
다(Individuals with Disabilities Education Improvement Act [IDEA] of 2004, PL 108-446).
현재 조기개입에서 전문가들의 성인 학습에 대한 이해는 양육자가 일상 속에서 영
아들을 돕는 방법을 배우는 데 적용된다. 코칭은 성인 학습 전략을 포함하는데, 이

전략은 효과적인 변화를 위해 양육자가 자신의 행동을 돌아보는 반영 기술, 양육자의 기술 증진, 전문가와의 협력적인 계획과 영아 관찰, 양육자가 실행할 행동 계획, 성공이나 부족한 점에 대한 평가, 양육자와 전문가 간 피드백을 통한 양육자의 능력 향상에 목적을 둔다(Rush & Shelden, 2011). 부모 코칭 서비스 모델은 양육자와 영아 간의 의사소통을 강화하는 데 주요한 목표를 둔다. 이 양육자 중심 모델은 전문가가 영아의 발달을 도울 수 있는 증거 기반의 중재방법을 양육자에게 가르치며 그 코칭 과제를 양육자가 능숙하게 영아에게 사용하도록 돕는다(Woods, Wilcox, Friedman, & Murch, 2011).

코칭은 두 가지 요소로 구성되는데 가족 중심(family-centered) 실제와 각 가정에 맞는 맥락(family-identified contexts)의 사용이다. '가족 중심 실제'는 양육자의 생각을 존중하고 물으며, 의사결정 시 양육자에게 동등한 참여 기회를 주거나 양육자의 결정 권리를 인정한다(Dunst, Trivette, & Hamby, 2007). '각 가정에 맞는 맥락의 사용'은 영아의 성장과 발달을 촉진하기 위한 가정에서의 매일의 일상과 지역사회 환경을 포함한다. 예를 들어, 교사가 가족에게 목욕시간에 필요한 지침을 알려 주거나 놀이터에서 활용할 수 있는 운동발달 기술을 가르칠 수 있게 돕는 것이다. **자연적 환경**(natural environments)은 미국 「장애인교육법」(IDEA 2004 Part C)에서 강조하고 있는데, 이는 모든 영유아에게 적용할 수 있는 일상적인 환경을 의미한다. 영아들은 매일의 일상 속 일과에 참여하면서 자연스럽게 기술들을 배울 수 있다(Woods, 2008).

ASD 영아들을 가르치면서, 저자들은 매일의 일상이 개별 영아의 발달 및 특성(예: 계절이 바뀔 때 따뜻한 잠옷을 입는 것에 대한 저항, 편식, 생일 파티 소음에 대한 반응, 변화에 대한 어려움)에 영향을 받는다는 것을 알게 되었다. 일상에서 양육자들을 코칭하는 것은 매일의 일상에서 영아가 겪는 변화의 어려움을 돕는 교육과 지원을 제공한다. 저자 중 한 명은 많은 조기개입 전문가와 같이 가족을 돕는 일을 하였는데, 그 조기개입 팀에는 식사시간에 영아에게 개별 기술을 가르치기 위해 도움을 주는 행동 건강 시스템(behavioral health system) 소속의 전문가뿐만 아니라 여러 명의 조기개입 전문가가 포함되어 있었다. 부모들은 양육에서 어려운 점으로 목욕하고 나서 욕조에서 나올 때, 쇼핑하러 갔을 때, 새 신발을 신을 때 등과 같이 일상에서 자주 일어나는 문제행동 상황을 이야기하였다. 부모들은 그런 문제 상황에서 아무도 자신들을 돕기 위한 조언을 해 주지 않았다고 하였다. 그래서 저자와 조기개입 팀의 전문가는 일상 속 상황에서 도움을 주고자 목욕시간, 쇼핑할 때, 새 신발을 신을 때로 치료 일정을 잡았다. 전문가들과 부모들은 협력하여 문제를 찾아 해결하고자 했고, 부모들은 자신들의 일상을 더 쉽게 만들어 주고 영아들과 긍정적인 관계를 만들어 주는 전문가들의 도움에 굉장히 고마워하였다.

일상 속에서의 코칭은 문제를 해결하는 효과적인 과정으로, 양육자들로 하여금 영아들이 일상 속에서 새로운 기술을 학습하도록 도울 수 있는 전략을 배울 수 있게 한다. 조기개입 전문가들은 조기개입 서비스가 반드시 가족의 일상 속에서 일어나야 효과적임을 가족에게 알릴 필요가 있다. 저자들의 경험에 따르면 이 점을 쉽게 받아들이는 가족도 있으나 그렇지 않은 가족도 있었다. 수용적이지 않은 가족은 그동안 치료 기관을 방문하는 서비스만 받았거나 가족 중심 중재에 대한 경험이 없는 치료사와 만났을 가능성이 많다. 가족에게 조기개입의 중요성에 대해 설명하는 것은 매우 도움이 되므로 조기개입 전문가는 중재가 이루어지는 첫날, 개별화 가족 서비스 계획(IFSP) 시, 중재 회기 중간중간 계속해서 영아의 매일의 일상에 대해 물으면서 조기개입에 대한 설명을 반복해야 한다.

저자들은 여러 가지 스케줄의 제약 때문에 치료시간과 가족의 일과시간을 통합시키는 것이 매우 어려웠다. 하지만 조기개입 팀은 다음 치료를 위해 양육자와 함께 계획하고 발전시키는 것이 일상 속 부모의 코칭에 도움을 준다는 것을 알게 되었다. 예를 들어, 저자들은 영아의 부모에게 다음 회기까지 영아와 함께 이 닦기, 옷 입기, 아침 먹기, 청소하기, 식품 쇼핑하기 등의 계획을 세우도록 하였다.

또한 가족의 신념체계(families' belief systems)는 일상의 일과 중심의 중재에 큰 영향을 준다. 저자 중 한 명은 중재의 목표가 반드시 퍼즐과 같이 어려운 과제를 수행하거나 성인이 요구하는 과자를 가리키고 행동을 모방하는 것들을 연습하는 것이라고 생각하는 어머니를 만난 적이 있다. 그 어머니는 이외의 다른 활동들은 모두 '시간 낭비'이며 배울 가치가 없다고 생각하였다. 어머니는 일상의 일과(예: 목욕시간, 식사시간) 속에서 필요한 기술을 가르치는 것을 꺼려하였는데, 지속적으로 상담을 하며 설득한 후에야 어머니의 생각이 조금씩 바뀌어 갔다. 어느 날 교사가 영아의 가정을 방문했을 때, 어머니가 성급히 영아의 옷을 갈아입히려 했지만 영아가 그 과정에 전혀 참여하지 않고 둘 사이에 전혀 의사소통이 이루어지지 않는 것을 보았다. 교사는 영아가 엄마 얼굴을 처다볼 수 있도록 했고, 어머니가 영아에게 "손 줘." "팔 올려." 같은 지시를 하고 영아와 상호작용하며 옷을 갈아입히는 데 시간을 할애하도록 하였다. 옷을 다 갈아입고 나서는 "다 됐다."와 같은 사인을 주도록 했는데, 그것은 영아가 음악치료시간에 노래를 부르다가 끝나면 사용했던 신호였다. 어머니는 나중에 이렇게 말했다. "작은 변화가 이처럼 큰 차이를 가져올 수 있다는 점이 믿기지 않을 정도로 놀라워요. 아이가 그만의 작은 세계로부터 나와서 나와 같이 있는 것으로 느껴지기 시작했어요." 또한 그 어머니는 다가올 방학 동안의 계획에 대해서도 교사에게 이야기하였다. "아이에게 옷을 입힐 때도 그렇게 할 거예요. 나를 향해 아이를 돌려서 앉히고 아이가 나와 함께 옷을 갈아입고 있다는 것을 알게 하겠어요."라고 말했으며, 함께 산책을 하거나 아이스크림을 먹을 때나 어떤 일을 할 때도 그 방법을 사용할 수 있을 것 같다고 했다.

　많은 부모는 이 부모 코칭 서비스 모델을 수용하고 있으며, 이는 다양한 일상 속에서 영아의 발달을 증진시키는 전략으로 사용하는 데 매우 성공적인 것으로 알려졌다. 몇몇 부모는 미국 국립연구위원회(National Research Council, 2001)에서 발간한 보고서에 근거해 주당 일정 시간 이상을 확보하기 위한 지원을 찾는다. 그 보고서에는 적어도 주당 25시간 이상 집중적인 중재 프로그램에 능동적인 활발한 참여(active engagement)를 권장한다(p. 219). 이러한 권고사항인 영아의 능동적인 활발한 참여에 대한 해석은 매우 다양하고 영아에게 필요한 치료방법이 연령이 높은 유아들에게 적용되는 것과는 다르기 때문에 전문가, 소아과 의사, 행정가, 연구자들에게 중요한 이슈가 되어 왔다. Leach(2012)에 따르면 많은 전문가와 양육자는 주당 25시간의 권고를 일대일 교육으로 잘못 해석하고 있다고 하였다. 즉, 많은 사람은 능동적이고 활발한 참여가 집에서나 지역사회에서 부모나 양육자와 학습 (learning) 기회를 가질 때 일어날 수 있다는 것을 깨닫지 못하고 있으며, 코칭을 통해 가족이 직접 아이를 매일의 학습 기회에 참여시킬 수 있도록 도와주는 것이 얼마나 중요한지 잘 모르고 있다고 하였다.

Strain 등(2011)은 다음과 같이 주장하였다.

> 단순히 치료시간으로 서비스 강도를 결정하기보다는 ASD 영유아의 핵심적인 어려움을 다루는 과정에서 적절한 지원이 무엇인가를 판단하고 결정하는 것이 중요하다(p. 326).

제2장

부모 지원-ASD 의심,
진단과 서비스 과정

종종 ASD 진단을 받기 전에, 교사와 부모는 아이의 행동과 발달에 의문을 가질 수 있다. 의사소통 지연, 반복적인 행동, 사회적 상호작용에 대한 관심의 부족이 그들의 주요 걱정거리이다. 지속적으로 양육자들에게 그들의 걱정, 우선순위, 어려움에 대해 묻는 것은 발달적 문제를 의논하는 기회가 될 수 있다. 일반적으로 이러한 염려를 한 후에는 그 징후와 증상들이 ASD 진단을 필요로 하는지, 즉 추후평가 필요 여부의 타당성을 결정하게 된다. 그러나 양육자와 의논하고 결정하는 이 과정은 조기개입 전문가에게는 익숙하지 않으며, Tomlin 등(2013)의 연구에서도 조기개입 전문가들이 이와 관련하여서는 아직 준비가 덜 되어 있다고 보고하였다.

조기개입 전문가들에게 진단은 주요한 역할이 아닐 수 있으나, 평가 및 중재 과정에서 ASD 위험 신호를 발견하게 되면 가족에게 반드시 밝혀야 한다. 어떤 영아의 부모는 조기개입 전문가가 그런 의사소통을 시작할 때 편안히 받아들이는 경우가 있는 반면, 이야기 자체를 꺼리는 경우도 있다. 조기개입의 평가 팀에서 근무할 때, 저자 중 한 명은 영아가 반복적인 놀이 패턴, 짜증, 눈맞춤의 어려움 등과 같은 증상을 보일 때 그에 관해 가족에게 말하는 것은 매우 필요한 일이라고 생각하였다. 많은 경우, "그래요, 친정어머니도 우리 아이를 ASD라고 생각하는 것 같아요."와 같은 반응을 나타냈다. 또한 상담 시에 영아의 친척 중에 의사소통 등에서 비슷한 지연을 보이는 사람이 있는지 묻는 것도 유용하였다. 때때로 부모들은 사촌이나 먼 친척 중 비슷한 증상을 보이는 사람이 있다고 하였으며, 그 친척이 나중에 ASD 진단을 받았다고도 이야기하였다. 교사는 '자폐'라는 단어를 부모에게 설명해야 할 때보다 부모가 그 단어를 먼저 말할 때 부담이 덜 할 것이다. 교사가 먼저 '자폐'에 대해 설명해야 할 경우, 부모는 그에 관해 이야기를 나눌 준비가 되지 않아 많이 놀라고 충격을 받을 수 있다.

많은 경우, 부모들은 교사들에게 아이가 ASD일 가능성이 있는지 묻곤 한다. 교사들은 그들이 진단을 할 수 없다는 것을 반드시 밝혀야 하지만, 영아들이 보이는 위험 신호에 관해서는 솔직하게 말해 주어야 한다. 교사들이 진단을 할 수 없음을 밝혔더라도, 부모들은 그들의 경험에 근거한 의견을 구한다. 2세 때 ASD 진단을 받고 최근에 유치원에 입학한 아이의 어머니는 저자들에게 자신이 가졌던 경험에 대해 이야기하였다. 어머니는 그동안 많은 교사에게 아이가 ASD 성향이 있는지 물었지만 아무도 어머니의 질문에 정확하게 답하지 않았다고 하였다. 그 교사들은 더 심화된 평가를 원하는지만 물었다고 하였다. 이 어머니는 ASD 진단 이후에도, 진단과 관련된 아이의 강점 및 요구에 대한 교사의 의견을 알고자 했으나 답을 들을 수 없었다. 이에 어머니는 교사가 질문에 답해 주기보다는 일반적인 '옳은 답'을 말하고 있는 것 같다고 하였다. 교사들이 이런 어려운 주제로 부모와 의사소통하는 것을 돕기 위해 미국 질병통제예방센터(CDC)는 **부모와 상담할 때 도움이 되는 팁**(Tips for Talking with Parents)을 주고자 다음을 제안하였다.

- 아이의 강점을 강조하고, 아이가 무엇을 잘하는지 알도록 한다.
- "Learn the Signs, Act Early"의 설문지와 같은 자료를 활용한다. 그것은 부모에게 이야기할 때 느낌이 아닌 사실에 근거를 두고 이야기한다는 것을 강조한다.

- 아이를 돌보면서 관찰한 특정 행동에 대해 이야기를 한다. 가이드를 주기 위해 발달이정표를 사용해 본다.
- 아이에 대해서 부모와 의논하기 위해 노력한다. 잠시 멈추고 부모에게 생각하고 답할 시간을 준다.
- 아이가 가정에서 첫째라면 부모는 아이가 그 연령에 어느 정도의 발달을 보여야 하는지 잘 모를 수 있다는 점을 고려한다.
- 부모가 앞으로 어떻게 할지 결정하는 동안 잘 들어주고 지켜본다. 부모의 제스처와 목소리 톤에도 주의를 기울인다.
- 아이가 지연이 있을 것이라는 것을 처음으로 알게 되는 부모에게 스스로 생각할 시간과 다른 양육자와 상의할 시간을 주고 기다린다.

평가 과정

조기개입 전문가들은 영아의 진단을 위해 소아정신과 의사, 소아과 의사, 임상 심리학자에게 평가를 의뢰한다. 몇몇 조기개입 프로그램에서는 심리학자, 소아과 의사, 또는 ASD 진단을 제공할 수 있는 기관들과 연계하거나 기관의 목록을 부모에게 제공한다. 가끔은 '자폐'와 관련하여 가족이 먼저 소아과 의사에게 이야기를 시작하기도 하지만, 어떤 경우는 의사가 먼저 이야기를 꺼내기도 한다. 미국 자폐연구재단인 Simons Foundation Autism Research Initiative에 따르면 지역사회에서의 자원은 매우 다양하지만, 일반적으로 ASD에 대한 전문지식을 가진 평가자나 의료인은 부족하며, 이는 '진단 병목 현상'인 대기로 이어진다(DeWeerdt, 2014). 종종 이런 대기 현상은 부모들이 영아가 진단을 확실히 받기 전까지, 즉 진단결과가 나오기까지 오랜 시간 동안 기다려야 함을 의미한다. 이 시간 동안 조기개입 전문가는 부모의 질문에 답해 주고 부모의 우선순위와 영아의 강점과 요구에 중점을 두며 도움을 줄 수 있다. 진단을 받는 것은 부모에게 매우 큰 충격을 주지만, 진단 그 자체가 그 영아의 특정한 요구를 바꾸지는 않는다. 예를 들어, 아직 제스처나 단어로 의사소통하지 못하는 2세의 영아인 경우, 그 아이가 ASD인지 명확하지 않은 발달지연인지 또는 다운증후군인지에 상관없이 의사소통 기술을 배우기 위한 중재는 필요하다. 조기개입 전문가들은 이 과정에서 영아가 받을 진단명보다는 발달과 관련된 영아의 강점과 요구에 초점을 둠으로써 가족을 도울 수 있다.

　조기개입 전문가들은 진단을 받는 과정 동안에도 가족들에게 지원을 제공할 수 있다. 가족들은 영아의 진단 후, 의사와 진단결과에 대해 상담하기 전까지가 가장 불안이 높은데(Abbot, Bernard, & Forge, 2013), 한 연구에서는 부모가 진단결과에 따라서 중간 정도부터 높은 수준까지의 외상후 스트레스 증상을 보일 수 있다고 보고하였다(Casey et al., 2012). 진단 이후의 시간은 부모들이 ASD에 대한 정보를 얻고 그 정보를 이해하는 데 도움이 필요한 시기이다(Bradford, 2010). 인터넷은 부모들이 쉽게 접근할 수 있는 보편적인 수단이지만 그 정보가 항상 정확한 것은 아니다(Reichow et al., 2012). 부모들은 어떤 정보가 연구에 근거한 양질의 정확한 정보인지 혹은 입증되지 않은 정보인지 알기 어렵다. 특별한 식이요법이나 비타민요법 그리고 긍정적인 결과를 낸다고 주장하는 다양한 정보는 부모에게 매력적이고 설득력이 있어서 ASD 영아의 부모 중 대략 32~92% 정도가 그와 같은 보완적인 방법을 사용한다(Matson, Adams, Williams, & Rieske, 2013). 부모들은 ASD 치료에 대한 안정성 및 이점이 실험적 증거에 기반을 두지 않았음에도 불구하고 인터넷에서 ASD 치료와 관련된 다양한 내용을 찾게 된다(Di Pietro, Whiteley, Mizgalewicz, & Illes, 2013). 따라서 전문가들은 연구결과에 기초한 중재들을 추천하는 것으로 부모를 도울 수 있다. 또한 부모들이 입증되지 않은 치료를 선택할 때는 비판하지 않는 태도를 취하면서 정확한 정보를 제공하는 것이 중요하다.

진단 후

진단 후, 부모는 여러 가지 서비스의 종류, 기간 및 강도에 대해 다양한 제안을 받을 것이며, 적절한 의사결정 과정에서 상당한 스트레스를 받을 수도 있다. 많은 가족은 추천된 모든 서비스를 하려고 했음에도 불구하고 모든 서비스를 가능하게 할 수 있도록 도와주는 지원은 없고 스스로가 여러 가지 치료를 대충 꿰어 맞추고 있다는 느낌을 받았다고 이야기하였다. 예를 들어, 서준이는 의사로부터 집에서 하는 20시간의 집중치료와 개별 언어치료, 그리고 조기개입 외에 작업치료를 추천받았다. 서준이의 부모는 자녀가 두 명 더 있고 맞벌이를 하고 있는데, 보험으로 서비스를 제공해 줄 사람을 찾는 것도 어렵고 아이의 요구를 충족시켜 주면서 다른 가족의 요구를 맞추는 데에도 큰 어려움을 겪었다. 의사, 조기개입 전문가, 행동건강센터 직원, 가족, 친구들로부터 얻은 정보와 추천받은 중재들은 같기도 하고 다르기도 하였다. 심지어 조기개입 팀에서도 팀 구성원 간에 협력과 조정이 부족하기도 하는데, 그것은 영아의 전반적인 발달(development)과 단편적 기술(splinter skill)에서 전문가 간의 의견 차이가 있기 때문이다.

게다가 때때로 어떤 전문가들은 가족들에게 영향을 미치고 있는 일상적인 문제행동에 대한 지원은 제공하지 않고 단순히 발달 영역에서의 발달적 궤도에만 중점을 둔다. 예를 들어, 하준이의 조기개입 전문가는 하준이의 발달을 돕기 위해 효과적인 교수방법의 사용을 제안했지만, 식사시간이나 목욕할 때 욕조에 들어가기, 카시트에 타고 내리기 등의 일상이 가족 모두에게 얼마나 큰 스트레스를 주는지는 알지 못했다. 조기개입 전문가는 하준이의 문제행동은 행동건강시스템에서만 도움을 받을 수 있다고 생각하였다.

많은 부모는 다양한 치료에 대해서 아는 것도 어려움이 있는데, 부모 자신이 많은 시간과 에너지를 들여 다양한 중재를 조정하는 관리자까지 되어야 한다는 것에 더 부담을 갖는다. 한 어머니는 저자들에게 다음과 같이 말했다. "나는 월요일이 싫어요. 월요일엔 아이가 필요로 하는 것을 얻기 위해 많은 전화를 해야 하고 또 싸워야 해요. 해야 할 게 너무 많아요. 나는 너무 피곤하고 힘이 들어요."

중재 접근에 대한 의사 결정 과정

많은 중재 프로그램 및 전략 등 ASD 영유아를 위한 서비스는 연구자들이 공통적으로 제시한 바와 같이 사회적 의사소통에 초점을 맞추고 있다. 이 중재 프로그램 및 전략은 행동적 중재 접근과 발달적 중재 접근 간의 연속선상에 있다(Wetherby & Woods, 2008).

비연속 개별 시도 훈련(Discrete Trial Training: DTT) 또는 비연속 개별 시도 교수(Discrete Trial Instruction: DTI)는 Lovaas(1987)에 의해 발전되었다. 이 두 가지의 개념은 영유아들이 특정한 환경에서 적절한 답을 하도록 가르치는 것이며, 촉구나 동기 유발의 방법을 사용하여 응답을 유도한다. 예를 들어, 지안이는 비연속 개별 시도 훈련의 방법으로 그림을 변별하도록 교육받았다. 교사는 탁자에 사진을 두고, 지안이에게 동일한 사진을 준 뒤 "같은 것을 맞춰 보세요."라고 말한다. 교사는 손을 잡는 등 신체적 촉진으로 지안이가 사진을 알맞게 놓을 수 있도록 도와준 뒤, 지안이와 열정적으로 하이파이브를 한다. 시간이 지날수록 교사는 도움을 줄여 가고 반대로 사진의 개수는 늘리며, 지안이가 혼자서 5개의 사진을 맞출 수 있을 때까지 점차 하이파이브의 빈도를 줄여 나간다.

많은 사람은 비연속 개별 시도 훈련이 응용행동분석(Applied Behavior Analysis: ABA)과 같은 개념이라고 생각한다. 하지만 ABA는 기술이나 방법이 아니다. ABA에 근거한 치료에는 일대일로 행해지는 치료 프로그램부터 통합 환경에서의 자연적인 프로그램도 포함한다. 몇몇 조기개입 전문가는 국제행동분석전문가이며, 다른 몇몇은 행동 분석 원리에 근거한 중재 경험이 있거나 대학에서 교육을 받은 교사이다. 교육적이고 행동적인 측면에서 효과적인 관리 전략의 대부분은 ABA 원리를 적용한 것들이다.

ABA는 7개의 영역으로 이루어져 있다. 응용적 연구(삶의 질을 향상시키기 위해 사회적으로 중요한 것), 행동적 연구(개선되어야 할 행동에 근거하며 측정 가능한 것), 분석적 연구(중재를 통해 변화된 행동의 결과), 기술적 연구(반복적으로 실행할 수 있는 방법을 기술하는 것), 체계적 연구(관련된 원리로부터 나온 것), 효과적 적용(행동을 긍정적으로 변화시키는 것), 일반화 효과(사람과 환경에 걸쳐 오랜 시간 동안 증명되어 온 것)이다(Cooper, Heron, & Heward, 2007; Leach, 2012).

또한 ABA는 세 가지 중요한 요소로 이루어져 있는데, 그것은 선행조건, 행동 그리고 후속결과이다. 이것은 행동의 원리로 알려져 있으며, 다음의 예시로 설명할 수 있다. 도윤이 아빠는 직장에 갈 때마다 딸에게 "안녕"이라고 말하는데, 도윤이가 아빠에게 손을 흔들어 주면 아빠는 다시 웃으며 딸에게 뽀뽀를 해 준다. 이때 '선행조건'은 도윤이 아빠가 '안녕'이라고 말하는 것이며, '행동'은 도윤이가 손을 흔드는 것, 그리고 '후속결과'는 아빠가 웃고 뽀뽀를 해 주는 것이다. 행동의 원리에서 선행조건 및 후속결과의 변화는 행동을 변화시킬 수 있다.

ABA 유형 중 하나인 비연속 개별 시도 교수에서는 기술의 성취 및 숙달을 위해 기술을 개별 과제로 나누고, 점차 촉진은 줄이고 과제를 반복해서 함으로써 습득을 돕도록 한다. 응용언어행동(applied verbal behavior)은 Skinner(1957)에 의해 확인된 언어분류를 기반으로 한 비연속 개별 시도 훈련을 포함한다. Skinner가 주장한 네 가지 유형의 언어는 영아들과 연관이 있는 것들이다. 그 종류는 요구하기[mands(requests)], 명명하기[tacts(labels)], 반향적 반응[echoics(반복되는 소리, 단어, 문구)], 내적 언어[intraverbals(소리, 단어, 문구, 대답; 질문에 대한 대답; 다른 사람의 말에 반응)]이다(Barbera, 2007; Leach 2012).

ABA 유형 중 또 하나인 중심축 반응 훈련(Pivotal Response Training: PRT, Koegel & Koegel, 2012)은 비연속 개별 시도 교수와는 다르게 일상 중에 자연스럽게 일어나는 결과와 강화물을 강조한다(Leach, 2012). 중심축 반응 훈련은 전형적인 일상생활에서 실행되기 때문에 발달적인 접근법에 더 가깝다. Wagner와 Wallace, Rogers(2014)는 발달적인 측면이라고 생각되는 많은 접근법의 다섯 가지 특징을 설명하였다. 그것은 전형적인 발달 순서를 따르며, 발달주의의 원리를 사용하고, 관계에 기초하고, 유아 중심이며, 놀이에 근거한다.

다음은 발달적인 접근법의 예이다.

- 조기중재덴버모델(Early Start Denver Model: ESDM; Rogers & Dawson, 2010)
- 발달적 · 개별 차이 · 관계 중심 모델(DIR Floortime; Wieder & Greenspan, 2001)
- 하넨 언어치료 프로그램(Hanen's More than words; Carter et al., 2011)
- Joint Attention Mediated Learning(JAML; Schertz, 2005)
- Joint Attention Symbolic Play Engagement and Regulation(JASPER; Kasari, Gulsrud, Wong, Kwon, & Locke, 2010)
- 관계 개발 중재(Relationship Development Intervention: RDI; Gutstein & Sheely, 2002)
- 반응적 교육과 언어 이전단계 환경중심교수(Responsive Education and Prelinguistic Milieu Teaching: RPMT) 또는 환경중심교수(milieu teaching; Schreibman & Ingersoll, 2011)
- 반응성 상호작용(Responsive Teaching: RT; Mahoney & MacDonald, 2005)
- SCERTS 모델(Social Communication, Emotional Regulation, and Transactional Support(SCERTS©; Prizant, Wetherby, Rubin, Laurent, & Rydell, 2006)
- TEACCH 프로그램(Treatment and Education of Autistic and related Communication handicapped Children: TEACCH; Marcus & Schopler, 2007)

Autism Speaks의 웹사이트에서는 ESDM을 "'관계중심발달모델과 응용행동분석 방법을 통합'하는 프로그램이며(Autism Speaks, 2015a), 여러 접근법을 혼합하는 추세에 대한 증거"라고 설명하고 있다.

그동안 많은 중재 접근은 유아들을 대상으로 연구되었으며, 영아를 대상으로 한 연구는 많지 않은 편이다(Boyd, Odom, Humphreys, & Sam, 2010). 게다가 중재 접근들은 종합적인 중재 패키지(comprehensive treatment package)에 기초하는 경우가 많다. 가족들과 전문가들은 연구에서 사용된 중재 접근을 실행하려고 할 때, 전체 패키지 중 아이에게 영향을 미친 부분이나 추가적인 것들을 알 수 없거나 연구된 것과 똑같은 과정을 실행할 수 없는 경우가 종종 있다(Rogers & Vismara, 2014).

36개월 미만의 영아를 위한 치료 등 서비스가 얼마나 자주 또는 어느 정도의 시간 동안 이루어지는 것이 적절한지에 대한 의견은 다양하다. 더 많이 받을수록 좋을 것이라는 생각을 많이 하지만, 이 생각에 대한 실증적인 증거는 없다(Rogers & Vismara, 2014). 미국 국립연구위원회(National Research Council: NRC, 2001)의 자료에서는 ASD 유아들이 1년 내내 일주일에 25시간 이상씩 교육 서비스를 받고, 체계적인 계획과 발달상 적절한 교육 활동에 참여할 것을 권장한다(p. 220). 또한 교육을 받는 장소와 그 내용은 반드시 개별 유아에 근거해 결정되어야 하고 유아와 가족의 특성에 초점을 맞춰야 한다고 말한다(p. 220). 이 자료는 0~3세의 개별화 가족 서비스 계획(IFSPs)이 아니라 3세 이상의 개별화 교육 계획(IEPs)에서 언급하는 내용인데, 아마도 3세 이하 영아에 대한 ASD 진단이 그 당시에는 보편화되지 않았기 때문일 것으로 보인다.

저자들의 경험에 따르면, 진단 분야의 많은 전문가는 NRC의 권고사항이 3세 이상의 유아들을 대상으로 하고 있다는 점을 간과하고 ASD 영아들에게 동일한 치료법을 추천하고 있다. 게다가 진단 전문가들은 영아기에는 가정환경이 매우 중요함에도 불구하고 영아들의 환경-가정, 지역사회-을 고려하지 않는 경우도 있다. 일상의 자연스러운 일과에 자녀가 적극적으로 참여하도록 하는 데 유능한 부모가 있는 반면에, 더 많은 노력과 지원이 필요한 부모도 있다. 또한 ASD의 어려움을 도와줄 수 있는 교사가 있는 유치원이나 어린이집에 다니는 영아가 있는가 하면, 그렇지 않은 경우도 있다. 그러므로 영아를 위한 치료 서비스의 빈도와 강도는 단순히 진단에 의존하는 것이 아니라 반드시 영아와 가족의 여러 가지 요소를 고려해야 한다.

양육자가 일상생활의 일과 중에 실행하는 중재방법이 영아 발달에 적절한 것으로 추천되고 있으며, 이 방법에 대한 효과 또한 활발히 연구되고 있다. 조기개입에서 많은 영아는 일주일에 3~4시간씩 중재가 이루어지는데, 이 시간 동안 부모는 일상의 일과 속에서 중재 전략을 활용하고 앞서 권장된 주당 25시간의 능동적인 참여를 가정에서 실천할 수 있는 방법을 배울 수 있다(Wetherby & Woods, 2006). 부모가 참여하고 실행하는 부모 중심 중재 프로그램이 치료사 중심의 프로그램만큼 연구에서 장기적이고도 강도 있는 효과를 나타내지 못했다고 해서 부모 중심의 중재가 덜 효과적이라는 뜻은 아니다. 그것은 부모가 실행하는 중재 프로그램이 치료사가 실행하는 것만큼의 동일한 빈도와 강도로 실행되지 못했기 때문일 것이다. 게다가 부모 중심 중재 프로그램의 효과를 입증하는 것은 연구 방법론적으로 어려움을 가지고 있기도 하다(Rogers & Vismara, 2014).

가족들의 스트레스

진단 이후 ASD와 ASD 치료 및 교육과 관련된 정보를 찾고, 가장 적절하다고 생각하는 최선의 결정을 내리기까지의 과정은 부모에게 많은 스트레스를 줄 수 있다. 어떤 부모는 자녀가 3세가 되어 유치원에 등원하기 직전 조기개입의 마지막 회기에서 (저자 중 한 명에게) 유치원에 가는 것 외에 외부에서 어떤 치료를 받아야 할지를 물었다. 그 조기개입 전문가는 부모에게 그건 자녀의 어려움과 우선순위 및 가족의 스케줄을 고려해 부모가 결정해야 할 사항이라고 대답하였다. 조기개입 전문가는 부모가 우선 한 가지를 결정하여 시작하고, 이후 마음을 바꾸어도 괜찮다는 사실을 다시 한번 말해 주었다.

조기개입 전문가는 그 부모에게 ASD 자녀가 3세가 될 때까지 어떤 중재를 받았었는지 물어보았다. 부모는 아이가 어느 시점에 어떠한 진단을 받았는지 회상하면서 물리치료, 작업치료, 언어치료, 유치원 프로그램, 행동분석전문가의 도움, 수중치료, 승마치료 등을 받았다고 말했다. 이렇게 많은 치료를 받은 이유를 물으니 각각의 치료가 주는 이점을 하나라도 놓치기 싫었고, 또한 부모가 최선을 다하였다는 것을 다른 사람들에게 알리고 싶었기 때문이라고도 하였다. 아이를 진단했던 의사가 5세 이전이 발달의 결정적인 시기라고 했기 때문에, 부모는 그들이 할 수 있는 모든 서비스를 해 줘야 한다는 극심한 부담을 느꼈다고 하였다. 그리고 그들은 그 시간 동안 가족 관계 및 결혼생활, 건강에도 영향을 줄 만큼 많은 스트레스를 받았고, 상황이 더 나빠지기 전에 아이의 치료를 줄임으로써 점차 가족이 다시 행복해질 수 있었다고 말했다. 그 부모는 다른 ASD 영유아 부모들에게 가족 전체의 요구와 ASD 자녀의 요구 사이에 균형을 맞춰야 한다고 조언하며 "어머니가 느끼는 대로 결정하세요. 어머니는 균형을 찾을 필요가 있습니다. 다른 사람들의 생각이 어머니에게 무조건 옳을 것이라고 생각하지 마세요. 그건 당신을 힘들게 할 겁니다. 어머니가 바꿀 수 없는 것에 모든 에너지를 소모하지 마세요."라고 말했다.

또 다른 부모의 경우는, 아이의 진단 과정 동안 친숙하지 않은 약어(줄임말) 때문에 혼란을 겪었다고 하였고, 전문용어 및 내용에 대한 이해를 위한 지원이 필요했다고 하였다. 마찬가지로 다른 부모도 아이가 ABA를 받아야 한다는 말을 자주 듣고 수업 때 자주 "그것이 ABA의 방법인가요? 선생님이 방금 하신 방법이 무엇이죠?"라고 묻곤 하였다. 어머니는 ABA가 무엇인지, 조기개입 서비스를 통하여 ABA를 받을 수 있는지, 아이가 적절한 서비스를 잘 받고 있는지 확인하고자 하였다. 그리고 다른 부모의 경우는, 책에 있는 사진을 가리키거나 모양을 맞추고 퍼즐을 하는 등의 과제가 ABA와 동등한 것이라고 생각하였다. 이 부모는 일상생활의 일과에서 배우는 것을 꺼렸는데, 이는 그들의 자녀가 참여하는 일상 활동이 퍼즐과 같은 활동이 아니라면 의미가 없으며, 이는 곧 시간 낭비라고 생각하였기 때문이었다.

부모의 스트레스 원인은 가족 관계의 역동 안에서도 존재한다. 이는 전체 가족 구성원들 또는 확대가족의 구성원 사이에서 발생한다. 조기개입 수업에 참여하는 주 양육자가 다른 양육자에게 '선생님'의 역할을 하며 양육방법에 대해 지시하는 유형일 때 다른 양육자(예: 배우자)는 무능함이나 분노를 느낄 수 있다. 저자들은 부부간에 "그런 게 아니야, 그렇게 하지 마, 당신이 해야지." 등의 말이 오가는 걸 우연히 듣곤 한다. 또한 서로 다른 양육 방식 및 역할 또한 갈등의 원인이 될 수 있다. 한 어머니는 남편은 아이와 하루 종일 집에서 지내는 것이 얼마나 힘든지 전혀 몰라준다고 말했다. 또한 아이는 엄마와 있을 때와는 다르게 아빠에게는 화를 내지 않는데, 이는 아빠가 놀아 주기만 하니까 신이 나서 그런 것이라고 하였다. 또 다른 어머니는 할머니에게 아이가 주스를 마시고 싶을 때 말로 요구하게 해 달라고 했지만 아무리 강조해도 그냥 주스를 줘 버린다고 호소하였다. 할머니는 아이가 원하는 것을 얻기 위한 요구를 꼭 말로 표현해야 한다고 생각하지 않았다. 따라서 전문가들은 이런 가족 간의 갈등을 해결하기 위해 적절한 상담과 도움을 줄 수 있어야 한다.

Bailey(2008)에 따르면 ASD 자녀를 가진 부모의 또 다른 스트레스 요인으로는 경제적 문제, 적절한 건강 관리와 시간 관리의 어려움, 부모의 일상과 자녀 양육 간의 균형 잡기의 어려움을 들었다. 특히 직장에 나가는 부모의 경우, 업무 시간을 줄이거나 결국 자녀를 위해 일을 그만두기도 한다.

몇몇 부모는 ASD 진단을 받은 후에, 진단 전 행했던 치료는 시간 낭비였다고 생각하며 분노를 표현한다. 그리고 몇몇 부모는 그들이 걱정하였던 것이 확인되었다고 받아들이는 반면, 또 다른 부모는 놀라거나 실망하며 큰 스트레스를 경험한다. 죄책감은 부모들이 느끼는 또 다른 감정인데, 이는 조기개입에 참여하는 데 큰 걸림돌이 되기도 한다(Durand, 2014).

몇몇 부모는 유치원이나 어린이집에서 자녀가 어려움을 겪고 있다는 이야기를 들으면 자신에게 잘못이 있는 것처럼 생각하고 걱정한다. 그리고 유치원이나 기관의 사람들이 자신을 나쁜 부모라고 생각할까 걱정하기도 한다. 문제행동을 보이는 자녀의 부모는 자녀의 행동에 대해 선생님이 적어 보낸 노트를 보면서 매우 심란해한다. 선생님은 수업시간 동안에만 유아의 행동 중 개선된 부분에 대한 긍정적인 코멘트를 하였다. 조기개입 전문가는 선생님에게 그 코멘트를 부모에게 보내는 알림장에도 적으면 어떨지 제안하였지만, 선생님은 알림장에는 개선할 문제행동들만 적는다고 답하였다. 조기개입 전문가는 그 알림장 내용으로 인해 유아의 부모가 얼마나 속상하였을지에 대해 말했지만, 선생님은 하루 일과가 끝나고 부모가 유치원에 유아를 데리러 왔을 때에만 직접 긍정적인 코멘트를 해 주면 된다고 대답하였다.

어떤 부모는 특별한 요구를 가진 자녀가 여러 명일 수도 있고, 또 다른 부모는 2명 이상의 ASD 자녀를 양육하는 경우도 있을 수 있다. Ozonoff 등(2011)은 664명의 유아를 대상으로 한 연구에서 ASD 유아의 형제 중 18.7%가 ASD 진단을 받았다는 것을 밝혀냈다. 또한 그들은 ASD 남아일수록 그의 형제가 ASD 진단을 받는 확률이 더 높아진다는 것도 알아냈다. 형제로 인해 ASD 위험을 걱정하거나 특별한 요구를 가진 여러 명의 유아를 돌보는 것은 부모에게 극심한 스트레스 요인이 된다.

뿐만 아니라 많은 부모는 ASD 자녀가 일반 형제에게 미치는 영향에 대해서도 걱정한다. Tsao와 Davenport, Schmiege(2012)의 문헌에 따르면 일반 형제에게 ASD 형제가 있는 것은 부정적인 영향과 긍정적인 영향을 모두 줄 수 있다고 하였다. 우선, 부정적인 영향으로는 ASD 형제의 행동으로 인한 당혹스러움, 형제간에 상호작용이 적음, 외로움 등이다. 반면, 긍정적인 영향은 형제가 건강한 자아개념을 갖거나 경쟁심리에서 벗어나 높은 학업 성취를 갖는 경우가 그 예이다. 하지만 저자들은 형제에 관한 여러 연구의 결과가 혼재되어 해석을 어렵게 한다고 설명한다. 그래서 저자들은 일반 형제를 중재 과정에 포함시켜서 ASD 유아와 가족 모두에게 긍정적인 영향을 줄 수 있는 방법을 권장하고 있다.

조기개입 전문가가 일상에서 이루어지는 중재에서 일반 형제의 역할이 필요하다고 부모에게 이야기하는 것은 매우 중요하다. 왜냐하면 부모는 ASD 자녀가 조기개입에서 충분히 도움을 받을 수 있도록 그 시간에 다른 형제를 어린이집에 맡기거나 다른 대체할 만한 활동을 시켜야 한다고 생각하기 때문이다. 어떤 부모는 다른 형제들이 수업에 지장을 주거나 학습을 방해할 수 있으므로 형제들을 수업에서 아예 배제시키고 싶어 한다. 어떤 부모는 모든 자녀의 요구를 충족하는 데 어려움을 느끼고 있고 ASD 자녀와 다른 형제가 함께 있는 상황에서 매우 큰 스트레스를 느낀다. 따라서 저자들은 부모들이 조기개입 과정에 점점 익숙해지고 매일의 일상 활동에 초점을 맞추는 법을 배우듯이 부모들이 편안해하는 수준에 맞춰 형제를 개입하는 것을 시작하는 것이 도움이 된다고 말해 준다. 처음에는 일반 형제를 수업에서 배제했던 부모도 나중에는 그들이 수업에 참여하는 것이 도움이 된다는 것을 알게 된다.

또한 ASD 영유아의 문제행동은 부모에게 매우 큰 스트레스를 준다(Myers, Mackintosh, & Goin-Kochel, 2009). 그러므로 조기개입 지원에서는 자녀의 부적절한 행동을 다루기 위해 부모교육을 하는 것이 필수적이다(National Research Council, 2001). 많은 부모는 공공장소에 가거나 여행을 갈 때 다른 사람들이 어떻게 판단할지가 신경 쓰여 외출이나 여행을 꺼리게 된다고 털어놓았다. 공공장소에서 일어나는 자녀의 기이하고 위험한 행동은 부모를 당황시키고 힘들게 만들며, 그것은 또한 가족의 고립으로 이어지기도 한다(Bailey, 2008, p. 319). 다른 사람들이 자녀의 장애에 대해 평가하거나 부정적인 생각을 가질 때, 혹은 자녀의 행동을 이해하지 못한다고 생각될 때 부모는 양육에서 더 큰 어려움을 느낀다(Higgins, Bailey, & Pearce, 2005; Marcus, Kunce, & Schopler, 2005). 이러한 좌절감, 고립감, 당혹스러움 등의 감정은 다음 예에서 잘 드러난다.

한 어머니는 공원에 나간 경험에 대해 이렇게 말했다. "아이가 공원에 나갔다가 화를 심하게 내며 옷을 벗고 바닥에서 성질을 부린 적이 있어요. 사람들은 우리를 뚫어지게 쳐다봤어요. 나는 옷을 거의 다 벗고 소리를 지르는 아이를 안고 공원을 떠나려고 했지만, 아이가 발로 차고 소리를 질러서 통제할 수가 없었어요. 너무 힘든 시간이었는데 도와주겠다는 말을 건넨 사람은 아무도 없었어요. 단 한 명도 나를 도와주려 하지 않았어요."

ASD 또는 관련된 장애를 가진 영유아의 부모들이 겪는 어려움은 일반적인 발달 또는 발달지연을 보이는 영유아의 부모들이 경험하는 것과는 다르다. 일반적인 발달을 보이는 아이도 공공장소에서 화를 심하게 내거나, 부모를 무시하거나, 다른 또래들과 어울리지 못하거나, 개인 영역을 존중하지 못하거나, 협력하기를 거부할 수도 있다(Nicholasen & O'Neal, 2008). ASD 영유아도 이런 비슷한 행동들을 보이지만, 행동의 이유 및 정도가 일반적인 발달 범주의 영유아와는 다르다. ASD 영유아들은 일상생활에서 공격하기, 물건 부수기, 부적절한 상황에서 옷 벗기, 자해하기 등의 행동을 자주 보인다(Fodstad, Rojahn, & Matson, 2012). 이러한 행동은 의사소통 부족, 사회적 결함, 제한된 흥미나 반복적인 행동과 같은 ASD의 주요한 특징들과 연관되어 나타난다. 그러나 때때로 부모와 교사는 유아가 한 행동의 원인을 잘못 해석하기도 한다(Delmolino & Harris, 2004). 예를 들어, 어떤 유아는 엄마, 아빠가 쓰고 있는 안경을 자주 내리고 눈을 찌르는 행동을 하였다. 엄마는 아이가 부모가 슬퍼하는 것을 걱정하며 눈물을 흘리는지 확인하기 위해 그런 행동을 한다고 생각하였다. 따라서 ASD 유아의 문제행동을 개선하기 위해서는 모든 관련된 사람이 다 같이 유아가 한 행동의 기능인 원인을 알고자 노력하고 유아의 문제행동 중재 전략에도 반드시 참여해야 한다.

어떤 부모는 자녀의 행동에 제한을 두는 것을 힘들어하는데, 이는 아이가 자신의 행동을 엄마가 왜 제지하는지 모를 거라고 생각하기 때문이다. 또한 많은 부모는 자녀가 장애를 가진 것에 대해 죄책감을 가진다고 말했고, 이 측은한 마음이 자녀의 행동에 대해 발달적으로 적절하게 제한을 두며 양육하는 것을 방해한다고 하였다. 교사는 제한을 설정함에 있어 부모의 선택을 존중해야 한다. 그러나 자녀의 행동에 대해 적절하지 않은 부모의 반응은 결국 아이의 부적절한 행동을 더 악화시킨다는 점을 부모에게 교육하는 것도 필요하다. 한 어머니는 아들이 던지고 때리는 행동을 하는 것을 통제하고 싶지 않다고 말했는데, 이는 아이가 언어로 의사소통하지 못하는 점을 안쓰러워했기 때문이었다. 교사는 그 어머니가 가지는 감정에 공감하며, 만약 아이의 행동이 계속된다면 나중에 학교에 가서 어려움이 더 커질 것이라고 말해 주었다. 이를 통해 어머니는 아이의 행동이 변화할 필요가 있다는 점을 인식하게 되었고, 교사와 함께 아이가 던지고 때리는 방법 대신 적절하게 의사소통할 수 있는 방법을 고민하게 되었다.

다른 측면에서 살펴보면, 어떤 부모는 발달적으로 적절한 아이의 행동도 ASD 때문인 것으로 생각하는 경우도 볼 수 있다. 물기, 소리지르기 등의 행동은 일반적 발달 수준의 영아에게서도 흔하게 나타나는데, ASD 영아들은 사회적 의사소통의 어려움 때문에 더 길게 나타날 뿐이다. 그러므로 부모에게 일반적 발달 과정과 발달적으로 적합한 행동 관리 전략을 가르쳐 주는 것 또한 조기개입 전문가의 중요한 역할이 될 수 있다. 이러한 전략들은 발달을 촉진하고 문제행동을 최소화하기 위한 환경을 설정하는 것에서부터 바람직하지 않은 행동을 바꾸기 위한 절차를 시행하는 것까지 다양하다.

자녀가 유치원에 입학하는 시기가 되면 부모는 또 다른 스트레스를 받는다. 유아가 장애가 있든 일반적 발달 범주에 속하든 간에 유아의 첫 유치원, 학교 입학은 모든 부모에게 스트레스를 준다. 부모는 학생과 선생님의 비율, 선생님이 보이는 애정과 전문 지식, 제공되는 교육과정, 유아의 친구 사귀기 기술, 부모와의 분리 등의 주제에 대해 궁금해한다. 어떤 경우는, 부모가 자녀와 분리되는 것에 어려움을 느낀다. 부모는 자녀가 교실에서 효과적으로 배울 수 있을지, 특별한 요구를 가진 유아들을 가르쳐 본 경험이 있는 선생님이 있는지, 치료의 종류와 양이 유아들의 요구에 부합하는지, 유치원의 물리적 환경과 제공되는 교통수단 등에 대해 궁금해한다. 또한 조기개입 프로그램에서 가정에 제공되었던 지원의 양에 변화가 생기기 때문에 유치원으로의 전이는 부모에게 추가적인 지원의 계획과 실행을 요구한다. 영아를 위한 서비스에서 유치원으로 전이하는 것을 논의하였을 때 Dicker(2013)는 다음과 같이 설명한다.

> ASD 영아를 위한 서비스에서 유치원 시기로 옮겨갈 때, 즉 Part C의 다양한 치료(예를 들어, 상담, 훈련, 임시 위탁과 같은 부모의 서비스와 간호, 집에서 받는 서비스, 다른 자연적인 환경에서 받는 서비스를 포함한 다수의 영아를 위한 서비스 등)로부터 Part B처럼 공교육 중심의 프로그램으로 변화하는 것은 많은 주요한 문제를 야기한다(p. 200).

가족은 조기개입 전문가와 협력하며 자신감을 갖거나 성공을 경험하기도 하지만, 공교육 중심으로 변화하면서 불안감을 느끼기도 한다(Pang, 2010). 이 과정은 가족에게 매우 부담스러울 수 있다. 조기개입 전문가는 부모의 권리, 평가 과정, IEP 과정 등을 통해 정보를 제공하면서 부모를 도울 수 있다. 이는 유치원에서 제공하는 서비스와의 협력을 돕는 것으로, 부모의 요구를 충족시키는 것이다. 유치원으로 변화하는 것에 대한 의사소통은 반드시 적절한 시기, 영아가 3세가 되기 몇 달 전에 이루어져야 한다. 그리고 부모의 걱정을 가볍게 생각(예를 들어, 막연히 "잘될 거예요."라고 말하는 것)하거나 판단하지 말고 신중히 들으면서 협력해야 한다.

결론적으로 ASD 그리고 관련된 장애를 가진 영유아의 부모가 겪는 스트레스는 매우 크며 좌절감도 함께 수반된다. 그러나 항상 부정적인 경험만 있는 것은 아니며, 새로운 관점을 가지게 되거나 가족관계가 좋아지고 개인적인 성장을 하는 등 긍정적인 결과를 줄 수도 있다.

옹호

조기개입 전문가들은 ASD 영유아의 기술을 촉진하고 행동을 관리하는 것에 대한 전략과 정보를 제공하면서 가족들을 도와줄 뿐만 아니라, 가족들이 자원을 찾고 스스로 옹호(advocacy)하는 기술을 신장하도록 도울 수 있다. 자원은 지역사회에 따라 매우 다양한데, 조기개입 전문가들은 부모들이 휴식 지원(respite care), 상담, 보육, 지역사회 활동을 찾는 데 도움을 줄 수 있다. 부모는 자녀를 지지해 주고 계속해서 사회적, 경제적, 교육적, 건강에 관한 지원을 해 주어야 한다(Ewles, Clifford, & Minnes, 2014; Gensler, 2009). 교사는 부모가 ASD의 복잡한 특성에 대해 이해하고, 다양한 지원을 찾고, 관련된 전문용어를 배우는 데 도움을 줄 수 있다. 효과적인 옹호는 ASD에 대한 지식, 교육적인 가이드라인의 제공 및 특수교육법을 위한 접근, 협상과 조정의 사용도 포함한다(Bailey, 2008). ASD나 관련된 장애를 가진 영유아를 돌보는 것은 매우 힘든 일이지만, 많은 가족이 작은 성취에 기뻐하고 감사하는 법을 배움으로써 자기발견이나 개인적 성장 같은 긍정적인 결과를 가질 수도 있다 (Bailey, 2008).

문화적 차이들과 자폐 범주성 장애

다양한 문화적 요소는 종종 가족뿐만 아니라 가족과 조기개입 전문가와의 관계에도 영향을 미친다. 조기개입 전문가가 문화 간 또는 같은 문화 내에서 발생하는 문화적 다양성에 민감하게 반응하는 것은 중요하다(Lynch & Hanson, 2011). 다른 문화의 가족은 영아의 ASD 진단과 치료 계획에 대해 서로 다른 요구, 믿음, 걱정을 보이고(Ennis-Cole, Durodoye, & Harris, 2013; Ravindran & Myers, 2012), 문화는 사람들이 ASD에 대해 생각하는 것에도 영향을 미친다(Griffin, Peters, & Smith, 2007). Matson 등(2012)에 따르면 "문화가 다양해도 ASD 증상에 대해서는 보편적으로 받아들이지만, 증상의 심각성은 문화적 차이에 따라 다른 정도로 느낀다."고 하였다(p. 971). 즉, 다른 문화의 가족에게 조기개입 서비스를 제공할 때는 그들의 문화를 이해하는 것이 필요하다.

조기개입 서비스는 그 가족이 고향으로 여행을 갈 때에도 영향을 미치는데, 이는 가족이 그곳에 더 오래 머물면서 수업을 빠지는 것에 대해 걱정할 수도 있고 몇 주간 빠진 것에 대하여 보충 수업을 기대할 수 있기 때문이다. 어떤 가족은 부모 중 한 명 또는 함께 동거하는 조부모만 가족과 여행을 떠날 경우도 있는데, 집에 ASD 영아와 함께 남아 있는 부모는 더 많은 스트레스를 경험할 수도 있다. 어떤 문화에서는 대가족 형태로 살거나, 오랜 시간 동안 가족들이 한 공간에서 함께 생활하는 경우도 있다. 어떤 어머니는 인도에 있는 친할머니가 집을 방문할 계획인데, 할머니에게는 ASD에 대한 언급을 피해 달라고 부탁하였다. 왜냐하면 그 나라의 언어는 ASD를 표현할 단어가 없고 할머니에게 아이가 진단받은 것에 대해 아직 말하지 않았기 때문이었다.

문화적 요소는 부모의 인식, 기대, 상호작용에도 영향을 끼친다. 한 어머니는 조기개입 전문가에게 "우리 아이는 하나님이 주신 천사이며, 지상에서 특별한 일을 수행하기 위해 보내졌다고 생각한다."고 말했다. 다른 어머니는 행동 관리 전략에 대해 이야기할 때, 아들이 음료수를 흔들어서 액체가 얼굴에 튀거나, 고양이 밥을 흩

뿌리거나, 침대에서 심하게 점프하는 등의 행동을 보일 때 어떻게 해야 할지 모르겠다고 말했다. 그 어머니는 자신의 나라에서는 부적절한 행동에 대해 부모가 아이에게 신체적으로 처벌을 할 수 있지만, 이 나라에서는 그런 일이 수용될 수 없기 때문에 어떻게 대해야 할지 어렵다고 하였다. 또한 몇몇 부모는 문화적 차이로 인해 소외감을 느끼는데, ASD 유아를 양육하는 것은 그런 감정을 더 악화시킬 수 있다. 부모는 아마 스스로를 고립시키고, 유아의 전형적이지 않은 발달이나 부적절한 행동들을 부끄러워할 것이다. 한 어머니는 그녀의 고향인 인도에서는 이웃집 간에 문과 창문을 열어 놓는데, 이것은 ASD 유아를 자연스럽게 사회화시키는 데 도움이 된다고 말했다. 하지만 미국에서는 집을 개방해 놓지 않기 때문에 어머니는 고립감을 가지게 되고, 또한 유아의 상동행동(같은 행동·말을 무의미하게 끊임없이 반복하는 증세)과 발달지연 때문에 다른 가족과 더 소통할 수 없다고 했다. 그녀의 남편은 밖에서 오랫동안 일하거나 출장을 많이 다녔기 때문에 그녀는 더 소외감과 좌절감을 많이 느낀다고 호소하였다.

희망과 낙관적 생각

관련된 연구에 따르면 부모의 희망과 낙관적 생각은 ASD 영유아의 긍정적인 발달과 관련이 있다(Bailey, 2008; Durand, 2014). Durand(2011; 또한 Durand, 2014도 참고)의 『낙관적인 양육(Optimistic Parenting)』에서는 가족의 낙관성을 증진하는 방법에 대해 이야기하는데, 이 낙관성은 유아의 행동에 대한 믿음, 태도, 생각을 바꾸는 데 도움을 주고 가족의 스트레스를 줄여 준다. Durand는 가족이 유아의 문제를 피하기보다 그 문제를 똑바로 직시할 수 있도록 격려한다. 그는 가족이 유아가 문제를 보일 만한 상황을 피하기 위해 그저 유아에게 맞추는 방법을 택할 때 유아에게 필요한 융통성과 전이는 다루지 못할 것이며, 이후에 적응 및 대처능력을 떨어뜨릴 수 있다고 설명한다. 그러므로 유아의 문제가 발생하는 일상을 가족이 잘 살펴볼 수 있게 돕는 것 또한 조기개입 전문가들이 가족을 도울 수 있는 방법이 된다. 한 어머니는 아이가 외출했다가 집에 다시 들어올 때 심하게 화를 내기 때문에 아이와 함께 밖에 나가기가 어렵다고 말했다. 저자는 어머니가 수업시간에 아이와 함께 나가는 기회를 갖게 했고, 이를 통해 아이가 집에 들어오는 변화에 적응하는 기술을 습득하면서 문제를 해결할 수 있었다.

조기개입 전문가들은 많은 방법으로 가족들을 도울 수 있다. 저자들은 비공식적인 온라인 설문을 통한 연구에서 부모들에게 조기개입에 대한 경험을 물었다. 그들이 받은 도움에 대한 코멘트는 다음과 같았다.

"조기개입 전문가들은 특별한 요구를 가진 영아를 기르는 일을 잘 해나갈 수 있도록 남편과 나를 도와주는 사람들이었다. 우리는 형제자매나 친정어머니, 시어머니 등 주변 사람들에게 양육의 방법을 물었지만, 특별한 요구를 가진 영아를 기르는 데 대한 조언을 듣는 것은 불가능하였다. 조기개입은 정말 큰 도움을 주었고 항상 감사한다."

"조기개입은 내가 아이를 올바르게 기르고 있다고 생각하는 데 도움을 주었다. 그 방향에 대해 알려 주는 사람이 있다는 것은, 내가 ASD 진단에 대해 느끼는 두려움과 불안감과는 별개로 앞으로 나아가는 데 큰 용기를 주는 꼭 필요한 것이었다."

"조기개입은 나의 아들과 우리 가족 모두에게 매우 중요하였다. 우리는 훌륭한 전략들을 많이 배웠고, 숙련되게 사용할 수 있도록 도움을 받았으며, 아들의 미래에 대해 희망을 느낄 수 있었다."

행동 원리와 교수 전략

　　모든 영아가 그러하듯 ASD 및 관련 장애를 가진 영아들 역시 그들의 특별한 강점과 요구에 맞춰진 교수 전략으로부터 도움을 받는다. 그리고 이러한 많은 전략은 행동의 원리로부터 영향을 받는다. 행동의 원리는 특정한 중재 전략으로부터 이루어지는 행동의 변화들에 대해 설명하고 있으며, 그런 전략들은 이 원리들을 실제적으로 실행한 것들이다. 이 장에서는 행동의 원리와 교수 전략에 대해 다룰 것이며, 이는 조기개입 전문가들이 영아들과 그 가족들의 요구에 부합할 수 있는 교수 전략을 계획하고, 적절한 환경을 만들 수 있도록 도울 것이다. Strain 등(2011, p. 324)이 말했듯이 "우리는 개별 영아마다 다 다른 증거 기반의 교수 전략을 선택하였다. 그렇게 하였어도 만약 제공된 교수 전략이 원하는 결과를 나타내지 못하였다면, 영아의 자료에 근거하여 프로그램을 반드시 변화시켜야 한다."는 것을 꼭 기억해야 한다. 그러므로 조기개입 전문가들은 실행되고 있는 전략이 양육자들에게 도움이 되고 있는지 그리고 영아들이 개별화 가족 서비스 계획(IFSP)에서 기술하고 있는 행동 변화와 기술들을 보이고 있는지의 과정을 잘 살펴볼 필요가 있다.

과제 분석과 기술 요소들

중요한 일상의 일과 활동들, 발달단계 이정표 그리고 영아가 일상 활동에서 배워야 하는 중요한 기술들은 매우 복잡하고 많은 단계를 가지고 있다. 만약 영아가 활동에 참여하거나 기술을 배우는 데 어려움을 느낀다면, 조기개입 전문가는 과제 분석을 하거나 기술의 부분적인 요소들을 살펴보는 것이 도움이 될 것이다. 과제 분석은 기술 또는 활동을 살펴보고 작은 구성요소로 쪼개어 보는 일련의 과정이다. 예를 들어, 서연이는 반복적으로 전자레인지의 문을 열고 닫거나 삐 소리가 나도록 버튼을 누르는 것 이외에는 관심이 없었고 소꿉놀이를 적절하게 하지 못했다. 교사는 어머니와 소꿉놀이 장난감을 가지고 놀기 위하여 필요한 여러 가지 기술에 대하여 생각해 보았다. 이러한 종류의 놀이를 가르치기 위해서는, 첫째, 서연이가 요리를 하거나 소꿉놀이 장난감을 사용하는 사람에게 시각적으로 집중해야 하고, 둘째, 그 물건들의 기능을 알아야 하고(즉, 숟가락, 컵, 그릇, 주전자를 사용하는 방법), 셋째, 자신의 몸을 사용하여 다른 사람의 행동을 모방할 수 있어야 하고, 넷째, 놀이에서 일련의 연속적인 동작들을 할 수 있어야 한다.

과제 분석은 복잡한 행동을 구성하는 부분적인 단계를 가르치기 위해 사용될 수 있다. 예를 들어, 휘젓는 행동을 따라 하기 위해서는 어떤 사람이 숟가락을 잡고 냄비에 넣어 숟가락을 원형 패턴으로 돌리는 모습을 보아야 한다. 과제 분석은 서연이가 휘젓는 행동을 따라 할 수 있게 각 행동 요소를 가르치는 데 사용될 수 있지만, 이 기술 자체만으로 서연이가 소꿉놀이 장난감을 가지고 적절하게 놀 수 있도록 할 수는 없다. 이는 서연이가 냄비에서 휘젓는 기술을 다른 기술들, 예를 들어 냄비 안에 음식이 있다고 상상하며 그 음식을 다른 사람에게 제공하는 등의 기술과 통합할 수 있어야 하기 때문이다. 서연이의 부모와 교사는 이 놀이 활동에 포함된 기술들을 알아야 할 뿐만 아니라 서연이가 이 활동을 하고 싶어 하는지 등도 역시 고려해야 한다.

동기와 강화

동기는 ASD 또는 다른 어려움을 가진 영아들에게 매우 중요하다. 1980년대 초반 Terrell Bell 미국 교육부 장관은 이렇게 말했다. "교육에는 세 가지 강조점이 있다. 첫 번째는 동기이고, 두 번째도 동기이며, 세 번째도 동기이다"(University of Utah College of Education, 2015). 이러한 동기의 중요성은 조기개입에도 적용될 수 있으며, 영아들뿐만 아니라 가족들에게도 강조된다. 교사는 영아를 처음 만날 때 영아가 가정 및 지역사회에서 좋아하는 활동, 혼자서 즐겁게 지내는 시간, 편안하거나 힘들어하는 일상을 묻는 것이 중요하다. 게다가 가족이 중요시하는 것을 알아내고, 중재에 가족의 우선순위를 반영하는 것 또한 필요하다. 이러한 정보는 개별화 가족 서비스 계획(IFSP)과 평가 보고서에 반영되고, 양육자와의 심층 상담은 조기개입 서비스를 위한 기초를 더욱 다지게 해 준다. 이 질문들에 대한 대답은 영아의 일상 속에서 성공과 도전뿐만 아니라 기술 발달을 포함해 많은 정보를 얻게 해 줄 것이다. 영아와 가족의 요구는 시간의 흐름에 따라 변화할 수 있기 때문에 교사는 가족과 함께 우선순위에 대해 계속적으로 상담을 해야 한다.

능동적인 참여는 새로운 기술 및 행동을 배우기 위해서는 필수적인 요소(Partington, 2008)이지만 ASD 영아들이 활동에 적극적으로 참여하는 것은 매우 어려운 일이다. 조기개입 전문가들은 부모와 다른 양육자들과 협력하여 영아가 더 잘 배울 수 있도록 영아가 어떤 경우에 동기가 높아지는지 분석해야 한다. 즉, 영아가 장난감 놀이를 할 때 장난감의 어떤 특성이 영아의 동기를 높이는지를 알아볼 수 있다. 예를 들어, 영아가 장난감의 소리 또는 움직임 중 어느 것에 더 관심이 있는지, 장난감을 구강으로 탐색하는 것 또는 몸으로 느끼는 것 중 어느 것을 더 선호하는지에 대해 알아보는 것은 중요하다. 영아의 동기에 대해 알게 되면 전문가들은 영아와 라포를 형성할 수 있다. 이 과정에 대한 용어는 다양하며, 아동 주도나 또래 주도에 관한 연구에서도 쉽게 찾아볼 수 있다. 이와 같이 영아에게 동기를 주는 요소들은 부모와 전문가에게 영아를 능동적으로 참여시킬 수 있게 하는 데 아이디어를 줄 수 있으며, 이를 통해 성인은 영아에게 의미 있는 존재가 될 수 있다.

　다음에 나오는 예시들은 영아와 양육자가 상호작용하는 방법에 대한 것들이며, 이를 통해 영아는 상호작용이 가치 있는 일이라는 것을 인식하게 된다. 참여하는 것에 어려움을 느끼는 영아는 놀이 또는 간식 시간에 원하는 것들을 갖게 됨으로써 교사를 신뢰한다. 이는 교사가 무리한 요구를 하거나 자신의 공간에 침입하려는 것이 아니라 협력자임을 영아가 인식하게 하는 데 목적이 있다. 많은 ASD 영아는 긴 시간 인과관계 장난감(cause and effect toy)이나 휴대전화와 태블릿 같은 전자 기기를 가지고 논다. 부모, 양육자, 교사가 이런 흥미로운 물건과 경쟁하여 이기는 것은 매우 어려운데, 그 이유는 이 물건들은 영아들에게 매우 예상 가능한 즐거운 감각자극을 주기 때문이다. 시우는 매일 스크린의 아이콘을 누를 때마다 색감 있는 사진들이 소리와 함께 나타나기 때문에 매우 즐거워한다. 주변환경을 적절하게 탐색하는 방법을 잘 모르는 ASD 영아들은 이런 종류가 가장 좋아하는 활동이 되곤 한다. 이때 가장 훌륭한 전략은 성인이 인과관계 장난감이 되는 것이다. 반복되는 말(문구)과 제스처를 사용하다가 중간중간 멈추면 영아를 웃게 하거나 쳐다보게 할 수 있고 라포를 형성하는 놀이를 시작할 수 있다. 반복적인 활동은 특히 성인이 영아와 라포 관계를 쌓는 데 매우 효과적이다. 머리 위에 물건을 두고 재미있게 재채기하기, 장난감 자동차의 문을 여닫기, 풍선껌 불기, 공 튀기기 등의 반복적인 행동과 함께 소리나 단어를 반복적으로 표현해 주면 영아의 참여를 더욱 유도할 수 있다.

　영아들이 좋아하는 활동에 대한 정보를 얻고, 영아들을 관찰하면서 교사는 부모와 양육자가 강화물 리스트를 만드는 데 도움을 줄 수 있다. 강화물은 특정한 조건이 제시된 후에 바로 일어나는 행동에 대한 가능성을 증가시킨다. 예를 들어, 지우가 첫걸음을 내디뎠을 때 부모는 크게 손뼉을 치며 기뻐하는 모습을 보였고 지우는 미소를 짓고 다음 걸음을 내딛었다. 부모의 박수는 지우의 걸음에 대한 강화물이었던 것이다. 민준이 역시 첫걸음을 내디뎠을 때 부모가 박수를 치며 기뻐하였다. 하지만 민준이는 놀라며 넘어졌고 귀를 막고 소리를 지르기 시작하였다. 부모의 박수와 환호가 민준이에게는 강화물이 아니라 벌(punisher, 직전에 선행되어 미래 행동의 빈도를 낮추는 어떤 것)이 되었기 때문이다(Cooper et al., 2007). 즉, 한 영아에게는 강화물인 것이 다른 영아에게는 고통을 주는 것이 될 수 있다.

Gulick과 Kitchen(2007)은 강화물의 효과와 관련된 다섯 가지 원리에 대하여 설명하였다.

첫 번째 원리는 즉시성(immediacy)이다. 강화물은 목표행동이 일어난 직후 가능한 빨리 주어져야 한다는 것이다.

두 번째 원리는 수반성(contingency)이다. 바람직한 행동 후에 강화물이 제공되어야 한다는 것이다. 즉시성과 수반성을 고려한 강화 사용은 바람직하지 않은 행동이 우연히 강화되는 것을 방지한다. 예를 들어, 유준이의 부모는 아이가 책장에 책을 정리하였을 때 칭찬하며 하이파이브를 해 주었다. 그런데 어느 날, 유준이는 책을 정리하고 나서 엄마를 보다가 옆에 있던 여동생의 손을 밟았다. 부모는 그것을 모른 채 책을 정리한 행동만 보고 하이파이브를 해 주었다. 그러자 유준이는 또 하이파이브를 하려고 의도적으로 여동생의 손을 밟았고 칭찬 대신 꾸중을 들었을 때는 매우 당황해했다. 비슷하게 지호는 과자를 가리키다가 우연히 컵을 건드려 탁자에 주스를 엎질렀다. 엄마는 지호에게 과자를 주고 컵을 채워 줬으며, 지호가 다시 과자를 가리키기를 기다렸다. 하지만 이후 지호는 과자를 갖고 싶을 때면 컵을 던지며 소리를 질렀다.

세 번째 원리는 크기(magnitude)이다. 강화물은 그 행동이 가치 있다고 여길 수 있도록 충분해야 한다는 것이다. 은우는 간지럼을 좋아해서 은우 아빠는 기저귀를 가는 동안 은우가 눈맞춤을 하면 짧게 간지럼을 태웠다. 은우 아빠는 은우가 꼭 3초 이상은 간지럼을 태워 주어야 다시 눈맞춤을 한다는 것을 알게 되었다.

네 번째 원리는 변동성(variability)이다. 동일한 강화물을 계속 사용하는 것은 싫증을 줄 수 있기 때문에 변화가 필요하다는 것이다. 예준이는 글씨가 쓰여 있는 치즈 과자를 좋아하는데, 할머니는 예준이를 부르고 난 뒤 아이가 식탁 의자에 올라올 때마다 그 과자를 줬다. 며칠 뒤, 아이가 불러도 더 이상 의자에 올라오지 않자 조기개입 전문가는 예준이가 좋아하는 다른 종류의 음식, 하이파이브, 포옹 등을 사용해 보길 제안하였다.

다섯 번째 원리는 박탈(deprivation)이다. 강화물이 지속적으로 가치를 지니기 위해서는 강화물을 제한할 필요가 있다는 것이다. 주원이 엄마는 아이가 어린이용 변기에 앉도록 하기 위해 휴대전화를 사용하였다. "먼저 앉으면 휴대전화를 줄게."라고 말하면서 말이다. 하지만 할머니는 아이가 변기에 앉을 때뿐만 아니라 하루 종일 휴대전화를 가지고 놀도록 해 줬고, 그 결과 주원이는 어린이용 변기에 앉기를 거부하였다. 즉, 강력한 강화물은 좋아하는 과자, 장난감, 비눗방울 등일 수 있는데, 만약 아이가 그 음식을 점심에 먹었거나 아침 동안 그 장난감을 가지고 놀았거나 지난 10분 동안 비눗방울을 터트리며 놀았다면, 비눗방울은 효과를 잃고 더 이상 강화물로 작용할 수 없다. 또한 다른 강화물들의 효과와도 비교해 보아야 한다. 간지럼이나 까꿍놀이는 텔레비전이 꺼져 있을 때에는 훌륭한 강화물일 수 있지만, 영아가 좋아하는 텔레비전이 켜지고 나면 다른 활동들은 영아에게 더 이상 중요하지 않을 것이며, 텔레비전이 가장 강력한 강화물이 된다.

Leach(2012)가 말했듯이 자연적인 강화물과 사회적인 강화물은 영아들에게 선호되는 강화물이다. 자연적인 강화물은 행동의 결과로 자연스럽게 나타나는 결과이다. 예를 들어, 만약 영아가 어떤 물건을 가리켰다면 자연적인 강화는 그 물건을 얻는 것이다. 사회적인 강화물은 하이파이브, 칭찬, 포옹, 간지럼, 환호, 열정적으로 표현하는 "그래!" 등이다. 이 두 가지 유형의 강화물은 목표행동 및 기술과는 무관한 활동이나 실재하는 물건에 대해 접근하는 것과는 반대로, 영아에게 그 기술 자체를 의미 있게 만들어 주며 긍정적인 사회적 상호작용에 대한 기회를 더 많이 제공하게 해 줄 수 있다.

〈표 3-1〉에 나온 강화물 조사지(Reinforcer Survey)와 같은 설문은 영아가 활동에 적극적으로 참여하도록 도움을 주는 유용한 도구이다. 이 자료는 영아를 처음 만났을 때, 그 이후 영아의 관심사가 변화하는 것을 파악할 때 도움이 되므로 가정이나 어린이집에서 손쉽게 사용될 수 있다.

표 3-1 강화물 조사지

조사 방법: 이 조사지는 영유아들이 즐겨 하는 아이템과 활동들을 리스트로 작성한 것입니다. 만약 아이가 이 중 어떤 것을 좋아한다면 얼마나 자주 그 품목을 사용하는지 또는 그 활동에 참여하는지에 따라 적절한 빈칸에 체크해 주세요. 만약 리스트에 아이가 특별히 관심을 보이는 품목 또는 활동이 없다면 하단에 있는 공란에 기입해 주세요.

	전혀 아니다	거의 아니다	종종 그렇다	자주 그렇다	항상 그렇다
음식과 음료					
사탕					
과자					
쿠키					
크래커					
아이스크림					
주스					
우유					
프레첼					
감각, 사회놀이					
박수, 응원하기					
팔, 등, 배, 다리, 머리에 오는 바람 느끼기					
진동 느끼기					
형제 따라 하기					
재미있는 소리 모방하거나 듣기					
점프하기					
팔, 등, 배, 머리, 다리 마사지하기					
쫓는 게임하기					
까꿍놀이 하기					
자유롭게 표현하는 놀이에 참여하기					
노래하기					
혼들기					
간지럼 태우기					

장난감과 활동하기				
스티커 붙이기, 모으기, 바라보기				
풍선불기				
가구 올라가기				
색칠하기				
촉감놀이				
책보기				
텐트/터널 만들기				
퍼즐 함께 놓기				
바닥에서 공굴리기				
불 켜기/끄기				
물 틀기/잠그기				
고리 장난감 하기				
모양 맞추기 게임 하기				
인과관계 장난감 사용하기				
점토 놀이하기				
회전하는 장난감 사용하기				
스마트폰/태블릿 앱 사용하기				
TV 또는 영화 보기				
기타(자세하게 적어 주세요.)				

반복

반복의 효과를 위해 영유아의 일상 및 일과 속에서 자연스러운 학습 기회를 만드는 것이 중요하다. 조기개입 전문가들은 가족들과 양육자들이 그들의 일상에 적용할 수 있는 반복적인 교육 기회를 찾는 데 도움을 줄 수 있다. 가족들이 일상에서 오는 어려움을 최소화할 수 있도록 도와주고 더 큰 스트레스를 받지 않도록 도와주는 것도 매우 중요하다. 예를 들어, 목욕시간에 신체 부위의 이름을 말해 주는 것은 매일 아침 영아를 목욕시키고 급하게 베이비시터에게 맡겨야 하는 가족에게는 추천할 수 없는 방법이다. 또한 얼마나 반복해야 하는가를 결정하는 것은 영아의 강점 및 요구, 동기에 따라 다양해진다. 진보 과정을 주의 깊게 점검하는 것은 필요한 기술을 숙달하기 위해 얼마나 많은 반복이 필요한지 알 수 있게 피드백을 준다.

일상을 활용하는 것은 자연스럽게 연습할 수 있는 반복의 기회를 가질 수 있게 한다. 예를 들어, 기저귀를 가는 동안 엄마의 얼굴을 쳐다보고 집중하는 일과는 하루에 여섯 번이나 기회를 준다. 게다가 간식이나 식사시간 또한 일과에서 반복 연습을 할 수 있는 기회를 제공한다. 예를 들어, 식사시간 동안 사용할 수 있는 유용한 전략으로 영아의 접시 위에 한 번에 조금씩의 음식만 두어서 영아가 더 달라고 요구할 수 있도록 하는 것이다. 그러나 이 방법은 적절할 때도 있지만 아닐 때도 있다. 영아가 극심하게 배가 고플 때, 부모가 식사 준비에 바쁠 때, 부모가 다른 자녀도 챙겨야 할 때는 적절하지 않을 수 있다.

형성법

형성법(shaping)은 최종 목표에 점점 가깝게 도달하는 동안 행동을 강화하는 것을 의미한다. 예를 들어, 서아는 컵으로 마시는 것을 매우 싫어하였다. 조기개입 전문가는 엄마에게 컵을 서아의 입에 닿게 하기, 하이파이브와 격려하기를 어떻게 시작할 수 있는지 보여 주었다. 컵에 소량의 우유를 따라 서아의 입에 닿게 하는 것을 세 번 정도하였다. 그러고 나서 엄마는 서아에게 하이파이브를 하며 격려하였다. 조기개입 전문가는 이를 몇 번씩 반복했고, 점점 서아의 입에 들어가는 우유의 양을 늘려 갔다. 서아가 우유를 삼킬 때마다 엄마와 조기개입 전문가는 격려하고 하이파이브를 해 주었다.

　비슷하게 하윤이의 치료사도 하윤이가 원하는 물건을 스스로 찾아 잡는 것보다 요구를 말로 표현하도록 하기 위해 형성법을 사용하였다. 치료사는 처음에는 하윤이가 이모의 손에서 쿠키를 가져가도록 놔두었다. 몇 번 쿠키를 먹은 후, 치료사는 이모에게 하윤이가 쿠키를 잡기 전 잠시 멈추라고 말했다. 하윤이는 이모를 보았고 아이가 그렇게 하자마자 치료사는 이모에게 쿠키를 주도록 했다. 그들은 그 행동을 반복하였고, 하윤이는 자신이 이모를 볼 때 쿠키를 얻는다는 것을 배울 수 있었다. 많은 시도 후에, 치료사는 다시 이모에게 하윤이가 이모를 본 후 쿠키를 원한다고 말할 때까지 잠시 기다리라고 제안하였다. 하윤이는 처음에는 이모를 쳐다보았지만 쿠키를 주지 않자 이상해했고, 마치 왜 그러는지 물어보는 것처럼 소리를 냈다. 치료사는 이모에게 "쿠키"라고 말하며 모델을 보여 줄 것을 지도하였고, 하윤이가 비슷한 소리를 내자마자 쿠키를 주도록 했다. 몇 번의 시도 후, 이모와 치료사는 하윤이가 쿠키를 얻기 위해 이모의 손에 있는 쿠키를 잡아채 가는 것에서 음성으로 표현하며 요구하도록 가르칠 수 있었다. 아이의 모방 기술이 증가할수록 그들은 "쿠키"라는 단어를 말하게 하는 것을 계획하였다.

　형성법에는 소거(extinction)를 사용하는 것 또한 포함되는데, 이는 이전에 강화되었던 행동에 대해서는 강화물을 중단하는 것을 의미한다(Cooper et al., 2007). 소거는 효과적인 전략일 수 있으나, 문제행동을 일으키는 경우도 있다. 예를 들어, 수아의 할머니는 수아가 슈퍼마켓에서 소리 지를 때마다 조용해지기를 바라면서 과자를 주곤 했다. 수아가 소리 지르는 행동이 심해질수록 할머니는 슈퍼마켓에 가는 것이 매우 힘이 들었다. 심리학을 전공하고 있는 수아의 이모는 할머니에게 과자를 주

는 것은 수아가 소리 지르는 것에 대한 보상을 주는 것이라 말하며, 다음에 슈퍼마
켓에 갈 때에는 과자를 주지 말라고 제안하였다. 이전에는 소리 지를 때마다 과자를
얻을 수 있었기 때문에 아이는 소리를 지르기 시작했고, 할머니가 과자를 주지 않자
더 크게 소리를 질렀다. 할머니는 이 행동에 대해 교사에게 상담하였고, 교사는 이
것이 소거격발(extinction burst)이라고 설명하면서 슈퍼마켓에 갔을 때는 아이가 소
리 지르기 전에 과자를 줘 보라고 제안하였다. 이를 통해 수아는 소리를 지르는 것
보다 그 이전의 적절한 행동이 더 강화될 수 있다는 것을 알게 되었다.

촉진

촉진이란 영아가 바람직한 답을 할 수 있도록 도움이 되는 단서를 제공하는 것이
다. 촉진은 "아빠가 어디 있지?"라는 질문을 하며 아빠가 있는 쪽을 살짝 쳐다보거
나 "이건 우유일까, 주스일까?"라는 선택 질문을 할 때 강조점을 어느 한쪽에 두는
것 같이 미묘하게 줄 수 있다. 또한 더 명백하고 직접적인 촉진을 사용할 수도 있다.
예를 들어, 영아의 반응이 정확하다는 것을 알려 주기 위해 아이에게 도움을 주는
것이다. 더 명백한 촉진의 예로는, 아이가 특정 물건을 선택하여 잡도록 신체적으로
도움을 주거나 아이가 가야 할 방향으로 데려가는 등 도움을 주는 것을 말한다. 즉,
촉진의 위계는 미묘한 것부터 매우 명백한 것까지 다양하다. 조기개입 전문가들은
언제, 어떤 유형의 촉진을 사용할 것인지 결정해야 한다. 또한 아이를 가르치는 동
안 어떻게 촉진을 감소시키거나 없앨 것인지를 결정하여 양육자와 영아가 촉진에
의존하기보다는 독립적일 수 있도록 도와주어야 한다.

최소촉진체계와 최대–최소촉진체계와 같이 촉진위계(prompt hierarchy)에는 두
가지 유형이 있다. 최소촉진체계(least-to-most prompting)는 바람직한 반응을 하도록
촉진의 양을 촉진위계에 따라 가장 낮은 것에서부터 시작해서 만약 반응이 나타나지
않으면 계속적으로 촉진의 양을 늘려 나가는 방법이다. 반대로 최대–최소촉진체계

(most-to-least prompting)에서는 정반응이 일어날 수 있도록 처음에는 충분한 정도의 촉진에서 점차로 덜 개입적인 촉진을 하는 것을 말한다. 짧은 시간 동안 많은 기회가 있을 때 촉진은 점차 사라진다. 〈표 3-2〉와 〈표 3-3〉은 두 가지 유형의 촉진위계를 비교하는 표이고, 〈표 3-4〉는 어떻게 신체적인 촉진을 점차 줄여 나갈 수 있는지에 대한 예를 든 것이다. 종종 가장 개입이 많은 것부터 적은 것으로의 촉진인 최대-최소촉진체계가 더 적절하다. 그 이유는 새로운 기술을 배우거나 어려운 기술을 학습할 때는 이 촉진법이 혼란이나 좌절감을 주는 행동을 예방할 수 있기 때문이다. 가장 적은 것부터 많은 것으로의 촉진인 최소촉진체계는 영아가 성공적인 성취를 보이는 기술을 연습하면서 독립성을 길러 줄 때 사용될 수 있다.

표 3-2 촉진의 위계: 최소촉진체계

목표로 하는 행동/기술: 지유는 보조의자에서 내려가고 싶을 때 음식을 던지거나 소리를 지르기보다는 몸짓으로 의사표시를 한다.
지유가 음식을 다 먹으면, 엄마는 기대하는 눈빛으로 지유를 보며 질문할 것처럼 몸을 수그렸다. 엄마는 지유가 소리를 지르거나 울기 전에 "뭘 하고 싶어?"라고 물었다. 엄마는 지유가 소리를 지르거나 울기 전에 "내려오고 싶어?" 라고 물었다. 엄마는 지유가 "내려 달라고 말해." 라고 말했다. 엄마는 지유가 아래를 가리키는 모습을 모델로 보여 주었다. 엄마는 지유의 손을 잡고 아래를 가리키도록 도와준 뒤 지유를 내려 주었다.

표 3-3 촉진의 위계: 최대-최소촉진체계

목표로 하는 행동/기술: 지유는 다 마시고 나서 식탁으로 걸어와 그 위에 컵을 올려 둔다.
지유가 음료수를 다 마시면, 엄마는 지유가 식탁으로 걸어가 손을 이용해 식탁에 컵을 올려 두도록 가르친다. 엄마는 지유에게 식탁 위에 컵을 올려 두라고 말한다. 엄마는 지유에게 "컵을 어디에 둬야 하지?"라고 물어본다. 엄마는 식탁을 가리킨다.

표 3-4　신체적 촉진의 위계

목표하는 행동/기술: 아빠가 직장에 갈 때 진우에게 "안녕"이라고 인사하면, 진우는 손을 흔든다.	
엄마의 촉진	진우의 행동
엄마는 진우의 손을 잡아 올려 흔든다.	(적용 가능한 행동 없음)
엄마는 진우의 손을 잡아 올린다.	진우는 손을 흔든다.
엄마는 진우의 손을 만진다.	진우는 손을 흔든다.

　어떤 경우에 ASD 영유아들은 촉진에 의존적이게 되는데, Leach(2012)가 설명했듯이 이런 의존성은 대개 체계적으로 촉진을 줄여 나가지 못해서 나타난다. 예를 들어, 지유 엄마가 〈표 3-2〉와 〈표 3-3〉에서 나온 것과 같이 신체적으로 또는 언어적으로 도움을 주면서 촉진을 줄이지 않았다면 지유는 스스로 식탁 위에 컵을 가져다 놓지 못했을 것이다. 마찬가지로 지유 엄마가 아래를 가리키는 모습을 보여 주지 않았거나 지유가 원하는 것을 묻지 않았다면 지유는 다 먹고 나서 아래를 가리키지 못했을 것이다. 촉진의 의존성은 바람직한 반응이나 행동을 불러일으키도록 하는 단서라기보다 촉진 자체에 대한 반응으로 생각될 수도 있다(Cameron, Ainsleigh, & Bird, 1992; MacDuff, Krantz, & McClannahan, 2001).

　조기개입 전문가들이 영아들에게 시각적인 지원을 제공하여 기술을 배우도록 하는 것은 매우 일반적인 방법이다. 그리고 교사들은 시각적인 도움을 제공하는 것이 영아들이 자연스러운 단서를 학습하는 과정에 방해가 되지 않는다는 확신을 가지는 것이 중요하다. 예를 들어, 교사는 다온이의 집을 방문했다가 나올 때 "다온아, 안녕이라고 말해."라고 말했지만, 다온이는 인사를 하지 않았다. 교사는 다온이가 손을 흔들고 있는 사진을 찍었고, 다온이 엄마에게 그것을 문에 붙여 두고, 엄마가 다온이에게 손을 흔들고 "안녕!"이라고 말할 때 그 사진을 손으로 가리키라고 말했다. 교사의 목표는 다온이가 해야 하는 행동을 말로 할 때보다 시각적 단서의 도움을 받아 더 잘 반응하게 하는 것이었다. 다온이 엄마는 문에 사진을 붙였고 엄마가 사진을 가리킬 때마다 다온이는 손을 흔들며 "안녕!"이라고 말할 수 있었다. 그러나 다른 사람이 "안녕!"이라고 말하는 자연스러운 단서에는 반응하지 못했다. 교사는 자신이 빠르게 전략을 바꾸어야 함을 알고 "다온, 안녕!"이라고 말하면서 사진을 가리키는 도움을 점차 줄여 나갔다. 처음에는 사진 근처에 서고 시간이 지남에 따라 움직이면서 점점 사진을 가렸고, 그러는 동안에 다온이는 교사의 얼굴을 보았고 이렇게 하는 것은 다온이가 교사의 말에 손을 흔들어 인사하도록 도와줄 수 있었다.

비슷한 예가 하민이에게도 있었는데, 하민이 엄마는 하민이가 "안녕!" 또는 "잘 가."를 자발적으로 말하지 못한다고 교사에게 이야기하였다. 따라서 교사는 누군가가 하민이에게 먼저 인사했을 때 "안녕!"이라는 말 자체에 반응하기보다는 "안녕이라고 말해."라는 언어적 지시에 촉진받는 점을 설명하였다. 다음 수업 때 교사는 하민이 엄마와 놀이처럼 방을 나갔다가 즐겁게 돌아오는 행동을 반복하였다. 그때 교사는 하민이 엄마에게 "안녕!"이라고 말하고, 엄마는 과장되게 "안녕!"이라고 답하는 모습을 아이에게 보여 주었다. 많은 반복 후에, 교사는 하민이도 놀이에 합류 시켰다. 교사는 하민이 엄마에게 "안녕, 엄마."라고 말한 뒤 엄마가 "안녕!"이라고 응답하게 했고, 뒤이어 하민이에게도 "안녕, 하민."이라고 말하면 하민이도 "안녕!"이라고 대답하도록 도와주었다. 다음 주에 교사가 방문했을 때, 하민이 엄마는 아이가 유치원에서 선생님과 친구들에게 스스로 인사하기 시작했다며 자랑스럽게 이야기하였다.

일반화

수현이는 다양한 장면에서 "안녕!"이라는 타인의 인사에 적절하게 답을 할 수 있다. 왜냐하면 교사가 엄마에게 설명해 주었듯이 일상생활에서 연습할 기회를 많이 주었기 때문이다. 엄마는 동물 인형과 피규어 등을 놀이시간에 사용하였다. 게다가 아빠나 다른 가족들이 방에 들어올 때마다 수현이에게 "안녕!"이라고 인사하도록 하고, 수현이가 다시 "안녕!"이라고 말하기를 기대하며 쳐다보았다. 엄마가 아이에게 다양한 사람과 다양한 환경에서 인사할 수 있는 기회를 많이 주었기 때문에 수현이는 이 기술을 일반화하여 사용할 수 있었다.

영유아들은 종종 일반화에 어려움을 느끼는데, 이는 그들이 의도하지 않았지만 일상에서 자연스럽게 일어나는 다양한 신호 때문이다. 예를 들어, 식사시간 끝 무렵에 재윤이 엄마는 물수건을 들고 재윤이에게 "손을 주세요."라고 말하고, 그러면 재윤이는 재빨리 손을 줄 수 있었다. 교사는 이를 보고, 엄마에게 다른 일상 속에서도 재윤이에게 똑같이 말하고 지시에 따르는지 보라고 했다. 다음 수업 때 재윤이 엄마는 아이가 목욕시간이나 유아용 의자에 올라앉아 있을 때에는 손을 달라고 하는 지시에 따르지 못한다고 했다. 교사는 몇 가지 질문을 했고 엄마가 욕조에서 사용한 물수건이 식사시간과는 다른 색상의 것이며, 아빠가 유아용 의자에 앉아 있는 아이에게 사용한 물수건도 식사시간의 수건과는 다른 일회용이라는 것을 알아냈다. 재윤이는 말로 하는 지시에 응답한 것이 아니라 식사시간에 사용되는 물수건을 보고 반응한 것이었다. 교사는 부모에게 재윤이가 말로 하는 지시에 따를 수 있는 전략을 사용하게 했다. 첫 번째 단계는 엄마와 아빠가 같은 색상의 물수건을 다양한 일상 동안 사용하는 것이었다. 이는 재윤이가 욕조, 싱크대, 유아용 의자 등 다양한 환경에 있을 때에도 "손을 주세요."라는 말을 들으면 동일하게 손을 주어야 한다는 점을 이해하게 해 주었다. 몇 주의 성공적인 연습 후에, 교사는 촉진위계에 대해 설명하며 엄마에게 어떻게 시각적 촉진(물수건)을 없애고 발화 촉진("손을 주세요.")을 강화할 수 있는지 보여 주었다. 교사는 엄마가 아이에게 물수건 없이 "손을 주세요."라고 말한 뒤 그의 응답에 대한 신호로 손을 내밀도록 했다. 하지만 아이가 손을 내밀지 않자, 아이의 손에 엄마의 손을 가져다 대어 주도록 했고 그러자 아이는 엄마에게 손을 주었다. 교사와 엄마는 계속해서 칭찬해 주었고, 아이는 웃었다. 교사는 엄마가 아이의 손으로부터 조금씩 거리를 떼면서 연습하도록 했고, 매 성공마다 칭찬하면서 아이가 계속하도록 격려해 주었다. 다섯 번의 시도 후 엄마는 손을 더 이상 내밀지 않고 "손을 주세요."라고 말하기만 해도 아이는 손을 줄 수 있었다. 교사는 부모에게 다른 일과 동안에도 똑같이 연습해 보고, 만약 아이가 손을 주지 않을 때에는 아이가 발화 지시에 따를 수 있게 똑같은 전략을 사용해 볼 것을 제안하였다.

협력, 지시 따르기, 순응

기저귀를 가는 것과 같은 일상의 일과 동안 영아의 협력, "컵을 주세요."와 같은 지시에 따르는 협력, 책을 보면서 "강아지 어디 있지?"와 같이 지시에 따르는 협력은 협력하고자 하는 동기뿐만 아니라 언어 이해도 필요로 한다. 영아가 지시를 따르지 않거나 협력하지 않는다면 반드시 그 이유를 알아야 한다. 지시에 대한 이해 부족, 지시에 포함된 수행단계에 필요한 한 가지 또는 그 이상의 기술의 수행에서 어려움, 낮은 동기 등이 원인이 될 수 있다. 일반적인 발달단계에서 영아기는 부모가 제한(limits)을 둘 때 부모의 말을 잘 따르는지를 평가할 수 있다. 일반적으로 지시에 따르는 순응은 2세 또는 3세 때 증가한다(Kopp, 1982). 그러나 언어 및 타인의 의도를 이해하는 것에 대한 어려움을 갖고 제한적이고 반복적인 행동특성을 가진 ASD 영유아들은 지시를 따르는 것을 목표로 하는 중재가 필요하다. 저자들의 이전 책의 부록 A에 제시되었던 긍정적인 행동 전략들은 유용하고 일반적인 접근법이며(Crawford & Weber, 2014), 가족들을 돕기 위해 조정될 수 있다. 프리맥 원리(Premack principle) 또는 할머니의 법칙(Grandma's law)(Cooper et al., 2007)으로 알려진 "일단 ~하고, 그다음에 ~하자."는 말을 이해한다면 아이가 협력하는 것은 더욱 쉬워진다. 예를 들어, "일단 먼저 신발을 신으면, 우리는 밖에 나갈 거야."라든가 "일단 식탁에 앉으면, 과자를 줄 거야."와 같이 아이에게 말할 수 있다. 이 수반성을 다양한 환경에서 다양한 사람과 연습한다면, ASD 영유아들이 어려움을 느끼는 일상에 참여하고 기다리는 방법을 배울 수 있을 것이다.

행동 관성

행동 관성(behavioral momentum; Mace et al., 1988)은 영유아에게 다소 어려운 과제를 할 때 적절한 반응을 하게 하는데 효과적인 방법이다. 부모나 교사는 아이가 쉽게 하거나, 잘할 수 있는 행동이나 말을 해 보라고 요구한다. 아이가 정확하게 반응하면 칭찬, 하이파이브 그리고 다른 종류의 강화물로 보상을 준다. 이때 한 개 또는 두 개 이상의 쉬운 과제가 제시되고 정확한 반응은 보상을 받는다. 그리고 다음에는 조금 더 어려운 과제를 할 수 있는데, 성공의 탄력성 때문에 아이는 더욱 바람직한 응답을 해낼 가능성이 높아진다. 이 방법은 일상에서 새로운 지시를 수행할 때 효과적이다. 예를 들어, 목욕시간에 신체 부위의 이름 익히기를 연습할 때 주안이 엄마는 교사가 보여 준 이 전략을 사용하였다. 엄마는 주안이에게 이미 아는 두 개의 신체 부위를 가리켜 보라고 했고, 주안이가 눈(또는 '코')과 배를 각각 가리킬 때마다 박수를 치고 격려하였다. 그다음으로 엄마는 아이가 아직 잘 변별하지 못했던 "귀는 어디 있지?"라고 물어보았고, 아이는 자연스럽게 귀를 가리키며 스스로 박수를 쳤다.

행동의 기능 결정

영유아가 자신이나 다른 또래에게 해를 끼치거나 학습하는 것을 방해하는 문제행동을 보일 때, 교사는 행동의 이유를 찾고 문제행동 후, 적절한 반응을 하며 대체행동을 익힐 수 있도록 해야 한다. 깨물기, 토하기, 때리기 같은 행동들은 주로 영유아기에 많이 나타나는데, ASD 유아들은 사회적 의사소통의 어려움으로 더 긴 시간 동안 나타나기도 한다. 영유아들이 깨무는 것은 주로 이가 나고 있거나 과거에 다른 친구의 장난감을 뺏을 때 효과적이었거나 또는 할머니를 깨물면 얼굴을 닦는 것과 같이 하기 싫은 행동을 안 할 수 있었기 때문일 것이다. 이러한 문제행동을 해결하기 위해서는 각각의 다양한 상황에 대해 서로 다른 결과와 대체할 만한 행동이 필요하다. 이가 나는 것과 관련한 행동으로 깨무는 아이에게는 적절한 대체물을 주도록 하고, 무언가를 원해서 문제행동을 하는 아이의 경우는 도와줄 누군가를 찾도록 해준다. 예를 들어, 성인을 찾아서 "도와주세요."라고 말하거나 신호를 보내도록 가르쳐 준다. 또는 손을 내밀며 "내 차례야."라고 말하거나 "그거 주세요."라고 말하도록 한다. 만약 아이가 그 물건을 가지지 못하는 상황이라면 아이는 기다리거나 다른 대체물을 찾아야 한다. 아이가 세수하는 것을 그만두고 싶다면 "그만!"이라고 말할 수 있어야 하지만, 항상 아이가 원하는 대로만 할 수 없다는 것도 배워야 한다. 만약 위와 같은 행동 전략이 효과가 없다면 그 이유는 아이가 왜 그 행동을 하는지 정확히 알아내지 못했기 때문일 것이다.

행동기능평가(functional behavior assessment: FBA)는 행동의 기능을 알아내기 위해 사용된다. 이 과정은 문제행동의 정의 및 행동 발생 전에 일어난 일(선행사건), 행동의 발생 시 일어난 일, 그 후에 발생한 일(후속결과)을 알기 위해 양육자들과 상담하는 것으로 이루어진다. 상담한 후에는 아이를 관찰하고 행동이 일어나기 직전, 행동 발생 시, 그 후의 상황에 대한 더 많은 정보를 얻는다. 행동의 기능이 밝혀지고 나면 특정한 전략이 세워진다. 예를 들어, 환경은 그 행동이 발생하는 것을 예방하기 위해 변화될 것이며, 적절한 성인의 반응이 추천되고, 대체 기술이 교육될 것이다. 미국의 많은 주에서는 이미 행동기능평가를 실행하기 위한 지원을 제공하고 있으며, 이와 관련된 많은 자료가 준비되어 있다. 특히 위험한 행동을 보이거나 하나 이상의 기능을 가진 문제행동을 보이는 경우는 특별한 교육과 경험을 가진 교사의 도움이 필요하다. 행동의 기능에 대해서는 이 책의 뒷부분에서 더 자세히 설명할 것이다.

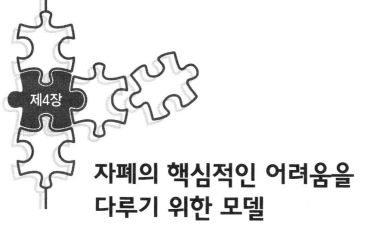

제4장

자폐의 핵심적인 어려움을
다루기 위한 모델

　[그림 4-1]에 제시된 모델은 ASD 영유아들의 핵심적인 어려움에 대해 다루고 있으며, ASD의 어려움에 대한 상세한 설명과 중재 전략을 제공할 5~8장의 뼈대가 된다. 삼각형의 아랫부분에는 자신과 타인 그리고 환경에 대한 이해(왼쪽)와 **융통성**(오른쪽)이 있으며, 삼각형의 윗부분에는 **사회적 의사소통**이 있고, 가운데에는 조절이 있다.

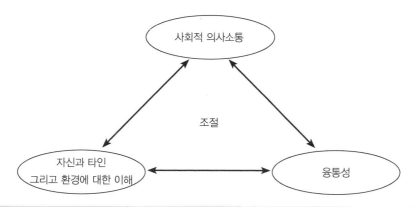

[그림 4-1] ASD 영유아의 핵심적인 어려움 다루기

조절

문헌에서 조절이라는 용어는 자기조절이나 행동조절 또는 정서조절과 관련되어 사용되고 있으며, 이 용어들 간에 뚜렷한 구분은 없다(Barrett, 2013). 영유아기의 조절은 아이와 타인의 관계에 밀접한 관련이 있으며 아이는 영아기에 양육자와 상호작용을 하면서 자신의 각성상태와 수면 사이클을 조절하고, 배고픔과 포만감을 조절하며 스스로를 진정시키고, 정서적 반응 및 주의나 관심을 조절하고 항상성을 유지하는 것을 처음으로 배우게 된다(DeGangi, 2000; Shonkoff & Phillips, 2000). 영유아들은 조절된 상태에 있을 때 차분하고 활발하며 배울 준비를 한다. 이와 반대로, 피곤하거나 배가 고플 때, 소리를 지르고 있을 때, 감각자극이나 요구가 자신이 원하지 않는 것이거나 공격적이어서 회피하고 싶을 때에는 불편한 감정을 드러내며, 학습에 도움이 되고 타인과의 관계에 긍정적인 영향을 미치는 행동을 보이지 않는다. 그렇기 때문에 조절은 스스로를 안정시키고 타인과 상호작용하는 능력에 영향을 미치며, 마찬가지로 환경 또한 조절에 영향을 미친다. 비전형적인 주의나 반응, 비전형적인 정서조절과 행동은 자폐의 조기 지표들로 밝혀졌으며(Zwaigenbaum et al., 2005), 이러한 특성들은 조기 사회적 상호작용의 질과 양을 떨어뜨릴 수 있다.

자신과 타인 그리고 환경에 대해 이해하기

영유아들은 조절상태에 있을 때 다른 사람이나 환경과 상호작용할 수 있다-자신과 타인, 환경에 대해 이해하는 과정, 감각자극을 처리하고 견딜 수 있는 능력, 주의전환, 행동 모방, 지시 따르기 등과 같은 관찰 가능한 행동들은 자신과 타인 그리고 환경 이해하기의 구성요소가 될 수 있다.

영유아들은 타인 및 환경과 상호작용하면서 경험하는 감각운동을 통하여 자신의 신체에 대해서 배운다. 영아들은 그들의 일상생활 경험으로부터 다양한 촉각적, 시각적, 청각적, 고유수용성감각, 전정감각, 미각적, 후각적 정보를 받는다. 영아들은 얼굴 표정이나 소리, 움직임 등으로 긍정적인 반응이나 부정적인 반응을 표현하고 반복된 경험을 통해 연관성을 만든다. 예를 들어, 영아들은 옹알이를 하거나 웃으면서 손을 움직여 딸랑이를 잡으려고 하고 칭얼거리거나 얼굴을 찡그리면서 밝은 빛이나 코를 닦아 주는 티슈의 감촉을 피하기도 한다.

영아들은 성장하면서 다양한 감각과 움직임 간의 연관성을 만든다(예: 팔을 움직여서 장난감을 치고, 그 결과 촉각적, 시각적, 청각적 감각을 느낄 수 있었다. 배가 고파서 운 결과, 먹을 것을 받았다; 방을 기어 다니면서 다양한 감각을 느낄 수 있었고, 방을 기어 다니는 것은 원하는 것을 얻을 수 있는 방법이 되었다). 유아들은 물리적인 환경에 반응하는 것 외에도 다른 사람들에 대해서도 빠르게 배운다. 어려서부터 영아들은 양육자와 눈을 맞추며 미소를 짓고 얼굴을 찡그린다. 또한 영아들은 일상생활에서 반복적으로 경험한 타인의 행동이나 음성, 얼굴 표정 및 언어 등을 통해 상황을 예측하는 것을 배운다.

ASD와 감각처리에 대한 주제는 많은 이론과 다양한 전문용어로 인하여 더욱 복잡해졌다. 그러나 자폐 범주성 장애인들이 감각정보에 대한 비전형적인 반응을 빈번하게 보인다는 것에는 모두 동의한다(Baranek, Little, Parham, Ausderau, & Sabatos-DeVito, 2014). Baranek와 동료들은 가장 일반적으로 보고되었고, 경험적으로 입증된 네 가지 감각특성에 대해 설명하였다.

- 과소반응(즉, 낮은 반응성이나 지연된 반응을 보인다. 예를 들어, 소리가 나도 돌아보지 않거나 시간이 한참 지난 후에 소리에 반응하기)
- 과민반응(과도한 반응을 보이거나 감각의 회피를 보인다. 예를 들어, 만지면 곧바로 피하기)
- 감각적인 흥미, 감각적인 반복, 감각추구 행동(예를 들어, 반복적으로 창문 핥기, 오랜 시간 동안 천장의 팬을 쳐다보기/응시하기)

• 특별한 지각능력(예를 들어, 아주 먼 거리의 비행기 소리 듣기, 형광 불빛의 깜빡임 쳐다보기)

또한 ASD 영유아들은 감각자극 사이에서 주의를 전환하는 데 어려움이 있다. ASD 영아들에 대한 많은 연구에서 ASD 영아들은 하나의 사물이나 사람에게서 다른 사물이나 사람으로 주의를 전환하는 능력에 결함이 있다고 밝혀졌다(Sacrey, Armstrong, Bryson, & Zwaigenbaum, 2014). Hellendoorn 등(2014)은 ASD 영유아들의 비전형적인 시각처리에 대해 연구하였고, 비전형적인 시각적 행동들이 미숙한 사회적 기술과 관련이 있다는 것을 알아냈다. 마찬가지로 청각적 자극에 대한 비전형적인 처리 또한 자폐 범주성 장애인들에게서 나타났다. O'Connor(2012)는 ASD 영유아들은 특히 청각적 자극인 구어(말)에 관심을 갖고, 귀를 기울이는 데 어려움이 있다고 했다. ASD 영유아들의 촉각처리에 대한 연구는 거의 없다. 하지만 Foss-Feig 등(2012)은 저학년 아동들의 촉각추구 행동(예를 들어, 반복적으로 특정한 천을 만지거나 침으로 손가락을 문지르는 것)과 사회성 결함과의 관계에 대해 연구하였다. 저자들이 ASD 영유아들과 함께했던 경험에서 보면, ASD 영유아들은 시각적 자극을 더 선호하고, 청각적 자극보다 시각적 자극에 더 쉽게 반응하였다. ASD 영유아들은 자주 긴 시간 동안 돌아가는 물체를 응시하였으며, 불을 켰다 껐고, 놀잇감이 떨어지는 것을 보기 위해 일부러 떨어뜨리는 행동을 반복하였다.

대학교수이며, 자폐인으로서의 자신의 경험에 대한 책을 많이 쓴 작가인 Temple Grandin(2011)은 자기-자극행동을 하는 이유는 그러한 행동을 하면 기분이 좋아지고, 편안해질 수 있으며, 고통스럽고 불편한 자극들로부터 벗어날 수 있기 때문이라고 했다. 저자들의 경험에서 보면, ASD 영유아들은 타인 및 환경과의 상호작용보다 감각추구 행동이 더 즐거운 경우, 자신들이 무엇을 해야 하는지 모르는 경우, 자신들에게 주어진 요구 및 기대에 대해 잘 모르는 경우, 또는 자신들의 현재 상황에서 혼란스러운 일이 일어났을 경우에 반복적인 감각추구 행동을 보였다. 예를 들어, 서준이는 이야기나누기 시간에 다루는 행성 이야기가 지루할 때 자신의 눈앞에서 손

가락을 터는 행동을 보였으며, 도윤이는 블록을 만드는 방법을 모를 때 블록을 연결
시켜서 일렬로 세우는 행동을 보였다. 그리고 지안이는 흥분했을 때 "와, 이거 정말
재미있다."라고 말로 표현하지 못하고 두 손을 펄럭였다.

　유아들은 자신과 타인 그리고 환경에 대해 더 잘 이해하고 다른 사람들과 어울리
는 방법과 물건을 사용하는 새로운 방법들을 배우면서, 반복적인 놀이행동들(예: 물
건 줄세우기, 소리를 듣기 위해 물건 던지기, 시각적 자극을 추구하기 위해 물건 튕기기)을
더 전형적인 놀이와 상호작용으로 변화시켜 갈 수 있다.

융통성

　영유아들은 반복적인 경험을 통해 세상을 이해하고 연관성을 만들면서 예측하기
를 시작하고 그 예측들이 항상 실현되는 것은 아니라는 것도 배운다. 이러한 변화
를 수용하는 능력을 '융통성'이라고 한다. 예를 들어, 영아가 배가 고파서 울었고, 그
때 부모가 우유병을 가지고 왔다. 시간이 지나면서 영아는 울면 누군가가 우유를 가
지고 온다는 것을 배우게 되고, 나중에는 우유병을 기대하면서 운다. 시간이 지남에
따라 영아는 울면 우유를 준다는 규칙 안에 변화가 있다는 것도 알게 된다. 즉, 우유
의 온도가 변할 수도 있고, 우유의 맛이 달라질 수도 있고, 우유병을 잡아 주는 사람
이 바뀔 수도 있고, 우유를 먹는 장소가 바뀔 수도 있고, 우유병의 모양이 바뀔 수도
있다는 것을 알게 된다.

　감각처리(과민반응과 과소반응), 기질상 개인차, 양육자의 반응은 융통성에 영향을
미친다. 예를 들어, 시아 엄마, 하윤이 엄마, 수아 엄마는 놀이그룹의 다른 아이들이
차가운 우유를 먹는다는 것을 알기 전까지는 항상 딸들의 우유를 데워 주었다. 그
사실을 안 다음 날, 엄마들은 자신의 딸들에게 평소보다 차가운 우유를 주었다. 시
아와 하윤이는 한번 빨아 보고 즉시 우유병을 던지고 울었다. 수아는 한 모금 빨아
보고 얼굴을 찌푸렸지만 다시 빨았고 어려움 없이 적응하였다. 시아 엄마는 즉시 우

유를 데워 주었고, 몇 주 동안 계속 그렇게 했지만 베이비시터에게 시아가 데운 우유를 좋아하는 것에 대해 말하는 것을 잊어버렸다. 베이비시터가 시아에게 차가운 우유를 주었을 때 시아는 우유병을 던지면서 울었다. 베이비시터는 시아가 배고프지 않다고 생각하고 1시간 뒤에 다시 차가운 우유를 주었다. 시아는 너무 배가 고파서 약간 화를 냈지만 우유를 다 먹었다. 하윤이 엄마는 우유병을 점점 차갑게 해 주어서 하윤이가 더 쉽게 적응할 수 있도록 해 주었다. 아이들은 변화에 적응하였지만 감각 선호도, 기질, 양육자의 반응은 아이들의 적응 과정에 영향을 미쳤다.

변화에 적응하는 것은 조절과 상호작용, 새로운 기술을 배우기 위해 꼭 필요하다. 모든 일상생활을 함에 있어서 물리적인 환경의 변화, 루틴의 변화, 양육자의 교체, 사람들의 반응이 달라지는 것에 적응하는 것이 필요하다.

ASD 영유아들은 융통성을 갖는 것이 어렵고, 일상생활에서의 변화는 그들의 조절에 영향을 미친다. 스케줄이 바뀌거나 익숙한 장소에 갈 때 다른 길로 가는 것과 같이 루틴에 변화가 생겼을 때 아이는 울거나 떼를 쓸 수 있다. 자폐 범주성 장애인들은 환경의 요구에 맞게 적응하는 데 어려움이 있으며, 융통성이 없는 행동을 보이고, 이전의 행동패턴들을 고수하려고 한다. 또한 제한적이고 반복적인 행동들을 보이며 행동이나 환경을 일관되게 유지하려는 성향이 강하고, 루틴의 변경이나 계획의 변화를 받아들이기 어려워한다(D'Cruz et al., 2013; Kanner, 1943; Kenworthy, Case, Harms, Martin, & Wallace, 2010). 반복적인 행동은 전형적인 발달에서도 흔하게 나타나지만, Wolff 등(2014)에 의하면 ASD로 진단받는 영유아들은 빠르면 12개월경부터 다양하고 폭넓은 반복행동들을 보였으며 반복행동의 빈도가 높았다고 했다. 제한적이고 반복적인 행동들은 계획하기, 작업기억, 충동조절, 억제하기, 시작하기와 같이 인지적 유연성이 필요한 과정에서 생기는 어려움과 밀접한 관련이 있는 것으로 보고 있다(Yerys et al., 2009). Deák(2004)에 의하면 인지적 유연성이란 새로운 상황이나 예상치 못한 상황에서 적절하게 추론을 하고, 창의적으로 개념을 조합하며, 새로운 표상을 통합하거나 행동의 순서를 새롭게 하기 위하여 익숙한 지식과 습관들을 수정하는 것이다(p. 272). 유아기의 이정표로 볼 수 있는 가장놀이에는 이러한 것들이 모두 포함되어 있다. 또한 일반화란 이처럼 지식과 기술을 유연하게 사용하는 것이며, 새로운 상황에 지식과 기술을 적용해 보는 것이다. 이러한 기술은 일반적으로 유아기에 발달하기 시작하며(Gillis & Nilsen, 2014), 일생 동안 지역사회와 가정의 루틴에 성공적으로 참여하기 위하여 필요하다.

사회적 의사소통

영유아들은 자신들의 환경에 주의를 기울여야 하고, 환경 및 환경의 변화에도 적절하게 반응해야 한다. 또한 영유아들은 주변 사람들의 말과 행동을 이해하고 이에 반응해야 한다. 이러한 과정이 사회적 의사소통이다. 비록 사회적 의사소통에 대한 공통적인 정의는 없지만, Bruner(1981)에 의하면 사회적 의사소통에는 사회적 상호작용, 행동조절, 공동관심이라는 세 가지 기능이 있다. Bottema-Beutel 등(2014)의 연구에서는 의사소통은 최소한 두 명 이상이 함께하는 것이기 때문에 본질적으로 모든 의사소통은 사회적인 것이라는 것에 대해 논의하였다. 또한 의사소통의 목적에 따라 타인과의 관계를 형성하기 위한 의사소통과 요구하기와 같이 타인의 행동을 조절하기 위한 의사소통으로 분류하였다. Bottema-Beutel 등(2014)의 연구에서는 의사소통이란 단순히 모방하거나 촉진 및 질문에 반응하는 것이 아니라 타인에게 행하고, 주로 애정 및 흥미를 공유하는 것으로 정의를 제한하였다. 미국 언어청각협회(American Speech-Language-Hearing-Association: ASHA)는 사회적 의사소통에 대한 Adams(2005)의 정의를 사용하였다: "사회적 상호작용, 사회적 인지, 화용론(언어/비언어), 수용언어와 표현언어 처리 등의 상보적인 출현(시작)"(p. 182). 그러나 ASHA(2015a)의 웹페이지에 있는 정보는 학령기 아동에게 국한되어 있으며, 이 글을 쓰는 시점까지는 유아들과 관련된 자료들은 개발되지 않았었다(ASHA, 2015c). ASHA(2015a)의 온라인 자료에서는 사회적 상호작용, 사회적 인지, 화용론(언어/비언어), 언어 처리를 사회적 의사소통의 구성요소로 보고 있다(이 용어들과 구성요소들은 8장에서 더 논의할 것이다). 또한 ASHA(2015b)에서는 유아기부터 성인기까지 사용할 수 있는 매우 다양한 표현언어 및 수용언어 기술이 포함되어 있는 사회적 의사소통의 기준에 대한 목록을 제공한다.

영아들의 사회적 의사소통은 보통 한 번 또는 두 번 주고받는 것으로 시작하여 초기 대화기술 중 하나인 여러 차례 주고받는 것으로 발전해 간다. 참여에서 상호적인 사회적 의사소통으로 나아가기 위해 필요한 기술(8장에서 더 깊이 살펴볼 수 있다)에는 눈맞춤 하기; 제스처, 소리, 말 모방하기; 다양한 기능으로 제스처 사용하기; 다양한 기능으로 말 사용하기; 제스처나 말을 사용하여 다양한 대화에 참여하기가 있다. 공동관심 또한 사회적 의사소통의 중요한 구성요소이다. Schertz와 Odom(2007)이 말한 **공동관심**의 정의를 살펴보면 외적 자극에 대해 상대방과 함께 시각적으로 주의를 기울이는 것, 요구하기 위한 목적보다는 (어떤 상태나 사건에 대해 표면적으로) 서술하는 목적으로 상대방의 관심을 인식하고 사회적으로 참여하는 것이다(p. 1562). 공동관심에는 공동관심에 반응하기(RJA)와 공동관심 시작하기(IJA)의 두 가지 유형이 있다.

공동관심에 반응하기(responding to joint attention)는 상대방에게 반응을 보이기 위하여 쳐다보거나, 따라 하면서 쳐다보고 가리키는 행동을 말한다. 예를 들어, 서윤이는 엄마가 창밖을 보고 있는 것을 보고 자기도 창밖을 보았다. 공동관심 시작하기(initiating joint attention)는 타인의 관심을 끌기 위해 자신의 시선을 움직이는 행동을 의미하며, 때때로 제스처가 동반되기도 한다(Bruinsma, Koegel, & Koegel, 2004). 하준이는 컵을 쏟았을 때 엄마에게 쏟은 것을 알리기 위해 엄마를 쳐다보고 그다음 다시 자신의 컵을 보는 행동을 보였다. 돌 무렵부터 발달하기 시작하는 공동관심은 언어 능력 및 사회적 반응성에 대한 전조로 여겨진다(Schertz, Odom, Baggett, & Sideris, 2013).

사회적 의사소통은 ASD의 주된 어려움이기 때문에 사회적 의사소통을 목표로 하는 중재는 많은 연구의 중심이 되어 왔다(Anagnostou et al., 2015). Bottema-Beutel 등(2014)은 ASD 영유아들의 사회적 의사소통에 관한 중재 연구들을 살펴보았고, 최상의 실증적인 중재의 특징은 발달적, 행동적, 화용론적 이론 및 감각이론들을 기반으로 하고 있다는 것이었다. 또한 Bottema-Beutel과 동료들은 이 접근법들에는 아동의 선호도를 고려하는 과정, 유의미한 강화를 제공하고 상호작용에서 주도권을 아동과 나누는 반응적 교사, 아동의 발달 수준을 고려한 위계적 목표, 가족의 현재 기능적 요구들이 포함되어 있었다고 했다(p. 808). [그림 4-1]에 있는 이론적 틀에는 발달적 이론, 행동적 이론, 화용론 중심의 이론과 감각을 기반으로 한 이론이 포함되어 있으며, 사회적 의사소통을 목표로 한다.

통합하기

　요약해 보면, [그림 4-1]에 있는 모델은 조절, 자신과 타인 그리고 환경을 이해하기, 융통성, 사회적 의사소통 간의 관계를 강조하고 있다. 조절은 융통성과 사회적 의사소통뿐만 아니라 자신과 타인 그리고 환경을 이해함에 있어서도 필수적이기 때문에 가운데에 있다. 자신과 타인 그리고 환경을 이해하는 과정을 통해 융통성이 생긴다. 영유아는 융통성이 생긴 후에 자신과 타인 그리고 환경을 이해할 수 있다. 이러한 토대가 의사소통 능력이 되고, 의사소통을 하면서 자신, 타인, 환경에 대해 더 많이 배우게 된다. 게다가 자신과 타인 그리고 환경을 이해하기, 융통성, 사회적 의사소통이 조절을 돕는다. Wetherby(1991)는 "영유아의 행동은 아이의 발달에 영향을 주는 양육자의 반응성에 영향을 미친다."는 말로 이러한 관계를 설명했다. 영유아의 발달은 아동과 환경 사이의 상호적인 교류와 상호작용에 의해 결정된다(p. 255). 뿐만 아니라 조기개입 전문가들은 영유아기의 상호작용 과정에서 부모와 양육자, 영유아들을 지원하면서 그들 모두에게 영향을 미칠 가능성이 매우 높다.

　다음의 예는 ASD로 진단을 받거나 ASD의 위험을 보이는 영유아들에게 이론적 틀이 어떻게 적용되었는지를 보여 준다.

　24개월인 하은이는 의사소통에서 지연을 보이고 눈맞춤을 드물게 보여 소아과 의사가 조기개입 전문가에게 의뢰하였다. 그 소아과 의사는 M-CHAT-R을 실행하였고, 가족과 함께 결과에 대해 논의하였다. 하은이는 조기개입 평가를 받았고, 그 평가에서 모든 발달영역에 명백한 지연이 있다고 나왔다. 하은이의 운동능력은 기능적으로 적절하였지만 모방행동을 하지 않았기 때문에 구조화된 활동에 참여하는 것이 어려웠으며, 실제 능력을 평가하기가 어려웠다.

하은이 부모의 고민은 기저귀를 갈거나 옷을 갈아입힐 때, 식사시간이나 차에 태울 때 하은이가 자주 떼를 쓰는 것이었다. 하은이는 떼를 쓰면서 자주 발로 차거나 머리를 박는 행동을 보였다. 또한 부모는 하은이가 원하는 것을 잘 몰라서 자신들과 하은이 모두 좌절감을 느낀다고 했다. 부모가 하은이가 원하는 것을 알 수 있는 유일한 순간은 아이가 냉장고 앞에 서서 문을 두드리면 아이에게 우유병을 가져다줄 때였다. 부모는 책에서 봤던 우유에 대한 사인을 사용해 보기 위해 아이의 손을 잡았다. 하지만 하은이의 손을 잡자 소리를 질렀고 발로 찼다. 하은이는 우유를 다 마신 후 바닥에 우유병을 던졌고, 만약 더 먹고 싶을 때에는 냉장고로 달려가서 우유를 더 줄 때까지 소리를 지르면서 문을 두드렸다. 만약 부모가 우유를 더 주지 않으면 하은이는 선반을 자기 팔로 쓸어 버리면서 물건들을 바닥으로 떨어뜨렸다. 부모는 하은이에게 조금 이따가 우유를 더 먹을 수 있다고 반복해서 말했지만 이해하지 못하는 것 같았다. 부모는 하은이가 글자나 숫자를 알고 있었기 때문에 매우 영리하다고 생각하였고, 노란색 테두리의 젖꼭지가 아니면 우유를 먹지 않아서 색깔을 알고 있다고 생각하였다. 부모는 아이가 자신들과 유대감이 없는 것 같아서 좌절하였다. 하은이는 혼자 노는 것을 더 좋아하였으며, 부모와 함께 노는 것을 좋아하지 않는 것 같아 보였다. 부모는 항상 하은이와 함께 놀려고 했지만 아이는 책장 넘기기나 창문 핥기, 상자 아래로 장난감 떨어뜨리기를 하기 위해서 가 버렸다.

하은이의 IFSP목표는 하은이가 원하는 것과 필요한 것을 스스로 표현하고, 일상생활에서 부모와의 상호작용을 늘리는 것이었다. 조기개입 전문가는 조절, 자신과 타인 그리고 환경을 이해하기, 융통성, 사회적 의사소통 측면에서 하은이의 부모를 코칭하는 것에 중점을 두었다. 서비스 초기 몇 주간 조기개입 전문가는 자신과 타인 그리고 환경 이해하기 영역에서 부모가 하은이를 도울 수 있도록 코칭하였다. 하은이와 부모가 함께 노래를 부르거나 신체놀이를 할 때 잠시 멈추어 보고 하은이가 부모의 눈을 쳐다보면 빠르게 다시 시작하도록 하면서 재미있게 놀이하는 방법을 가르쳐 주었다. 하은이는 이러한 놀이를 통하여 자신이 눈맞춤을 했을 때 재미있는 일이 일어난다는 것을 배웠다. 신체놀이에는 움직임과 신체 접촉이 많이 포함되어 있어 하은이는 사람들이 자신의 손을 잡으면 재미있는 일들이 생긴다는 것을 배울 수 있었다. 그다음에 하은이의 부모는 재미있는 동요를 부르거나 간지럼 태우기 놀이를 할 때, 잠시 멈추었다가 하은이가 놀이를 계속하고 싶다고 부모의 손을 당길 때까지 기다려야 한다는 것을 배웠다. 이러한 과정을 통하여 하은이는 다른 사람의 행동을 조절하기 위해서는 자신의 몸을 사용해야 한다는 것을 더 잘 알게 되었고, (그 결과) 자기조절력 및 다른 사람과 어울리기 위한 준비도가 향상되었다.

조기개입 전문가는 하은이가 게임에 싫증이 났을 때나 더 놀고 싶을 때 보이는 단서들을 가족이 더 잘 알 수 있도록 도와주었다. 부모는 아이의 떼쓰기가 줄어든 것을 보고 아이가 보이는 단서를 읽는 것이 유아의 조절 능력 향상에 도움이 된다는 것을 알게 되었다. 하은이의 자신과 타인 그리고 환경을 이해하는 능력을 향상시키기 위해서―구체적으로 부모가 하은이를 새로운 탁자로 데리고 가거나 차로 데려갈 때와 같이 다른 사람의 행동을 이해하도록 하는 것―조기개입 전문가는 가족에게 하은이에게 시각적 단서를 제공하는 것을 알려 주었다. 가족은 하은이에게 기저귀 갈 시간이라는 것을 알려 주기 위한 신호로 기저귀를 보여 주었고, 자동차에 타야 할 시간이라는 것을 알려 주기 위한 신호로 자동차 열쇠를 보여 주었고, 밖으로 나가야 할 시간이라는 것을 알려 주기 위하여 하은이의 신발을 보여 주었다. 부모는 하은이가 일상에서 일어나는 많은 변화를 이해할 수 있도록 다양한 시각적 단서를 제공하는 것을 배웠다. 시각적 단서를 제시하는 전략이 하은이의 떼쓰기를 상당히 줄어들게 했고, 부모는 하은이의 융통성이 향상되었다고 말했다. 또한 조기개입 전문가는 감각―사회적 루틴 안으로 융통성을 통합시키기 위하여 아주 서서히 노래와 게임을 다양하게 활용하는 방법을 가족에게 보여 주었다. 조기개입 전문가와 하은이의 부모는 또 하은이의 우유병을 목표로 삼고, 하은이가 다양한 우유병으로 편안하게 마실 수 있을 때까지 색마커펜이나 리본을 사용하여 젖병링의 색에 서서히 변화를 주면서 융통성을 향상시키고자 하였다.

조기개입 전문가는 또 하은이의 부모에게 하은이의 사회적 의사소통을 유도할 수 있는 방법을 보여 주었다. 하은이가 냉장고에 가서 문을 흔들 때, 부모는 자신들의 손을 냉장고 손잡이 위에 두고 잠시 멈추었다. 하은이가 부모의 손을 냉장고 손잡이 쪽으로 밀었고, 그 후에 부모는 냉장고 문을 열었다. 부모는 다시 멈추었고, 하은이는 부모의 손을 우유 쪽으로 밀었다. 조기개입 전문가는 하은이의 부모에게 냉장고를 흔드는 것에서 냉장고로 부모 손을 끌고 가는 것으로 하은이의 의사소통을 형성하는 방법을 가르쳤다. 하은이가 우유를 더 먹을 수 없다는 것이나 우유를 먹는 시간이 아니라는 제한을 수용할 수 있도록 조기개입 전문가는 하은이가 우유를 먹을 수 있을 때 냉장고 문 앞에 하은이의 우유병 사진을 붙이는 것을 제안하였다. 하은이는 냉장고 문에 우유병 사진이 있으면 부모가 우유를 줄 것이고, 우유병 사진이 없을 때에는 "안 돼."라는 메시지를 전달하는 것이라는 것을 배웠다. 시간이 지나면서 이러한 시각적 단서가 하은이가 자신과 타인 그리고 환경을 이해하는 데 도움이 되었고, 우유를 먹을 수 없을 때 분명했던 하은이의 반항을 사라지게 하였다.

하은이의 부모는 실험을 해 보면서, 하은이가 기분이 좋고 조절상태에 있을 때에 새로운 경험을 해 보게 할 수 있다는 것을 알았다. 이 시간 동안에 부모는 하은이가 엄마와 아빠의 손을 잡아서 의사소통을 하도록 하는 상황을 만들 수 있었고, 간지럼 태우기 놀이나 노래를 더 하고 싶다는 표현을 하기 위하여 자신의 몸을 움직여서 의사소통을 하도록 할 수 있었다. 부모는 하은이가 습득한 기술을 할 수 있도록 요구하라고 배웠지만 하은이가 짜증이 난 날에는 아이의 조절상태를 유지하기 위하여 새로운 기술을 가르치지 않았다. 부모는 하은이를 도와주기 위해서 하은이의 조절과 관련된 사인(신호)들을 살펴가면서 자신과 타인 그리고 환경을 이해하기에서 융통성이나 사회적 의사소통으로 빈번하게 전환했다는 것을 알았다. 그 이후 몇 달 동안 조기개입 전문가는 다양한 일과 안에서 모방하기와 지시 따르기, 도움을 요청하기 위해 다른 사람에게 물건을 건네주기와 같은 기술을 알려 주었다. 서비스를 제공한 지 세 달 후에 조기개입 전문가가 방문했을 때, 하은이의 부모는 자신들이 배웠던 새로운 기술들을 보여 주기 위해 신나 있었다. 부모는 하은이의 떼쓰기가 줄어들었고, 하은이가 다양한 방식으로 자신들과 상호작용하고 있는 것에 대한 감사를 표했다.

하은이의 이야기는 조절, 자신과 타인 그리고 환경을 이해하기, 융통성, 사회적 의사소통을 촉진하기 위하여 4장에서 소개한 전략들을 자세하게 보여 준다. 이 전략들은 3장에서 논의한 행동의 원리와 교수 전략과 함께 5장부터 9장까지에서 다룰 것이다. 그래서 조기개입 전문가들이 하은이의 가족처럼 영유아들과 함께하는 가족들이 일상생활 속에서 ASD의 주요 어려움을 다루는 것을 도울 수 있도록 할 것이다.

제5장

조절을 돕기 위한 기술

조절(regulation)이라는 용어는 심리학, 소아정신건강, 작업치료, 교육, 언어병리 등 다양한 분야에서 사용되고 있다. 이론가들이나 연구자들은 각자 자신의 영역 안에서 용어를 사용하기 때문에 행동조절, 감정조절, 자기조절의 개념을 분명하게 구분하여 정의하기는 어렵다. 이 장에서는 여러 연구를 종합하여 설명하고 있으며, ASD 및 관련 장애 영유아들과의 연관성을 설명하고자 한다.

조절 과정(regulation processes)은 출생 전부터 발달하기 시작하고, 또한 이러한 조절 과정은 특정한 강도의 감각자극에 대한 신생아들의 반응 차이를 통해 알 수 있다(Calkins, 2007). 다양한 반응은 영유아의 기질과 관련이 있으며, 기질이란 상황이나 유전, 환경, 경험에 영향을 받는 기분, 감정, 주의, 운동반응성, 반응에서의 생물학적인 개인차를 말한다(Mazefsky et al., 2013; Rothbart & Bates, 2006; Rothbart, Posner, & Kleras, 2006). 기질은 감정상태, 긴장성, 의도적인 통제성으로 구성되어 있다. 감정에 대한 구성요소는 감정의 연속체를 통해 알 수 있다. 연속체에는 두려움, 쉽게 좌절하기, 짜증내기와 같은 성향부터 느긋함, 잘 적응하기와 같은 성향까지 있다. 마찬가지로 긴장성 또한 내성적이거나 수줍어하기, 중단하기와 같은 성향부터 타인에 대해 긍정적인 태도 취하기, 적극적이고 열정적으로 타인에게 다가가기와 같은 성향까지의 연속체에 의해 설명될 수 있다. 의식적 통제의 연속체는 차분한 상태를 유지하거나 한 가지에 집중하기 위해 각성상태를 조절하는 것이 어려운 단계부터 타인의 관심을 유지하며 자신의 행동을 통제할 수 있는 단계, 그리고 타인에 대한 자신의 감정을 조절할 수 있는 단계로 특징지어진다(Rothbart & Bates, 2006).

반응적인 양육자들은 영아들을 자극하거나 진정시키면서 아이들의 각성상태와 기분을 조절해 줄 수 있고 이것이 Muratori 등(2011)이 조절에 대해 정의한 것이다. 다른 학자들은 조절 과정을 설명하기 위하여 **공동조절**(co-regulation; Fogel, 1993) 과 **상호조절**(mutual regulation; Gianino & Tronick, 1988)이라는 용어를 사용해 왔다. Casenhiser 등(2013)은 공동조절을 다음과 같이 설명하였다.

> 한 사람의 각성수준이 다른 사람의 각성수준에 미치는 자연스럽고 본능적인 영향. 이 심리적 기제는 한 사람이 속삭이면 다른 사람 또한 속삭이게 되는 상호작용을 설명한다. 이는 엄마가 화난 아이를 달래기 위해 천천히 부드럽게 말할 때도 사용된다. 그런 의미에서 한 사람의 각성수준은 상대에게 전염성이 있다고 볼 수 있다(p. 224).

무엇보다도 부모나 주 양육자들에게는 영아가 각성상태일 때와 편안한 상태일 때 보이는 변화에 주의를 기울이고, 그 변화에 맞는 조치를 취해 주고, 영아들의 편안함과 만족감을 유지시켜 줄 수 있는 단서를 알아내어 그들의 조절상태를 유지시켜 주어야 할 책임이 있다. 부모는 종종 시각적, 청각적, 촉각적, 운동적 자극들을 활용하여 자녀가 다시 차분한 상태로 돌아올 수 있도록 달래 준다. 부모는 고통을 완화시켜 주거나 두려워하는 것을 없애 주고, 긍정적 감정을 키워 주면서 자녀가 자신의 감정을 조절할 수 있도록 도와준다(Thompson & Meyer, 2014). 3~6개월 사이에 아이와 양육자 간에는 조절을 기를 수 있도록 하는 미소와 관심의 상호적인 교환

이 시작된다. 또한 영아들은 자극이 과하거나 불안정할 때 자신들의 스트레스를 줄이기 위하여 시선을 회피한다(Repacholi, Meltzoff, Rowe, & Toub, 2014). 6개월이 넘으면 영아들은 주의를 끌기 위한 행동을 하거나 안아 달라고 팔을 뻗는 것과 같은 행동을 하면서 부모와 반응하는 것을 배운다(Sroufe, 2000).

또한 영아들은 자신들이 원하는 것에 접근하기 위해서나 자신들이 원하지 않는 것에서 벗어나기 위해 운동 기술을 사용할 수 있으며, 이러한 경험들은 모두 조절하는 데 도움이 된다. 2세 경부터 아이들은 시선추적, 사회적 참조, 다른 사람의 감정 모방하기와 같은 사회적 인지 기술을 사용하면서 조절하기 시작한다(Repacholi et al., 2014). 이 시기 동안에 영아들의 어휘는 증가하고, Vallotton과 Ayoub(2011)에서 보여 준 것처럼 언어 기술이 행동조절을 돕는다. 이와 같이 영유아들은 성장하고 성숙해 가면서 자신들의 움직임과 정서행동을 조절할 수 있고, 충동을 통제할 수 있으며, 순응적으로 행동해야 되는 상황이나 만족지연의 상황에서 행동에 대한 통제력을 갖게 된다(Calkins, 2007). 이러한 것이 나이와 기분에 적절한 수준으로 내적 자극과 외적 자극에 대한 반응성을 조절하는 능력인 자기조절이 된다. 자기조절에는 정서적 통제와 행동전략, 주의집중과 계획하기 같은 인지적 전략들이 필요하다(Henrichs & Van den Bergh, 2015).

Great Britain에서 14,000명 이상의 아이들을 대상으로 하여 실시한 연구에서 연구자들은 울 때, 먹을 때, 잘 때 보이는 지속적인 조절의 어려움을 통해 아동기의 조절 문제를 예견해 볼 수 있다는 것을 알아냈다. 15~18개월에 세 영역에서 조절의 어려움을 보인 영아들은 아동기에 조절에 대한 어려움을 가장 높은 수준으로 보였다. 과도한 울음은 오랜 시간 동안 영유아의 조절 문제에 대한 가장 큰 예측 요인이었다(Winsper & Wolke, 2014).

조절은 양육자와의 상호작용, 감각처리, 사회적 의사소통에 영향을 미치고 동일하게 양육자와의 상호작용, 감각처리, 사회적 의사소통은 조절에 영향을 미칠 수 있다. ASD 영유아들은 자신과 타인 그리고 환경 이해하기, 융통성, 사회적 의사소통에서 어려움을 겪기 때문에 조절이 꼭 필요하다. 조절 문제는 일상생활에 영향을 미칠 수 있으며 좌절에서 회피나 도피행동으로 이어지는 텐트럼으로 나타날 수도 있다(Konst, Matson, & Turygin, 2013). 좌절은 무언가를 예상하기 어렵거나 다음에 일어날 일에 대한 이해가 부족한 경우와 같이 기술의 결함 때문에 생기기도 하고 의사소통 능력이 부족한 경우에 생겨날 수 있다. 게다가 영유아들은 신체적인 능력의 한계로 인해 자신들이 하고 싶은 것을 할 수 없을 때에도 좌절한다(예: 장난감 작동하기, 장난감 조립하기, 구멍 안에 물건 넣기).

ASD로 진단받은 성인 여성인 Deborah Lipsky(2011)에 의하면 많은 자폐인이 스스로 불안감을 낮추고 조절하거나 편안해지기 위해 반복적인 자기-자극행동을 한다고 했다. 불안은 무언가 예상하지 못한 일이 일어날 때 생겨나고, 반복행동들은 평온기제로서 사람들이 예측 가능성을 되찾을 수 있도록 도와준다. 저자들의 경험에서 볼 때 '자극'으로 인하여 영유아가 다른 사람과 어울려서 적절하게 놀 수 있는 기회를 자주 놓친 경우에 문제가 생겼다. 지우는 빨대나 연필 또는 자기 눈에 보이는 길고 얇은 물체들에 자극을 받으며, 그 물건들을 튕기고 그것들이 앞뒤로 움직이는 것을 의도적으로 쳐다본다. 지우는 빨대가 꽂힌 컵을 볼 때마다 그쪽으로 달려가고, 이런 행동은 가족이 식당이나 놀이공원, 빨대가 흔한 장소에 가는 것을 어렵게 했다. 집에서 지우의 부모는 지우와 형제/자매들을 돌보느라 바빴고, 튕기고 있는 물건을 지우의 시야에서 없앴을 때 지우가 내는 비명 소리를 듣는 것보다는 자극행동을 하도록 두는 것이 더 편하다는 것을 알고 있었다. 지우는 혼자 놀 때보다 연필이나 빨대를 가지고 놀 때 행복해 보였다. 그리고 지우의 부모는 아이가 행복해지기를 원했다. 지우의 조기개입 전문가는 튕기는 자극행동이 어떻게 지우의 학습을 방해하는지에 대해 논의하였고, 때때로 부모가 하루 일상을 보내며 우선순위를 두어야만 하는 것에 대해 의논하면서 부모를 도와주었다. 조개개입 전문가는 부모가 지우가 더 적절한 방법으로 자신의 감각적인 요구를 충족시킬 수 있는 전략을 쓸 수 있도록 도움을 주었다. 또한 지우가 자극을 받을 수 있는 물건을 가지고 있지 않을 때 스스로 조절하는 것을 배울 수 있도록 도움을 주었다.

영유아는 자신이 불쾌하다고 느끼는 감각에 노출되었을 때나 자신이 원하는 것과 필요한 것을 표현하지 못할 때, 혹은 현재 자신이 즐기고 있는 것을 타인으로부터 제지당했을 때, 어떤 일이 일어나고 있는지 모를 때 등 다양한 상황에서 소리 지르기, 공격하기, 머리 흔들기와 같은 조절 문제를 보인다. 부모들은 이러한 조절 문제를 줄이기 위하여 아이 스스로 편안해지도록 도와주는 자신들의 행동이 의도치 않게 오히려 문제행동을 더 강화한다는 것을 알게 되었다. 예를 들어, 유준이 엄마는 유준이가 매일 사용하는 초록색 컵을 닦지 않아서 파란색 컵에 우유를 주었다. 유준이는 늘 사용하던 컵이 아니었고, 초록색 컵으로 먹고 싶다고 말할 수 없었기 때문에 소리를 지르며 계단에서 머리를 흔들었다. 유준이 엄마는 아들이 자해를 할까 봐 두려워서 초록색 컵을 빨리 닦아서 주었다. 유준이는 즉시 계단에서 머리를 흔드는 행동을 멈추었다. 유준이는 컵에 우유가 없자 컵을 던진 후 머리를 흔드는 행동을 시작하였다. 유준이는 컵이 빈 것이 불만이었고 더 먹고 싶다는 표현을 할 수 없었다. 유준이 엄마는 빠르게 우유를 더 주었다. 유준이는 새로운 의사소통 방법을 찾았다고 생각하였다. 유준이가 자신의 머리를 흔들면 요구들이 빠르게 충족되었다. 사건과 행동의 연결고리는 모든 영유아에게 만들어질 수 있지만 ASD 영유아들은 핵심적인 결함 때문에 이러한 문제행동이 더 오랫동안 지속된다.

조절 문제를 다루기 위해서는 문제의 원인이 자신과 타인 그리고 환경을 이해하기와 관련된 어려움인지, 융통성 및 사회적 의사소통과 관련된 어려움인지를 살펴보기 위한 분석이 반드시 이루어져야 한다. 이러한 분석은 교사들과 가족들이 환경을 바꾸고 대체행동을 가르치는 것과 같은 전략을 세우는 것에 도움이 된다. 유준이의 사례에서 보면, 첫 회기에 유준이의 떼쓰기를 본 조기개입 전문가는 머리를 흔들거나 "아니!"라고 말하기, 손으로 가리키기, 다른 사람을 도와주기 위해서 물건 건네주기와 같은 의사소통 기술을 목표로 하는 계획을 세웠다. 전문가는 유준이가 이와 같은 의사소통 기술을 사용하기까지는 시간이 걸릴 것이라고 예상하였으며, 유준이의 초기 목표 중 하나는 가족이 유준이의 떼쓰기를 다룰 수 있도록 도움을 주어서 아이의 안전을 보장하고 가족이 의도치 않게 아이의 문제행동을 강화하지 않도록 하는 것이었다.

게다가 조기개입 전문가는 ASD 영유아들이 의사소통의 힘을 배운 다음, 그들의 의사소통 전략들이 과거에 그들이 얻었던 것만큼의 결과를 얻지 못했을 때 혼란을 겪는다는 것을 알게 되었다. 아이가 처음으로 원하는 물건을 가리키거나 물건의 이름을 말했을 때 부모나 양육자, 조기개입 전문가는 흥분을 하게 되며, 대부분 아이의 노력을 강화한다. 그런 다음, 아이는 자신이 요구한 물건들을 얻기 위해서는 제스처나 말을 사용해야 한다는 것을 배운다. 예를 들어, 지유는 냉장고 쪽으로 엄마를 데리고 오기, 자신이 원하는 것을 표현하기 위해 냉장고 안쪽의 물건들을 가리키기와 같은 다양한 의사소통 전략을 사용하기 시작하였다. 또한 지유는 텔레비전을 보고 싶다는 것을 표현하기 위하여 엄마에게 리모컨을 건넸다. 며칠 후에, 지유는 엄마를 냉장고로 데리고 가서 그날만 세 번 푸딩을 가리켰다. 엄마는 지유에게 "푸딩 안 돼."라고 말했으며, 지유는 혼란스러웠다. 지유는 왜 규칙이 바뀌었는지 이해할 수 없었고, 엄마가 푸딩을 안 주는 이유를 알 수 없었다. 지유는 의사소통의 힘을 배웠지만, 그 후에 혼란과 좌절이 일어나면서 의사소통을 하려는 요구가 점점 약해졌다.

　ASD 영유아들에게 조절 문제가 생기는 또 다른 이유는 그들의 요구가 충족되려면 기다림이 필요하기 때문이다. 때로는 기다리는 행동이 너무 어렵고, 또 한편으로는 다른 사람의 의도를 이해하는 것이 어렵기 때문이다. 예를 들어, 양육자가 음료수나 다른 먹을 것을 가지고 오기 위해서 나가거나 요구를 들어주기 위해 나간 상황을 이해하지 못할 수도 있다.

　많은 조기개입 전문가와 부모는 영유아들의 조절을 돕기 위해 감각을 이용한 전략들을 사용한다. 조용한 목소리, 흔들어 주기, 마사지하기, 안아 주기는 영유아들을 달래기 위해 흔하게 사용된다. 조기개입 전문가들 중 일부는 솔, 무게감 있는 조끼나 담요와 같은 도구들을 추천한다. 영유아들의 조절을 돕기 위한 전략들은 문제행동을 강화하지 않도록 하는 것이 중요하다. 예를 들어, 은우가 장난감을 던질 때마다 엄마는 아이를 안아 주었고, 아이는 장난감 던지는 것을 멈췄다. 은우는 엄마가 전화를 하거나 요리를 할 때, 또는 다른 일을 하고 있을 때 장난감을 던지는 것은 엄마의 관심을 끌기 위한 좋은 방법이라고 생각하였다. 따라서 시간이 지남에 따라 은우의 장난감 던지는 행동은 점점 늘어 갔다. 은우는 안아 주면 진정이 되었지만,

장난감을 던지는 것이 관심을 얻는 빠른 방법이라는 것을 알게 되었다.

　몇몇 조기개입 전문가들은 어린이집이나 유치원에서의 이야기나누기 시간에 아이들의 착석을 돕기 위하여 무게감 있는 조끼나 무릎패드를 추천한다. 무게감 있는 조끼나 무릎패드의 착용이 아이의 착석(목표행동)에 미치는 영향을 객관적으로 판단해 보기 위해서는 여러 번 자료수집을 해야 한다. 예를 들어, 우진이의 조기개입 팀 구성원들은 우진이가 무게감 있는 조끼를 입었을 때 이야기나누기 시간에 더 오래 착석을 유지하는지를 알아보기로 하였다. 팀 구성원들은 이야기나누기 시간에 얼마나 오랜 시간 동안 우진이가 그룹 안에 있는지를 측정해 보았고, 3일 동안 살펴본 결과 5분, 3분, 7분 동안 그룹 안에 참여해 있었다는 것을 알았다. 우진이가 무게감 있는 조끼를 입은 날에는 2분, 8분, 5분 동안 그룹 안에 있었다. 팀 구성원들이 자료를 평균 내 보았을 때 차이가 없었다. 그 후에 팀 구성원들은 이야기나누기 시간에 우진이의 착석에 영향을 미치는 요소들에 대해 생각해 보았고, 이야기나누기 시간에 다루는 내용을 이해하지 못하는 어려움이 우진이의 착석 유지와 참여에 영향을 미친다는 것을 알 수 있었다.

　저자들의 경험에서 보면 많은 아이는 언어의 복잡성 때문에 이야기나누기 시간에 착석하고 있는 것을 어려워한다. 언어의 복잡성은 이야기나누기 시간에 이루어지는 많은 활동을 의미 없게 만들 수 있다. 조기개입 전문가가 아이의 신체적 참여(예: 그룹 안에서 착석 유지하기)와 관련된 조언을 해 주는 것도 중요하지만, 교육활동들을 아이에게 좀 더 의미 있게 만들 수 있도록 제안해 주는 것 또한 중요하다. 예를 들어, 조기개입 전문가는 아이의 집중을 유지시킬 수 있는 적절한 착석 위치가 교사를 기준으로 어디인지 살펴보아야 한다. 또한 교사에게 아이의 요구에 맞는 사물, 몸짓, 손짓, 그림을 사용하여 언어 이해를 증진시킬 수 있는 방법과 관련된 조언을 해 줄 수 있어야만 한다. 그리고 이야기나누기 시간에 음악 및 선호하는 감각활동을 활용하면 아이의 참여를 도울 수 있다. 팀 구성원들과 함께 교육활동에 필요한 과제들을 살펴보며 아이의 강점과 약점에 대해 미리 의견을 나누는 것은 아이의 조절, 참여, 학습을 증진시킬 수 있는 개별화된 교육방안으로 이어질 수 있다.

ASD 영유아를 키우는 부모들은 그들의 자녀가 타인이 말한 것을 듣고 제대로 수행할 수 있도록 열심히 도와주어야 한다. 각 가정은 자신들만의 규칙을 가지고 있으며, 어떤 가정은 관대하고 어떤 가정은 엄격하다. 저자들의 경험에서 보면 조절과 관련해서는 규칙의 수보다 규칙을 적용하는 일관성이 더 중요하다. 부모들은 어린 자녀들에게 바람직하지 않은 행동을 멈추거나 지시를 따르도록 하는 기회를 주지만 여러 가지 이유로 그 규칙이나 기대행동의 기준을 일관적으로 적용하지 않는다. 일관성의 중요성을 모르는 부모도 있고 아는 부모도 있지만 하루하루의 삶이 고단하여 자녀의 문제행동에 대한 접근방법을 바꾸기 위해 필요한 에너지가 없는 부모도 있다. 예측 가능성의 부족은 ASD 유아들을 매우 혼란스러워지게 할 수 있고, ASD 유아들의 조절 문제의 원인이 될 수 있다. 부모들은 ASD나 관련 장애를 가진 자녀에게 보편적인 행동조절 전략을 사용하는 것은 어렵다고 이야기하였다. 왜냐하면 부모들은 자녀에게 미안한 감정을 가지고 있거나 자신들의 자녀가 이해하지 못할 것이라고 생각하기 때문이다.

또한 어떤 가족은 행동을 개선하기 위해 노력할 때 '소거격발'을 잘 이해하지 못하는 경우가 종종 있는데, 이는 3장에서 다룬 것처럼 문제행동이 나아지기 직전에 잠시 더 심해지는 것을 의미한다. 소거격발에 대해 알고 있는 부모들은 자녀를 돕기 위한 도움(지원)이나 자원을 제공하지 않을 수도 있다. 많은 부모는 자녀의 문제행동(예: 소리 지르기, 공격)을 그들이 다룰 수 있는 수준이 될 때까지 참고 지켜본다. 이러한 경우, 조기개입 전문가들은 부모들의 요구를 정확히 파악하고, 부모들이 자녀의 문제행동을 가능한 한 어릴 때 변화시키는 것의 중요성을 이해할 수 있도록 도와주는 것에 어려움을 느끼게 된다. 아이를 먼저 키워 본 부모들은 "만약 아이가 공공장소에서 하길 원하지 않는 행동은 집에서도 하지 못하게 해야 한다." "아이가 기술을 배울 때에 부모가 예상한 것 이상으로 확인해야 한다." "버릇없는 행동을 하지 못하게 해야 한다." "아이가 어릴 때에 행동을 통제하는 것이 중요하다. 아이가 커 갈수록 통제하는 것이 더 어렵다."와 같이 어린 자녀를 키우는 부모들에게 해 주고 싶은 조언을 저자들에게 해 주었다. 저자들은 부모들이 문제행동을 개선하려고 하지 않는 경우에는 문제행동의 변화에 관하여 논의를 시작하고, 부모들이 문제행동을 개선하기 위하여 지원을 필요로 하는 경우에는 언제든 전문가가 도움을 줄 수 있다는 것을 부모들에게 알려 주는 것이 도움이 된다는 것을 알았다.

가족이 행동을 변화시키기 위하여 도움을 요청하고 조기개입 전문가가 도울 준비가 되었을 때, 전문가는 행동을 일으키는 가능한 원인에 대해 열린 마음으로 성인의 관점뿐만 아니라 영유아의 관점에서도 행동을 살펴볼 필요가 있다. 예를 들어, 28개월이 된 이안이를 평가할 때 이안이의 할머니는 이안이가 유아용 식탁 의자에 있는 것을 싫어하고 밥을 먹기 위하여 의자에 앉지 않으려고 한다고 했다. 또 할머니는 이안이가 돌아다닐 수 있도록 하면 밥을 먹는다고 했다. 이안이가 카펫을 지저분하게 만들어 놓았기 때문에 할머니는 매주 카펫을 세탁해야 했다. 평가자는 이안이가 유아용 식탁 의자에 갇혀 있는 것을 좋아하지 않을 수 있다고 가정하고 아이가 카시트나 마트의 카트, 유모차에는 앉는지 물어보았다. 할머니는 이안이가 그러한 경우에는 괜찮다고 이야기하였다. 그래서 평가자는 더 많은 질문을 했고, 할머니가 냉장고에서 음식을 가지고 올 때까지는 이안이가 유아용 식탁 의자에 잘 앉아 있지만 그 후에 소리를 지르기 시작한다는 것을 알 수 있었다. 평가자는 이안이가 음식을 기다리는 데 어려움이 있는 것인지가 궁금하였다. 왜냐하면 이안이는 할머니가 음식을 가지고 올 것이라는 것을 이해하지 못하거나 자신의 요구를 충족하기 위한 기다림에 어려움이 있을 수 있었기 때문이다. 평가자는 실험을 해 보자고 제안하였고, 이안이가 유아용 식탁 의지에 앉기 전에 트레이 위에 미리 음식을 준비해 두었다. 할머니가 이안이를 유아용 식탁 의자로 데리고 왔을 때 음식을 보여 주었고, 이안이는 협조적이었고 차분하게 음식을 먹었다.

이 장의 나머지 부분에서는 일상생활에서 흔히 볼 수 있는 조절 문제와 이러한 문제를 유발할 가능성이 있는 원인을 살펴보고, 조절 문제를 막고 예방할 수 있는 전략들에 대해서 설명한다. 다음 장에서는 자신과 타인 그리고 환경에 대한 이해, 융통성, 사회적 의사소통을 촉진할 수 있는 전략들을 설명할 것이다. 조기개입 전문가들은 영유아들이 일상생활에 더 잘 참여할 수 있도록 도와주기 위하여 가족들에게 이러한 전략들을 제시할 수 있다. 이 전략들은 조기개입 전문가가 부모와 양육자를 지도하고 지원하기 위하여 부모와 양육자에게 말해 주려고 했던 것이다. 앞서 논의한 바와 같이 이러한 전략들을 배우는 것은 유아의 조절을 도울 수 있다. 또한 유아가 화가 났을때 스스로 조절하는 것을 도울 수 있고, 조절 문제를 예방해 줄 수 있는 전략들이 많다.

조절 문제를 예방하기 위해 다양한 일상에서 적용할 수 있는 조언

아이들은 부모들이 개선의 필요성을 느끼는 행동들을 자주 한다. 아이나 주 양육자들이 감당할 수 있도록 행동의 우선순위를 정하는 것과 동시에 다룰 행동의 수를 제한하는 것은 중요하다.

규칙과 기대를 가능한 한 일관적으로 유지해야 한다. 만약 어떠한 결과를 얻기 위한 실행 기회가 일관되지 않게 주어진다면 아이는 언제 어떠한 결과가 뒤따르게 될지 알 수 없을 것이다. 어떤 결과가 일어났을 때 아이는 예측 가능성의 부족으로 인하여 떼를 쓰거나 조절 문제를 보일 수도 있다. 게다가 일관적이지 않은 결과는 문제행동을 강화시킨다. 다음의 과정은 아이에게 신체적으로 도움을 주면서 아이가 지시를 따르는 것을 도와줄 수 있다.

1) 아이의 주의를 끈다.
2) 지시를 한 후에 아이가 따르지 않으면 한 번 더 말해 준다.
3) "내가 도와줄게."라고 말한 다음, 지시를 한 번 더 말해 준다. 만약 아이가 지시를 따르지 않으면 지시를 따를 수 있도록 도와준다.

하지 말아야 할 행동보다는 오히려 무엇을 해야 하는지에 대해 언어로 지시를 내려 볼 수 있다. 예를 들어, 소파에서 뛰지 말라고 말하기보다 "소파에서 내려와. 계단에서 점프해 보자."라고 말해 본다.

원인과 결과에 대한 아이의 이해, 안전이나 충동조절에 대해 생각해 보면서 문제가 될 수 있는 것을 미리 예상해 보고 떼쓰기 전에 수정해 본다. 그 행동이 아이의 나이에 맞는 행동인지 아닌지를 고려해 보아야 한다. 만약 나이에 맞지 않다면, 1~2년 내에 허용될 수 있는 것인지를 고려해 보아야 한다.

"이제 거의 ~할 시간이야. 내가 10까지 센 후에 ~할 시간이야."와 같이 일관적이고 간단한 언어를 사용하여 예고해 줄 수 있다.

어떤 아이들은 변화가 생길 것이라는 신호를 주기 위하여 사용하는 "안녕, 안녕."이나 "이제 끝~ 혹은 다 끝났다."와 같은 말에 잘 반응한다. 예를 들어, 소율이가 장난감 가게에서 트럭을 가지고 놀고 있고 엄마는 장난감을 선반에 두고 갈 준비를 할 때, 엄마는 "트럭, 안녕! 다음에 만나자."라고 말했다.

전이 시간 동안 아이의 이해를 돕기 위하여 관련된 노래나 사물, 그림이나 제스처 또는 사인들을 사용해 볼 수 있다. 예를 들어, 청소하는 노래를 부르거나 "간식시간이야."라고 말하며 탁자로 음식 장난감을 가지고 가서 놀고 있는 아이에게 음식 장난감을 보여 주기, "손 씻을 시간이야."라고 말하면서 손을 씻는 제스처를 사용하기, 또는 "목욕할 시간이야."라고 말하면서 목욕하는 사진을 보여 주는 것이다. 아이가 추상적인 표상을 이해하지 못하는 경우에는 단서의 의미를 먼저 가르쳐야 그 단서를 유용하게 활용할 수 있다. 마찬가지로 아이가 사진 스케줄과 먼저 해야 하는 것과 나중에 할 수 있는 것에 대한 그림을 이해할 수 있을 때 그림 자료는 전이를 도와준다. 즉, 그림 자료의 의미 습득은 꽤 많은 연습이 필요할 수도 있다.

아이가 새로운 활동에 흥미를 가질 수 있도록 현재하고 있는 활동보다 앞으로 하게 될 활동에 더 중점을 둔다. 예를 들어, 놀이터를 떠나야 할 시간일 때 알람을 하고 아이가 하고 있던 놀이 활동이나 미끄럼틀에게 "안녕!"이라고 말한 후에 컵, 간식, 차에 두고 온 장난감과 같이 아이가 좋아하는 물건을 이야기하면서 아이에게 "너의 ~를 가지러 가자."라고 이야기해 볼 수 있다.

"쿠키는 먹을 수 없지만 요구르트와 바나나는 먹을 수 있어."와 같이 적절한 때에 선택의 기회를 줄 수 있다. 언어에 어려움이 있는 유아에게는 선택할 수 있는 것을 보여 준다.

바람직한 행동에 더 많은 관심을 보이고, 문제행동에는 가능한 한 적게 관심을 보여야 한다. 예를 들어, 아이가 제스처나 말로 의사소통을 할 수 있음에도 불구하고 소리를 지르고 있는 경우에 적절한 의사소통에는 빠르고 열정적으로 반응해 주고, 소리 지르는 행동에는 반응하지 않는다면 적절한 의사소통 방식은 늘어나고 소리를 지르는 행동은 줄어들 것이다.

선택과 지시를 매우 명확하게 구별해야 한다. 선택은 "너, ~할래?" "너, ~할 수 있지?"로 시작하는 질문이고, 아이에게 "아니."라고 말할 수 있는 선택권을 주거나 "아니."라고 대답할 수 있는 "좋아?"가 뒤에 있는 문장이다. 반면에, 지시는 따르는 것을 기대하는 문장이다. 예를 들어, 서현이 엄마가 "서현아, 지금은 학교 갈 시간이야, 좋아?"라고 말했다. 서현이는 "아니." 라고 말했고, 서현이는 집에 있을 수 있는 선택권을 가졌다고 생각했기 때문에 엄마가 자기를 차에 태우고 떠났을 때 몹시 화가 났다.

아이가 자신이 원하는 것을 갖지 못해서 떼를 쓸 때, 많은 부모나 양육자들은 아이에게 줄 수 있는 다른 무언가를 준다. 아이가 매우 어릴 때에는 이 전략이 통하지만 아이가 클수록 이 전략은 통하지 않으며 발로 차거나 대체물을 던지는 것과 같은 공격적인 행동을 일으키게 된다. 아이에게 두 가지의 선택사항을 제시하면 아이는 더 많은 통제력을 가지고 있다고 느끼기 때문에 한 가지의 선택사항만 제시할 때보다 더 효과적이다.

많은 경우에, ASD 영유아들은 매우 자기중심적이고 타인이 자신들을 활동에 참여시키려고 할 때 떼를 쓰거나 도망을 간다. 칭찬, 감각-운동적인 보상, 형성법(3장에서 설명한)과 같은 긍정적인 강화는 효과적이다. 그러나 때로는 "이거 한번 하고, 그다음에"라는 말을 사용하여 아이가 해야 하는 활동을 먼저 하게 한 다음, 다시 활동의 참여를 요구하기 전에 잠시 동안 아이가 원하는 것을 할 수 있도록 하면 아이에게 도움이 된다. 시간이 갈수록 아이가 독립적으로 과제를 수행하기까지 필요한 도움이 점차 줄어들 것이다.

많은 아이들은 밖에 나가는 것, 텔레비전을 보는 것, 간식을 먹는 것, 태블릿PC나 스마트폰 앱을 가지고 노는 것을 하고 싶어 하며 자신이 원하는 것을 하지 못할 때 화를 낸다. 아이는 자신이 원하는 물건을 가질 수 있을지 없을지를 예측할 수 없거나 가질 수 없는 상황에서 떼를 쓸 것이다. 아이는 원하는 물건이나 활동들에 대한 접근이 불규칙하게 이루어지거나 예측할 수 없을 때 혼란스러워진다. X 표시가 크게 그려져 있는 합판을 텔레비전이나 문, 냉장고, 찬장 위에 두면 아이에게 제한의 의미를 명백하게 전달할 수 있다. 처음에는 아이가 이 표시를 이해하지 못할 수도 있지만, X 표시가 "지금은 안 돼."를 의미한다는 것을 배우게 될 것이다. 아이가 요구하기 전에 접근할 수 있는 기회를 얻었을 경우 X 표시를 먼저 치우는 것은 중요하다. 왜냐하면 만약 아이가 텔레비전을 보러 갔을 때 부모가 X 표시를 치운 다음 텔레비전을 켜 준다면 아이는 텔레비전으로 가면 X 표시가 없어질 것이라고 생각할 수 있기 때문이다. 나중에 아이가 텔레비전으로 갔을 때 X 표시가 있으면 아이는 조절 문제를 보일 수도 있고, X 표시가 제한의 의미를 전달하지 못할 수도 있다.

종종 성인들은 가질 수 없는 것을 요구하는 아이가 포기하기를 바라며 그들을 못 본 척 하기도 한다. 의사소통에 어려움이 있는 아이는 성인이 자신의 요구를 이해했는지 여부를 알지 못해서 고집을 부리는 경향이 있고, 실제로 아이의 메시지가 전달되지 않는 경우도 있다. 아이에게 "지금 ~는 안 돼. 다하고 ~하자."라고 말해서 아이기 자신이 원하는 것을 상대방이 이해했다는 것을 알게 하는 것이 좋다. 아이는 자신이 원하는 물건을 갖지 못해서 화를 낼 수는 있지만 자신의 메시지가 수용되었다는 것을 알게 되면 더 빠르게 차분해질 것이다.

코 풀기, 양치질하기, 머리 감기와 같이 아이가 싫어하는 일상생활 활동들을 예측 가능하게 해 주어야 한다. 일상생활 활동을 시작할 때, 아이에게 무슨 일이 일어날 것인지 이야기하고 만약 필요하다면 아이에게 휴지, 칫솔, 일상생활 활동에 필요한 물건들을 보여 주어서 아이가 어떤 일이 일어날 것인지 알 수 있도록 한다. 더불어 일상생활 활동이 끝날 때 끝나는 노래를 부르거나, 항상 10을 세고 10에서 멈추어서 활동의 끝을 예측할 수 있도록 해 볼 수 있다. 또한 "이제 끝" "빨리, 빨리, 빨리"와 같은 말을 사용하여 아이에게 싫어하는 활동이 거의 끝나간다는 신호를 주는 것은 예측 가능성을 갖게 한다.

아이가 만든 블록이 무너지는 것과 같이 예측하지 못한 일이 일어났을 때 유머를 사용하고 "오, 이런"이라고 말해 준다. 시간이 갈수록 많은 아이들은 비슷한 상황에서 화를 내기보다는 이러한 말들을 사용할 것이다.

아이에게 기다리는 것을 가르치기 위하여 다양한 전략을 쓸 수 있다. 아이와 함께 동일한 물건을 가지고 기다림이 거의 없는 차례 주고받기(예: 플라스틱병에 빨대 넣기)를 하면 다른 사람이 끝날 때까지 기다려 주어야 한다는 것을 가르쳐 줄 수 있다. 의도를 말해 준 다음(예: "나는 너의 음료수를 가지고 너에게 가고 있다."), 시각적 단서를 제공한다. 아이에게 컵을 보여 주어야 할 경우에는 컵을 보여 주고, 시각적 표상을 이해할 수 있다면 컵 그림을 보여 준다. 기다림을 위한 표시로서 시각적 단서를 사용하거나 기다리라는 말과 함께 1분을 표현하기 위해 집게손가락을 사용하면 유용하다. 아이에게 기다림의 의미를 알려 주기 위하여 유아가 식료품점에서 행복하게 간식을 먹으며 줄을 서 있을 때나 드라이브 스루에서 즐겁게 장난감 놀이를 하면서 줄을 서 있을 때 "지금 우리 차례를 기다리는 중이야."와 같이 "기다리는 중이야."라는 말을 사용해 본다. 아이가 잘 기다렸을 때에는 "엄마/아빠가 너의 ~를 가지고 오는 동안 잘 기다렸어."라고 말하면서 아이를 칭찬해 준다. 아이가 짧게 기다릴 수 있게 되면, 아이의 요구를 들어주는 시간의 간격을 점점 늘려 본다. 예를 들어, 아이가 쿠키를 손으로 가리키거나 말했을 때 처음에는 몇 초를 기다린 후에 아이에게 쿠키를 주고, 점점 천천히 걸어가서 쿠키를 가지고 오거나 "엄마, 아빠가 컵을 가지고 온 다음에 너에게 쿠키를 줄게."라고 말하면서 아이에게 쿠키를 주기 전에 짧은 우회로를 만들어서 기다리는 시간을 점점 늘려 볼 수 있다. 지시 따르기를 배우고 있는 아이나(6장 참고) 지시 따르기를 할 수 있는 아이에게는 문제행동과 동시에 할 수 없는 대체행동을 가르친다. 예를 들어, 손을 움켜쥐고 있으려는 아이에게 "손을 내리세요, 손을 모으세요, 예쁜 손을 보여 주세요"와 같은 지시를 따르도록 가르쳐 볼 수 있다. 몇몇 단어를 사용하는 아이에게는 요구한 물건을 가지고 오는 동안에 "엄마가 너의 ~를 가지고 오는 동안 수를 세 보자."라고 말하면서 아이에게 수세기를 시켜 볼 수 있다. 더 복잡한 언어 이해가 가능한 아이에게는 "엄마는 ~한 후에 ~할 거야." 혹은 "먼저 ~하고 그 다음 ~하자."라고 말해 보자. 아이가 "먼저 ~하고 그다음 ~하자."를 이해하고 따를 수 있을 때 스스로 조절이 향상된다. '먼저–그러고 나서'를 가르칠 때에는 아이의 레퍼토리 내에서 지시를 시작하거나 신체적으로 쉽게 촉진되거나 아이에게 동기부여를 할 수 있는 활동이나 물건으로 지시를 시작하는 것이 좋다. 예를 들어, 아이가 구어나 비구어로 쿠키를 요구한다면 아이에게 "좋아, 먼저 하이파이브 하고 그다음 쿠키."라고 말해 보자. 만약 아이가 하이파이브를 하지 않는다면 아이의 손을 가지고 와서 하이파이브를 하고 즉시 아이에게 쿠키를 준다. 아이가 도움을 필요로 하지 않을 때까지 점점 촉진을 줄여 간다. 이 방법은 아이가 다 먹은 후에 부스터 의자에서 나오려고 '아래'를 손으로 가리키거나 말로 표현할 때 혹은 도움을 요청하기 위해 성인에게 물건을 건네주었을 때와 같이 동기부여가 된 다양한 일상생활에서 사용할 때 더 효과적이다. 아이는 '먼저–그리고 나중'을 이해하고 난 후에 '한 번 더 그리고 나중'을 위한 준비를 할 수 있을 것이고, 이러한 과정은 기다림을 배울 수 있도록 돕는다.

조절상태로 돌아오는 것을 돕기 위한 조언

영유아가 던지거나 치기와 같은 공격적인 행동을 보이고 매우 화가 났을 때에는 아이에게 다가서기보다는 잠시 멀리 떨어져 있는 것이 좋다. 만약 아이가 젖꼭지, 담요, 베개를 사용하여 스스로 안정을 찾을 수 있다면 이러한 물건들을 아이 근처에 두는 것이 좋다. 만약 아이가 떼를 쓰고 있는데 누군가가 다가간다면 아이는 때리거나 차거나 손에 가지고 있던 물건을 던질 수 있다. 안정을 찾는 데 도움을 주는 물건이 아이 근처에 있을 때 자기조절력과 독립심을 기르기 위하여 그것을 사용하는 것은 아이의 몫이다. 게다가 화가 났을 때 젖꼭지, 담요 혹은 다른 선호하는 물건이 필요한 아이는 이러한 물건들을 요구하기 위한 방법으로 소리 지르기, 때리기, 치기 또는 던지기를 사용할 수도 있다.

영유아들은 좌절했을 때 자주 스스로를 때리거나 머리를 흔든다. 많은 부모는 이러한 행동들을 매우 두려워한다. 만약 아이가 자신의 머리를 흔들고 다칠 위험이 있다면 더 부드러운 표면이 있는 곳으로 아이를 옮겨야 한다. 대부분의 경우에는 오랜 시간 동안 문제행동을 보여도 자신이 원하는 것을 가질 수 없기 때문에 이러한 문제행동이 사라지게 된다. 하지만 자해행동을 보일 경우에는 심각한 문제행동을 없애기 위하여 전문가의 도움을 받는 것이 매우 중요하다.

떼쓰기가 약해지도록 할 수 있는 효과적인 방법 중 하나는 아이를 못 본 척하고, 아이가 활동에 참여할 준비가 되었을 때 올 수 있도록 충분히 가까운 거리지만 아이가 물건을 던지거나 때리지는 못할 거리에서 아이가 좋아하는 활동(예: 통 속에 물건을 넣기, 책 보기)을 하는 것이다. 이때 아이를 쳐다보지 말고 활동을 해야 한다. 왜냐하면 떼쓰기를 하고 있는 아이는 종종 누군가가 자신과 상호작용을 하려고 한다는 것을 알게 되면 더 심하게 조절 문제를 보일 수 있기 때문이다. 아이가 진정되고 관심을 보이면 활동(예: 통 안에 넣을 물건을 주기, 책의 그림을 보여 주기, 안아 주기 위해 팔을 벌리기)에 초대는 하지만 참여를 요구하지는 말아야 한다. 짧은 거리라도 아이가 움직여서 와야 하는 곳에 있게 하는 것이 좋다.

이렇게 함으로써 성인은 아이의 몸짓언어나 말, 혹은 소리 지르기나 단호하게 "아니."라고 말하는 것과 같은 구어적 의사소통을 살피면서 제안이 수용될지 거부될지를 예상해 볼 수 있고 떼쓰기가 더 심해지는 것을 피할 수 있다. 떼쓰기의 마지막에는 분노의 울음이 슬픔의 울음이나 "나는 도움이 필요해요."를 나타내는 울음으로 바뀐다. 이 시점에서는 아이의 공격행동과 소리 지르기가 끝날 것이고, 아이는 상황을 받아들이면서 더 많이 진정될 것이다.

아이가 하고 싶은 것이 있어서 떼를 쓸 때, 떼쓰기를 통해 아이가 원하는 것을 얻을 수 있도록 해서는 안 된다. 아이가 무언가를 회피하기 위하여 떼를 쓴다면, 아이는 떼쓰기가 요구를 중단시킨다는 것을 배우게 될 것이다. 만약 아이가 떼를 써서 원하는 물건을 얻게 되면, 아이는 떼를 쓰면 원하는 것을 가질 수 있다고 배울 것이다. 하지만 아이가 편안하거나 조절되었을 때뿐 아니라 아이가 (성인들과) 의사소통을 할 수 없을 정도로 화가 났을 때에는, 아이가 말을 할 수 있을지라도 제스처나 손으로 가리키기와 같이 적절하게 의사소통을 하려고 하는 어떠한 시도도 받아 주어야 한다. 만약 아이가 의사소통을 하기 위하여 눈맞춤이나 손 뻗기 또는 손으로 가리키기와 같은 비구어적 의사소통 방법을 아직 일관되게 사용하지 못하거나, 너무 화가 나서 자신의 전형적인 비구어적 혹은 구어적 의사소통 방법을 사용하지 못한다면 가능할 때마다 아이가 원하는 것을 표현하기 위하여 제스처를 사용할 수 있도록 도와주어야 한다. 또 다른 방법은 원하는 물건을 주기 전에 소리 지르기를 잠깐 멈추도록 기다리는 것이다. 만약 아이가 과제를 회피하기 위해 울거나 소리를 지르고 있다면 부드러운 신체적 촉진을 제공하여 아이가 그 지시를 따를 수 있도록 도와주어야 한다. 만약 신체적 촉진이 불가능하거나 이러한 방법이 통하지 않을 것이라고 생각된다면 아이에게 "우리 하이파이브 하자."와 같은 간단한 지시를 내려 보는 것이 도움이 된다. 그것은 지시 따르기를 거부하거나 지시를 따를 수 없는 아이가 순응하도록 도와줄 수 있다. 아이가 편안하고 조절된 상태에 있을 때에는 아이가 현재 하고 있는 것보다 더 높은 수준의 기술을 할 수 있도록 하는 전략들을 적용해 볼 수 있지만, 아이가 조절된 상태에 있지 않을 때에는 전략을 적용해 볼 수 없다.

만약 문제행동이 감소하고 바람직한 행동이 증가한다면 행동의 기능을 잘 파악하고 대체행동 및 기술들을 잘 다루고 있다고 할 수 있다. 문제행동이 개선되지 않을 때, 조기개입 팀은 FBA를 고려해야 한다(3장 참고).

다음 부분에서는 보편적인 일상생활과 그 과정에서 생길 수 있는 조절 문제들을 보여 준다. 자신과 타인 그리고 환경을 이해하기, 융통성, 사회적 의사소통과 일상생활과의 연관성에 대해 이야기하고 뒤이어 그러한 일과를 위한 세부적인 조언을 해 주고 있다. 조절 문제는 종종 기술의 결함과 관련이 있기 때문에 다음 장에서 보여 주는 자신과 타인 그리고 환경을 이해하기, 융통성, 사회적 의사소통에 대한 전략은 조절에 도움이 될 것이다.

목욕할 때

목욕시간에 생기는 보편적인 조절 문제는 계속해서 바닥에 물을 뿌리는 행동과 씻을 때와 말릴 때, 또는 욕조의 안과 밖으로 이동할 때 보이는 조절의 어려움이다.

- **자신과 타인 그리고 환경을 이해하기**: 아이가 목욕 타월, 비누, 수건의 감촉이나, 물의 온도, 또는 아이의 눈에 들어가는 물, 물소리, 비누나 샴푸의 냄새, 물 위에 떠 있는 거품의 모양을 좋아하지 않을 수 있다.
- **융통성**: 만약 목욕의 순서나 함께 목욕하는 사람, 사용되는 물건으로 인해 목욕시간 루틴이 달라지면 아이가 화를 낼 수도 있다.
- **사회적 의사소통**: 아이는 욕조에 있고 싶거나 밖으로 나가고 싶을 때, 특정한 놀잇감을 가지고 싶을 때, 목욕하기 위해 도움이 필요할 때, 씻고 헹구는 것을 멈추고 싶을 때에 자신의 요구를 표현하지 못할 수 있다.

 잠잘 때

영아기의 아이들은 일반적으로 깨어 있기보다는 자면서 더 많은 시간을 보낸다. 잠은 발달의 과정과 뇌의 성장을 위해 필수적인 요소이기 때문에 부모는 수면 문제로 인해 전문가의 도움을 받고자 한다(El-Sheikh & Sadeh, 2015). ASD 아이들의 부모는 자신의 자녀들이 잠들기 어려워하며, 더 늦게 자고, 더 일찍 일어나고, 잠의 양이 적으며, 자는 동안에 자주 움직이거나 말을 하는 것과 같은 다양한 수면 문제를 가지고 있다고 말했다(Mayes, Calhoun, Bixler, & Vgontzas, 2009).

- **자신과 타인 그리고 환경을 이해하기**: 아이는 피곤한 상태에 대한 신호를 인지하지 못할 수도 있고, 잠옷이나 시트의 느낌이나 냄새를 좋아하지 않을 수도 있으며, 커튼의 움직임이나 벽의 그림자 때문에 혼란스러울 수도 있다. 아이에게

자야 할 시간이라는 것을 알려 주기 위한 잠자리 루틴이 필요할 수도 있다.
- **융통성**: 아이는 시트나 담요, 잠옷의 색깔이나 촉감 또는 사이즈가 달라졌을 때나 평소와 다른 사람이 자신을 침대로 데리고 왔을 때, 읽어 주는 책이나 불러 주는 노래가 바뀌었을 때 화를 낼 수도 있다.
- **사회적 의사소통**: 아이는 음료를 마시고 싶거나 다른 사람이 자기의 이불을 잘 덮어 주길 바라는 마음, 다른 방에 있는 봉제인형을 갖고 싶은 마음과 같이 자신이 원하는 것과 필요한 것을 표현하지 못할 수도 있다.

수면시간의 조절을 돕기 위한 조언

많은 영유아는 수면시간을 늦추려고 하고, 의사소통이 가능한 영유아들은 잠드는 과정을 늦추기 위하여 한 가지 요구를 한 후에 또 다른 요구를 한다. 부모는 자신들이 불을 끄거나 "잘 자."라고 말하는 것이 아이로 하여금 "나는 마실 것이 필요해요." "나에게 한 번 더 뽀뽀해 주세요." "아빠, 나에게 더 뽀뽀해 주세요."와 같은 요구가 많아지게 한다는 것을 알았을 때, 방을 나가기 전에 아이가 이전에 사용한 전략들을 예상해 보고 필요한 것을 미리 충족시켜 주는 것이 유용하다.

수면에 관해서 제한을 정하는 것은 매우 어렵다. 수면시간이나 밤중에 아이가 울거나 집 안을 뛰어다니거나 조절 문제를 보인다면 부모는 아이의 빙에서 함께 자거나 아이를 자신들의 방으로 데려오기도 하고 먹을 것이나 마실 것을 주기도 한다. 또한 아이의 등을 문질러 주고, 영화나 텔레비전을 켜 주기도 한다. 집에 있는 다른 가족의 수면, 이웃이 경찰에 신고할지도 모른다는 두려움, 의학적 상태나 안전과 관련된 요소들 때문에 어려움이 더 커진다.

수면 문제가 있는 영유아의 가족을 도울 때에는 수면 문제에 영향을 미치는 모든 요소를 고려해 보는 것이 중요하다. 저자들의 경험에서 보면 주간 루틴에서 쉽게 제한을 수용하지 않거나 협조적이지 않은 영유아의 경우 수면시간에서 또한 지시를 따르거나 제한과 거부를 수용하는 데 어려움을 보인다. 아이가 잠자리 규칙을 따르는 것을 기대하기 이전에, 조기개입 전문가들은 종종 부모가 자녀가 일상적인 일들(예: 놀잇감 치우기, 이름 불렀을 때 오기, 산책 중에 손잡기, 사용한 컵을 던지지 않고 제자리에 두기)에 순응하고 협조하도록 만드는 방법을 배울 수 있도록 도와줄 필요가 있다. 아이가 다양한 지시를 따를 수 있고 다양한 일상생활에 참여할 수 있을 때 아이는 수면시간에 더 협조적일 것이며, 제한과 거부를 더 잘 받아들일 수 있을 것이다.

 ## 책을 읽을 때

많은 ASD 및 관련 장애 영유아들은 책을 보는 것을 즐거워하지만 다른 사람이 방해할 경우 조절 문제를 보이기도 한다.

- 자신과 타인 그리고 환경을 이해하기: 아이가 책의 주제나 특정한 그림을 보는 것, 특정 페이지의 촉각적 느낌과 같은 책의 감각적인 특성을 싫어할 수도 있다. 아이가 책 자체에서 시각적 자극이나 촉각적 자극을 얻고 싶어 하거나 그 자극을 유지하고 싶어 할 수도 있다.
- 융통성: 아이가 특정한 방식으로 책을 읽고 싶어 하거나 늘 함께 책을 읽어 왔던 특정한 사람하고만 책을 읽고 싶어 할 수도 있다.
- 사회적 의사소통: 아이가 다른 책을 보고 싶은 마음이나 혼자서 책을 보고 싶은 마음을 표현하지 못할 수 있다.

책을 읽는 시간에 조절을 도울 수 있는 조언

혼자서는 책을 보지만 다른 사람과 함께 책을 볼 때 조절 문제를 보이는 아이를 위해서는 각 페이지에서 익숙한 그림들에 대해 간단하게 말하는 것부터 시작해야 한다. 만약 아이가 관심을 보이지 않는다면 초반에는 한두 페이지로 시작하여 점차 성인의 지시를 늘려 가야 한다.

마지막 페이지를 읽어 줄 때 두 문장이 남으면 "하나만 더 그리고 끝."이라고 이야기한다.

책에 별로 관심이 없는 아이나 책 읽는 시간 동안에 조절 문제를 보이는 아이를 위해서는 작은 사진 앨범을 사용하여 책을 만들어 볼 수 있다. 그리고 가장 좋아하는 사람들의 사진이나 가장 좋아하는 놀잇감, 음식, 봉제인형과 같은 선호하는 물건의 사진을 사용해 본다.

다른 사람이 책을 읽어 주는 것을 거부하는 아이에게는 아이가 관심을 가질 수 있는 한두 장의 그림에 라벨을 붙이거나 코멘트(설명)를 덧붙이면서 시작해야 한다. 상호작용이 길어질수록 코멘트의 수를 점차 늘려 간다. 어떤 아이들은 다른 사람이 책을 가지고 있는 것을 좋아하지 않기도 한다. 그러나 아이들은 상호작용이 가능하게 됨으로써 제한을 하지 않을 것이다. 다른 사람이 책을 들고 있고 물건의 이름을 말하는 동안에 아이가 조절상태를 유지할 수 있다면 아이는 익숙한 사물이나 사람, 캐릭터의 그림을 터치하라고 하는 지시를 따를 준비가 된 것이다. 동일한 물건이나 캐릭터 또는 동일한 사람이 여러 페이지에서 반복해서 나오는 책을 사용하면 (아이에게) 연습과 반복의 기회를 제공할 수 있다.

 지역사회로 외출할 때

지역사회로의 외출은 ASD 영유아들과 그들의 가족, 양육자들에게 매우 스트레스가 될 수 있다.

- **자신과 타인 그리고 환경을 이해하기**: 아이는 자신이 가고 있는 곳이 어디인지 모를 수 있다. 아이는 자동차 시트, 식료품점의 카트, 유모차에 매이는 것을 싫어할 수도 있다. 아이는 목적지의 냄새가 싫을 수도 있고 그곳에서 나는 소리 및 소리의 원인이 낯설 수 있다. 또는 아이는 이동이 불편하다고 느낄 수도 있다.
- **융통성**: 아이는 길이 바뀌거나 일의 진행 순서가 달라지는 경우, 또는 스케줄이 바뀌고 예정에 없던 외출이 생길 경우 화가 날 수 있다.

- 사회적 의사소통: 아이는 환경이 낯설어서 하고 싶은 것과 원하는 것을 표현하지 못할 수 있다.

지역사회로 외출하는 동안에 조절을 도울 수 있는 조언

많은 ASD 영유아는 손을 잡아야 하거나 성인과 함께 걸어야 하는 것과 같이 반드시 안전 규칙을 지켜야 할 때 조절 문제를 보인다. 규칙을 잘 지킬 수 있게 하는 하나의 전략은 아이에게 "손을 잡지 않으려면 유모차에 타야 한다."라고 말하는 것이다. 아이가 성인의 손을 뿌리치고 가면 바로 성인은 아이를 몇 분 동안 유모차에 태운다. 몇 분이 지난 후에 아이를 유모차에서 내려 주고 "엄마 손을 잡거나 유모차를 타야 한다."라고 다시 말한다. 아이가 성인의 손을 잡고 있을 때에는 칭찬을 하고, 손을 놓고 가면 아이를 다시 유모차에 태운다. 이러한 규칙을 빠르게 배우는 아이들도 있고, 다양한 환경에서 많은 연습이 필요한 아이들도 있다.

많은 부모는 아이가 식료품점 카트에 앉아 있는 동안에 간식을 준다. 간식을 주는 전략은 아이가 문제행동을 보이고 난 후보다는 적절하게 행동하고 있을 때에 효과적이다. 문제행동을 보이고 난 후에 간식을 주게 되면 아이는 그 문제행동으로 인해 간식을 받게 된 것이라 생각할 수 있다.

기저귀를 갈 때와 옷을 갈아입을 때 / 몸단장할 때와 위생관리를 할 때

많은 영유아는 기저귀를 갈고 옷을 갈아입을 때 또는 위생관리 및 몸단장을 할 때 조절 문제를 보인다. 기저귀 갈기, 욕실에 가기, 옷을 입고 벗기, 양치질하기, 머리를 빗고 묶기, 얼굴과 손 씻기와 같은 활동은 종종 더 재미있는 활동을 멈추게 한다.

- 자신과 타인 그리고 환경을 이해하기: 아이가 기저귀, 물수건, 옷, 칫솔, 목욕타월, 혹은 일상에서 쓰는 물건의 감촉을 좋아하지 않을 수도 있고, 아이의 관점에서

는 불필요한 일일 수도 있다.

- **융통성**: 아이는 매일 같은 옷을 입고 싶을 수도 있고, 자신의 옷이나 기저귀를 갈아 주는 사람이 바뀌는 것이 싫을 수도 있고, 일과가 바뀌었을 때 화가 날 수도 있다.
- **사회적 의사소통**: 아이가 특정한 종류의 옷이나 특정한 역할을 해야 하는 정해진 사람, 혹은 다른 요구에 대한 선호를 표현하지 못할 수도 있다.

기저귀를 갈 때, 옷을 갈아입을 때, 몸단장할 때, 위생관리를 할 때와 같은 일상생활에서 조절을 도울 수 있는 조언

작은 가방에 기저귀를 가는 동안에 아이가 가지고 놀 수 있는 물건이나 닦아서 쓸 수 있는 작은 놀잇감을 가지고 다녀야 한다. 아이가 가방 안의 내용물에 싫증나지 않도록 가방의 내용물을 자주 바꾸어 주어야 한다. 아이가 짜증을 내거나 울기 전에 그 물건들을 주어야 한다.

옷을 갈아 입을 때도 가능한 아이가 더 좋아하는 활동이 되도록 재미있고 흥미롭게 만들어 준다. 예를 들어, 셔츠를 아이의 얼굴 위로 올리고 내리면서 까꿍놀이를 해 본다. 또는 양말을 신을 때 "발가락이 숨었다."라고 말하면서 재미있는 놀이를 함께한다.

아이가 독립적으로 자기관리를 하고 협조를 더 잘할 수 있도록 가능한 한 많이 돕게 해야 한다.

만약 아이가 옷을 갈아입고 기저귀를 가는 동안에 자주 떼를 쓴다면 아이의 자세를 바꿔 주거나 유아를 다른 장소로 옮겨 본다. 마찬가지로 아이가 텔레비전이나 비디오를 보는 동안에 기저귀 갈기나 옷 갈아입기를 시도해 볼 수 있다. 만약 아이가 진정되면 통상적으로 생기는 조절 문제를 없애기 위해 며칠 동안 이 방법을 사용하고 주의가 흐트러지지 않도록 하면서 기저귀 갈기나 옷 갈아입기를 다시 시도해 본다.

집안일을 할 때

어떤 아이들은 부모가 요리나 청소를 하거나, 다른 형제/자매를 돌보느라 바쁠 때, 또는 자신에게 집안일에 참여하도록 요구할 때 조절 문제를 보인다.

- **자신과 타인 그리고 환경을 이해하기:** 아이들에게는 집안일이 중요하지 않기 때문에 집안일을 하는 것을 원하지 않을 수 있다. 그리고 아이들은 부모의 관심이 자신들에게서 벗어나는 것이 싫을 수도 있다. 아이들은 집 안에서 나는 세제의 냄새나 청소기와 믹서기 같은 가전제품의 소리가 싫을 수도 있다.
- **융통성:** 아이들은 집안일이 자신의 계획과 맞지 않거나 보통 때와는 다른 시간, 다른 장소, 다른 사람에 의해 일어났을 때 화가 날 수도 있다.
- **사회적 의사소통:** 아이들은 돕고 싶은 마음이나 돕고 싶지 않은 마음, 또는 다른 방식이나 다른 시간에 집안일을 하고 싶은 마음을 표현하는 데 어려움이 있을 수도 있다.

집안일을 하는 동안 조절을 도울 수 있는 조언

부모는 자신들이 바쁠 때, 아이가 해야 할 것을 적절하게 찾지 못하고 있는 경우, 아이에게 말을 거는 것이 아이가 부모에게서 떨어지려고 하지 않거나 다른 방식으로 관심을 요구할 수도 있다는 두려움 때문에 아이와의 상호작용하는 것을 자제하라는 제안에 솔깃할 수 있다. 그러나 부모가 집안일을 하느라 바쁠 때 아이에게 간헐적으로 관심을 보이면, 아이는 놀이를 지속할 수 있고 소리 지르기와 울기 같은 부적절한 관심 끌기 행동이나 문제행동을 보이지 않을 수 있다.

식사를 할 때 / 간식을 먹을 때

많은 아이와 가족들은 식사시간과 간식시간에 음식을 준비하고 먹고 치우는 과정에서 스트레스를 많이 받을 수 있다.

- **자신과 타인 그리고 환경을 이해하기:** 아이가 배고프거나 목마름의 신호를 알아차리지 못할 수도 있다. 아이가 턱받이의 촉감을 싫어할 수도 있다. 음식의 맛이나 냄새, 겉모양이 아이의 마음에 들지 않을 수도 있다. 식탁 의자나 부스터 의자 안에 갇히는 것을 싫어할 수도 있다.
- **융통성:** 아이는 음식, 접시, 컵 그리고 도구들이 바뀌었을 때, 먹는 스케줄이 바뀌었을 때, 음식을 준비하고 먹여 주는 사람이 바뀌었을 때, 턱받이가 바뀌었을 때, 원하지 않는 음식이 앞에 놓였을 때 화를 낼 수도 있다.
- **사회적 의사소통:** 아이가 특정 음식에 대한 소망(바람)과 거부를 표현하지 못할 수 있다. 음식을 특정한 모양이나 크기로 잘라야 하는 요구, 먹여 달라고 하고 싶은 요구, 스스로 먹고 싶은 요구, 식사시간에 해야 하는 것에 대한 요구, 다른 컵, 접시, 식기에 대한 요구를 표현하지 못할 수도 있다.

식사를 할 때 / 간식을 먹을 때 조절을 도울 수 있는 조언

식탁 의자나 부스터 의자에 앉혔을 때 조절 문제를 보이는 아이와 충분한 양의 음식을 먹기 위하여 충분한 시간 동안 식탁 의자에 앉아 있지 않는 아이를 위해서는 도우(dough) 만들기, 색칠하기, 영화 보기, 태블릿 앱으로 놀이하기와 같이 아이가 선호하는 활동을 하고 있는 동안에 의자에 앉힌다. 그리고 활동 중간이나 활동이 끝나갈 무렵에 음식을 준다면 먹는 것과 식탁 의자나 부스터 의자에 앉아 있는 것을 연관시킬 수 있다.

놀이할 때

놀이시간 동안의 조절 문제는 놀이 활동 그 자체 때문이거나 놀이하는 동안에 다른 사람들과의 상호작용에 의해서 생겨날 수 있다. 어떤 ASD 유아들은 매우 자기주도적으로 놀이를 하는 경우가 있어서 놀이에 참여시키기 어려울 수 있다. 다가가면 즉시 도망가거나 텐트럼(tantrum)을 보이기도 한다.

- 자신과 타인 그리고 환경을 이해하기: 아이들은 블록이 떨어질 것을 예측하지 못했을 때, 전자장난감에 새로운 배터리가 필요할 때, 장난감이나 놀잇감의 감각적인 특성이 불쾌하거나 혼란스러울 때와 같이 다양한 상황에서 조절 문제를 보일 수 있다.
- 융통성: 아이들은 누군가가 자신이 손가락으로 선을 따라가는 것을 막거나, 자신의 것이라고 생각하는 장난감을 다른 사람이 가지고 놀거나, 자신이 기대하는 방식으로 놀아 주지 않아서 일상적인 놀이 상황에 변화가 생기게 되면 텐트럼을 일으킬 수도 있다.
- 사회적 의사소통: 아이들은 다른 사람들과 함께 놀잇감을 가지고 놀기 위하여 무엇을, 어디서, 어떻게 하고 싶은지를 표현할 수 없어서 화를 낼 수도 있다.

놀이할 때 조절을 돕기 위한 조언

(아이가) 놀고 있을 때에 다른 사람이 접근하는 경우, 조절 문제를 보이는 아이와 라포를 형성하기 위하여 놀이 활동 중에 아이에게 필요한 물건들을 전달해 주는 것은 도움이 된다. 예를 들어, 만약 아이가 블록을 줄 세우고 있다면 그 줄을 더 길게 만들 수 있도록 아이에게 블록을 전달해 줄 수 있다. 아이가 옆에 있는 사람을 위협자가 아니라 조력자로 받아들일 때까지 이런 방식으로 아이의 놀이에 참여할 수 있다.

놀이하는 동안 재미있고 우스꽝스럽게 행동하는 것은 아이의 신뢰와 조절 기술을 향상시킬 수 있는 좋은 방법이다. 예를 들어, 머리에 천을 뒤집어쓰거나 부드러운 놀잇감을 올려놓고 재채기하는 척하며 바닥으로 놀잇감을 떨어뜨리는 것은 자신만의 세계에 빠져 있는 아이를 웃게 할 수 있다.

조절하기의 향상을 점검하기

조절은 다음의 것들을 이용하여 점검해 볼 수 있다.

일상생활에서 영유아의 협조에 대한 부모평정척도

영유아가 스스로를 진정시키는 방법에 대한 목록

영유아가 조절 문제 없이 참여한 새로운 루틴의 목록

영유아가 소리 지르지 않고 기다리거나 도움을 요청하고 원하는 것과 필요한 것을 적절한 방식으로 의사소통한 루틴의 목록

영유아가 특정한 루틴 동안에 때리기, 던지기, 물기와 같은 특정한 행동을 보인 횟수에 대한 기록

영유아가 소리 지르기, 때리기, 도망가기와 같은 행동을 보이지 않으며 특정한 활동에 참여한 지속시간에 대한 기록

제6장

자신과 타인 그리고 환경에 대한 이해를 돕기 위한 기술

영유아들은 모든 발달영역의 기술들을 통합하며 자신과 타인 그리고 환경에 대해 배운다. 또한 영유아들은 감각체계를 통하여 정보를 받아들인 후에 자신들의 조절상태와 각성상태, 기질과 성격, 이전의 경험, 감각의 유형 및 강도에 대한 호불호, 환경에서 일어나는 여러 가지 사건과 자신들이 지닌 기술의 레퍼토리에 따라 다양한 방식으로 반응한다. 예를 들어, 토스터기의 빵이 타서 연기감지기의 알람이 울렸을 때 유치원에 있었던 유아 5명은 각각 다르게 반응하였다. 아직 움직일 수 없는 시아는 자기의 담요로 머리와 귀를 덮고 울었다. 서진이는 소리의 근원지를 알아보기 위하여 주방 안으로 기어갔다. 다은이는 문으로 달려가서 "무슨 일인가요?"라고 물었고, 선우는 기어 다니며 베이비시터를 찾았고, 지아는 폴짝폴짝 뛰면서 웃었다.

영유아들은 다른 사람이나 환경과 상호작용하면서 사물, 사건, 타인 그리고 자신에 대한 기대를 만든다(Wang & Barrett, 2012). 이러한 상호작용이 이루어지기 위해서는 주의집중과 반응하기와 관련된 많은 기술이 필요하다. 영유아들은 모든 감각—시각, 청각, 촉각, 미각, 후각, 전정감각(균형/움직임), 고유수용성감각(몸자세)—

을 통하여 정보를 얻고, 특정 감각에 집중하고 그 외의 감각은 무시하는 방법을 배운다. 이러한 선택적 주의집중은 사회적 발달, 인지발달, 언어발달 그리고 지각발달에 영향을 미친다(Bahrick & Lickliter, 2014).

인지심리학 연구에 따르면 자아개념은 자신의 행동과 생각의 원인이 자신이라는 것을 이해하는 것과 자신이 타인 및 환경과 분리되어 있다는 것을 아는 것을 의미한다. 자기인식은 자기인지와 신체인식으로 구성되어 있다(Lyons & Fitzgerald, 2013). 자기인식은 타인의 감정상태를 이해하는 것과 관련이 있으며, 마음이론의 구성요소로서 자신뿐만 아니라 타인에게도 정신상태가 있다고 믿는 인간의 능력을 나타내기 위하여 Premack과 Woodruff(1978)가 처음 사용한 용어이다. 마음이론은 공감, 동감, 조망수용능력을 위해 필요하다. 문헌연구에서 Lyons와 Fitzgerald는 시선추적하기, 소리에 반응하기, 주의집중하기, 다른 사람에게 보여 주기, 호명에 반응하기, 얼굴 쳐다보기, 가장놀이, 손가락으로 가리키기를 비롯하여 자신-타인 인식과 관련된 많은 과정을 강조하였다. 전형적으로 발달하는 영유아들의 자신-타인 인식의 과정이 어떻게 일어나는지에 대한 연구들이 많이 있으며, 심지어 ASD와 관련 장애영유아들에 관한 연구는 더 많다.

자폐(autism)의 어원은 자신(self)을 의미하는 그리스어에 있으며, Kanner(1943)와 많은 연구자가 자폐의 비전형적인 자기개념 발달에 대해 설명하였다. 이 주제는 자폐에 대한 초기 논문들에서뿐만 아니라 최근 논문들에서도 다루어지고 있다(Duff & Flattery, 2014; Lyons & Fitzgerald, 2013).

학문 간 용어의 불일치로 인해 자폐 범주성 장애인들의 감각처리에 관한 주제는 많은 이론과 의견이 대립한다(Baranek et al., 2014; Schaaf & Lane, 2014). 감각적 증상에 대해 표준화된 평정척도를 사용한 Hazen과 동료들(2014)의 연구에 따르면 자폐 범주성 장애인의 69~95%가 높은 빈도의 감각적 증상을 보이며, 방법론적 다양성과 인구학적 다양성으로 인하여 폭넓은 범위로 추정되었다고 했다. Schaaf와 Lane(2014)은 자폐 범주성 장애인 중 45~96%가 감각특성을 보인다고 했다.

ASD의 감각특성들은 다양한 방식으로 분류되어 왔다. Baranek 등(2014)은 네 가

지 감각패턴에 대해 이야기했지만 다른 패턴들이 더 존재할 수도 있다고 했다. 그들이 말한 네 가지 패턴은

- 감각적인 자극에 대한 과소반응이나 둔감 반응(예: 아픔인식이 보통보다 낮음, 현기증 없이 과도하게 돌기, 소리에 대한 방향정위능력의 부족)
- 감각적인 자극에 대한 과민반응이나 과잉반응(예: 소리에 대한 반응으로 귀를 막기, 옷의 질감이나 다른 사람들이 일반적으로 견딜 수 있는 끈적한 물체에 대한 회피)
- 감각적인 흥미, 반복행동 추구[예: 팬(환풍기/선풍기)에 대한 집착, 장난감 줄 세우기, 과도한 점프(뛰기)]
- 특별한 지각(예: 다른 사람이 쉽게 인식하지 못하는 소리 경계하기)

Schaaf와 Lane(2014)은 감각반응성, 특이한 관심, 감각지각 및 감각통합이라는 3개의 카테고리로 감각특성을 분류하였다. 이 중 감각통합은 논쟁의 여지가 있다. 이 단어는 Ayres(1972)가 주장한 이론을 나타내는 것이며, 지지자들과 비판가들은 감각통합의 효과성에 대해 논쟁하였다. Ayres(1979)는 감각통합이란 감각정보를 사용하기 위하여 조직화하는 것이라고 정의하였으며, 최상의 학습 및 행동과 참여가 일어날 수 있도록 감각정보가 적극적으로 조직화되어야 하며 환경에 맞게 사용되어야 한다고 제안하였다. 감각정보에 대한 비전형적인 지각이나 정보에 대한 비전형적인 조직화는 학습, 행동, 참여에서의 문제를 야기할 수 있다.

용어의 일관적인 사용의 어려움으로 인해 'Ayres Sensory Integraton'이라는 용어가 현재 가장 널리 쓰이고 있으며, 이 용어에는 Ayres 이론, 평가의 방법과 치료법이 모두 포함되어 있다(Parham & Mailloux, 2015). 용어의 사용이나 사용된 절차 및 효과성 측면에서의 일관성 부족 또한 논쟁을 일으키는 데 한몫하였다(Parham et al., 2007). 게다가 감각통합에 대한 많은 연구는 방법론에 대한 비판을 받았다(Ashburner, Rodger, Ziviani, & Hinder, 2014; Lang et al., 2012). Case-Smith와 동료들(2014)은 감각통합치료와 감각기반 중재가 혼용되어 두 개념을 차별화하였다. 감

각통합치료는 Ayres 이론을 기반으로 하며 치료실에서 이루어진다. 감각통합치료는 놀이 중심 활동으로 구성되어 있고, 활동 안의 과제는 난이도가 너무 높거나 낮지 않으며, 과제에 적절하게 반응하기 위해서는 감각정보를 사용해야 한다. 예를 들면, 유아가 해먹 그네를 타면서 다양한 크기와 무게의 공을 그네 주위에 놓여 있는 바구니 안으로 던지는 활동을 하기 위해서는 다양한 감각을 통합해야 한다. 반면에, 감각기반 전략은 행동조절을 향상시키기 위하여 아동의 일상생활 안에서 시행하는 성인주도 전략이다(예: 유아를 진정시키기 위해 마사지하거나 편안하게 흔들어 준다). 감각통합을 치료의 한 방법으로 보면 논쟁의 소지가 있지만, 기존 연구들은 많은 자폐 범주성 장애인들이 감각적 정보를 통합하는 데 어려움을 가지고 있다고 이야기한다(Baranek et al., 2014; Marco, Hinkley, Hill, & Nagarajan, 2011).

ASD의 감각특성에 대한 많은 연구는 감각에 대한 과민반응(sensory over responsivity: SOR)에 초점을 맞추어 진행되고 있으며, 이는 과잉민감성이나 과민반응으로 언급되기도 한다. 감각 과민반응은 짜증, 떼쓰기, 주의산만, 회피행동과 도피행동, 공격성으로 나타나는 감각자극에 대한 비전형적이고 강렬하게 오랜 시간에 걸쳐 지속되는 부정적인 반응을 특징으로 한다. ASD 영유아들의 감각 과민반응은 어머니의 스트레스 증가 및 가족활동의 제약에 영향을 미친다(Ben-Sasson, Soto, Martínez-Pedraza, & Carter, 2013). Green 등(2013)은 뉴로마이징을 사용하여 혐오자극에 대한 뇌의 반응을 비교한 결과 자폐 범주성 장애인의 경우 전형적으로 발달하는 사람들에 비해 더 많은 뇌 영역이 활성화된다는 증거를 찾아냈다. 감각처리, 조절, 감정처리와 관련된 뇌의 영역에서 차이가 났다. 때때로 자폐 범주성 장애인들은 그들이 감각추구 행동에 빠져 있을 때 자극정보에 대해 과소반응하는 것으로 나타났다(Patten, Ausderau, Watson, & Baranek, 2013). 예를 들어, 천장의 팬을 집중해서 보고 있는 유아는 환경적인 소리나 목소리에 주의나 방향을 전환하기 어려울 수도 있다. 게다가 어떤 유아는 뛰거나 무릎으로 착지하는 것과 같은 동작을 할 때나 강한 압력을 추구할 때 고통에 과소반응을 보인다.

빙글빙글 돌거나 물건을 돌리거나 물건이 딱딱한 표면 위에 떨어지면서 내는 소리를 듣고 모양을 보기 위하여 물건을 던지거나 좁은 공간으로 비집고 들어가는 것과 같이 제한적이고 반복적인 행동에는 감각추구가 포함되어 있다. 저자들의 경험에서 보면 영유아들은 반복적이고 제한적인 행동을 할 때 편안함이나 재미를 느꼈다. 또는 무엇을 해야 할지 모를 때 반복적이고 제한적인 행동을 했다. 영유아들은 다른 이유로 같은 행동을 보일 수도 있으며, 효과적으로 행동을 변화시키기 위해서는 모든 이유를 살펴보아야 한다. 3장에서 논의했던 것처럼 행동을 변화시키기 위하여 기능을 살펴볼 필요가 있으며, 감각체계와 관련된 행동도 기능 확인이 필요하다. 이가 나려고 하는 영아가 불쾌함 때문에 무는 것은 치발기가 도움이 될 수 있지만, 영아가 장난감이 필요해서 무는 행동을 한다면 치발기가 장난감의 대체물로 유용하지 않을 것이다.

행동의 원인은 감각추구 및 자동강화 때문일 수도 있고, 도피나 회피 또는 무언가를 얻기 위해서 일 수도 있다. 건우가 소파에서 격렬하게 몸을 흔드는 데는 다양한 이유가 있을 수 있다. 예를 들어, ① 건우는 전정감각, 시각, 청각, 고유수용성감각을 즐긴다. ② 건우는 기술의 결함이나 동기의 부족으로 인해 할 수 있는 것이 별로 없다. ③ 과거에 건우가 자해를 할까 봐 걱정이 되었던 이모가 쿠키를 먹으라고 주었고, 건우는 쿠키를 먹으면서 몸을 흔드는 것을 멈추었고, 몸을 흔드는 것이 쿠키를 요구하는 방법이라고 배우게 되었다.

또한 감각회피는 기능에 대한 관점과 환경에서 일어나고 있는 것을 통해 살펴보아야 한다. 지윤이는 엄마가 손을 닦아 줄 때마다 소리를 질렀다. 그래서 엄마는 지윤이가 물과 비누의 느낌 때문에 소리를 지른다고 생각하였다. 지윤이의 오빠는 액체비누로 찬물에 손을 씻을 때 좋아했기 때문에 엄마는 오빠에게 했던 것처럼 지윤이가 손을 씻을 때 비누와 물의 온도를 바꿔 보았다. 하지만 지윤이는 여전히 소리를 질렀다. 조기개입 전문가는 비누를 가지고 물놀이를 하는 것을 제안해 보았고, 그 활동을 하면서 지윤이는 행복하게 놀았다. 또 조기개입 전문가는 손 씻는 활동을 보여 달라고 요청하였고, 엄마가 불을 켜자마자 지윤이가 흥분하는 것을 보았다. 조기개입 전문가는 엄마에게 불을 끄도록 요청하였고, 그러고 난 후에 지윤이가 전등 스위치로 다가간다는 것을 알 수 있었다. 조기개입 전문가는 지윤이 엄마에게 전등 스위치를 그대로 두고 지윤이에게 불을 켜고 싶은지 물어보라고 했다. 지윤이는 불을 켜고 싶다고 했고, 소리 지르지 않고 손을 씻었다.

많은 자폐 범주성 장애인은 감각의 차이와 문제행동을 보인다. 항상 그런 것은 아니지만 때로는 감각의 차이가 문제행동의 원인이 된다. 감각추구와 감각회피의 원인을 알아내기 위해서는 관찰과 가설 검증이 필요하다.

종종 ASD 영유아들은 놀잇감 및 장난감과 기능적인 방법으로 상호작용하지 않는다. 이것은 장난감이나 물건들을 사용하는 것에 대한 동기의 부족 때문일 수도 있다. 때때로 동기의 부족은 운동처리와 관련된 기술 결함 때문이기도 하다. 비전형적인 운동 기술은 ASD의 특성으로 밝혀졌다. Fabbri-Destro 등(2013)에서는 서투름, 자세 유지의 취약함, 비전형적인 걸음걸이, 낮은 예측능력과 계획능력(물건의 크기와 모양에 따라 손을 미리 어떤 모양으로 하고 있어야 하는지), 모방과 운동계획에서의 어려움과 같은 비전형적인 운동 특성들에 대해 논의하고 있다.

운동계획하기와 실행은 학문 간 혹은 학문 내에서 서로 다른 정의 및 방법으로 인해 혼동을 일으키는 복잡한 용어의 범주에 속한다. 1995년에 Dewey는 정의와 방법의 다양성에 대한 글을 썼으나 지금까지도 문헌에서 일치는 보이지 않고 있다. 이 책에서는 **운동계획하기/실행**이란 목표달성을 위한 방법을 생각해 내고, 단계적으로 수행해 나가는 능력이라고 정의했다(Ayres, 1985). 운동계획하기에 어려움이 있는 사람들은 이 과정 중 한 부분에서 어려움을 보일 수 있으며, 그 어려움은 계획수행에 필요한 아이디어의 부족, 계획의 부족, 효율성의 부족과 같은 것이다. 운동반응을 위해서는 감각으로부터 들어온 정보를 통합해야 하기 때문에 운동계획하기는 감각처리에 의해 좌우된다. 예를 들어, 어떤 사람이 숲을 걸어갈 때, 성공적으로 방향정위를 하기 위해서 돌과 통나무를 옮기고, 뛰는 사람이나 동물과 같이 다가오는 소리의 근원을 찾기 위해서는 시각적 정보와 청각적 정보, 고유 수용적 정보를 처리해야만 한다. 그 단계들을 실행하는 것이 개인 레퍼토리의 일부분이 되고 나면, 더 이상 계획하기는 필요하지 않다. 예를 들면, 처음 자동차 운전을 배울 때 대부분의 사람은 각 단계를 계획하고 순서대로 배열한다. 하지만 운전하는 것이 숙달되고 나면 능숙한 운전자들 대부분은 거의 의식하지 않고 그 단계들을 실행한다. 유아들은 옷 입기, 모양 끼우기, 퍼즐 맞추기와 같은 연속적인 동작들에서 이러한 것을 보일 수 있다. 숙달이 되고 난 후에는 그 목표를 달성하기 위해 의식적으로 생각하는 것이 적어진다. 아동의 실행, 운동계획하기/운동협응 문제에 관한 연구에 따르면, Lane 등(2014)에서는 자기관리하기, 상황에 맞게 운동기술 일반화하기, 행동에 필요한 아이디어 만들기, 도구 사용하기, 시각적 혹은 언어적 지시 따르기, 새로운 물건과 상호작용하는 데에 어려움이 있는 영유아들에 대해 설명하였다. Cossu 등(2012)에 따르면 ASD 유아들은 모방하기, 타인의 움직임에 대한 의도 파악하기뿐 아니라 운동 분야에서도 빈번하게 어려움을 보인다고 했다. 이러한 어려움은 다른 사람 행동의 의도를 이해하는 것뿐만 아니라 운동계획하기에도 영향을 미친다.

행동유도성(affordance)이란 특정 행동을 하도록 하는 환경과 사람을 연결시켜 주는 것을 뜻한다(Gibson, 1979; Ishak, Franchak, & Adolph, 2014). Linkenauger 등 (2012)에 따르면 행동유도성 개념은 지각운동통합기술과 관련이 있다. 지각운동통합기술은 감각정보 처리 및 운동반응을 위한 감각정보 사용에 영향을 미친다. 이 기술은 사회적 상호작용과 타인의 행동을 예측하는 능력과 함께 일상적인 상호작용에서 사용된다. Linkenauger 등(2012)은 행동유도성 인식에서의 어려움은 ASD가 보이는 사회적 의사소통의 어려움과 운동 문제를 설명할 수 있다고 주장하였다. 사례 범주성 장애인들은 다른 사람의 행동을 예측하는 데 어려움이 있다고 알려져 있다. 그러나 ASD에 관한 많은 연구에서 대립적인 의견이 공통적으로 존재한다(Berger & Ingersoll, 2014; Sparaci, Stefanini, D'Elia, Vicari, & Rizzolatti, 2014). 영유아들은 성장하면서 연습을 통해 예상하고 예측하는 방법을 배운다. 까꿍놀이는 이 개념을 잘 보여 준다. 까꿍놀이는 영아가 게임과 관련 없는 환경에서 상대방이나 물건을 쳐다보는 것과 같은 행동을 보였을 때, 성인이 시도자 및 반응자로서 게임을 시작하여 점점 발전시켜 간다. 성인이 지속적으로 반복하면 영유아들은 연습과 변화를 통해 게임을 이해하기 시작한다. 성인이 목소리의 톤이나 크기, 상호작용의 타이밍, 영아의 관심을 끌 수 있는 다른 특징들에 변화를 주는 것과 같이 영아도 성인의 행동을 달라지게 한다(Tronick, 2013). ASD 및 ASD 위험군에 속하는 영유아들은 이 과정에서 더 오랜 시간이 필요한 것 같다. 이 책을 쓸 때, 저자 중 한 명은 "나와 함께한 많은 영유아들은 꽤 오랫동안 까꿍놀이를 이해하지 못했다."라고 말했다.

ASD 및 관련 장애를 지닌 사람들은 행동모방(Vanvuchelen, Van Schuerbeeck, Roeyers, & De Weerdt, 2013) 및 주의집중의 어려움(Shic, Bradshaw, Klin, Scassellati, & Chawarska, 2011)으로 인해 타인의 의도를 이해하는 데 어려움을 겪는다.

모방은 합의된 정의가 없는 용어 중 하나이지만 학습과 사회적 수용을 위해 중요한 기술이다(Nadel, 2014). Nadel의 『모방이 어떻게 자폐 스펙트럼 유아의 발달을 촉진하는가?(How Imitation Boots Development in Infancy and Autism Spectrum Disorder)』에서 Nadel은 모방하는 것과 모방의 타이밍을 검토하는 것에 대한 중요성 및 주요 관련 요소에 대해 이야기하였다. 레퍼토리에 없는 행동을 모방하는 것은 불가능하기 때문에 한 사람의 운동 레퍼토리가 모방을 좌우한다. 게다가 행동이 개인에게 새로운 것인지, 행동 자체보다 오히려 모방에 목표를 두고 있는 것은 아닌지, 사용된 아이템들에 대한 지식이 모방해야 하는 행동과 반대되는 행동을 하게 하는 단서인지를 고려해 보아야 한다. 모방의 타이밍 또한 중요하게 고려되어야 한다. 모델링(시범)이 더 이상 제공되지 않았을 때, 즉각적으로 모방을 하거나 잠깐의 지연 후에 모방을 했을 때 모방은 사회적 의사소통의 구성요소가 된다. 모방의 타이밍과 관련된 또 다른 중요한 특성은 자발성이다. 조기개입 분야에서 일하는 사람들은 컵, 솔, 빗, 망치, 누르는 장난감과 같은 물건들을 적절하게 사용하는 ASD 유아들을 보지만, 이러한 행동들에 대한 모델링이 제공되고 "네가 해 봐, 네 차례야."라고 말했을 때 유아들은 그 물건을 사용하는 것을 보여 주지 않는다. 우리는 ASD 유아들이 왜 모방을 못하는지에 대한 이유를 알아낼 필요가 있다. 예를 들어, 수용언어 문제 때문인가? 모델에 대한 주의집중의 어려움 때문인가? 지시 따르기의 어려움 때문인가? 상황에 맞게 운동계획하기의 어려움 때문인가? 혹은 동기 부족 때문인가?

3장에서 이야기했던 것처럼 동기는 배움을 위한 중요한 요소이다. Klintwall 등 (2014)은 ASD 영아들이 장난감이나 활동, 사회적 루틴에 대해 보이는 관심은 기술 습득을 예측해 볼 수 있는 예측요인이 된다고 했다. 이러한 루틴과 활동에서의 참여는 자신과 타인 그리고 환경을 이해하는 능력에 따라 달라지고 이러한 영역에서 습득한 기술은 더 상위단계 발달의 발판이 된다. 자신과 타인 그리고 환경을 이해하기 위하여 부모와 양육자를 코칭하는 조기개입 전문가들은 다음 기술들을 목표로 삼아야 한다: 감각자극 처리하기, 감각자극 견디기, 주의 전환하기, 행동 모방하기, 지시 따르기.

감각자극 처리하기

　　배경 정보: 일상생활에는 다양한 감각정보가 포함되어 있다. 영아들은 각성반응들을 통하여 자극에 대한 주의를 드러낸다. 시각과 관련해서는 영아들은 사물과 사람을 쳐다보고 추적하며, 또한 밝은 빛에서는 눈을 가늘게 뜨고 본다. 영아들은 환경음이나 목소리에 고개를 돌리고 눈이 휘둥그레진다. 촉각 영역에서는 영아들은 자신의 손에 닿거나 잡을 수 있는 물건을 만지려고 하고 자신의 입술 위에 젖꼭지가 있는 것을 느꼈을 때 빨려고 하고 콧물흡입기와 같은 불쾌한 물건들로부터 벗어나려고 한다. 영아들은 깡충깡충 뛰거나 흔들면서 웃거나 진정될 수 있으며 더 하고 싶다는 것을 표현하는 것일 수도 있다.

　　ASD 영유아의 특성: ASD 영유아들이 보이는 주의 전환의 어려움과 감각 저감성은 모두 감각자극에 대한 관심 부족으로 나타날 수 있기 때문에 주의 전환에 어려움이 있는 것인지 자극에 대한 과소반응을 보이는 것인지를 구분하기가 쉽지 않다. 연구에 따르면, Patten 등(2013)은 감각 저감성은 ASD 영유아들의 언어발달과 반비례 관계가 있다는 것을 밝혔다. 전형적으로 발달하는 영유아들은 다른 사람의 눈이나 움직임에 선택적 주의집중을 보이지만, ASD 영유아들은 이러한 선택적 주의집중이 부족하다(Klin, Shultz, & Jones, 2015). ASD 영유아들의 청각적인 반응에 관한 연구에서는 음높이에 대한 특별한 지각과 소리에 대한 낮은 방향정위에 대해 밝혔다(O'Connor, 2012).

　일상에 적용하는 방법: 모든 활동이 모든 영유아와 가족에게 적합한 것은 아니라는 것을 명심해야 한다. 만약 영유아들이 아직 감각적인 경험을 다양하게 해 보지 않았을 경우, 영유아들이 참여해 보도록 돕기 위하여 약간의 조정이 필요할 수도 있다는 것을 명심해야 한다.

 목욕할 때

- 청각: 어디를 씻는지, 물의 온도가 어떤지, 가지고 놀 장난감이 무엇인지와 같이 목욕에 관한 다양한 주제에 초점을 두고 목욕하는 과정에 대해서 이야기해 준다. "손을 씻고, 손을 씻고, 짝짝짝"과 같은 노래를 불러 준다. 아이가 씻고 말릴 때 재미있는 소리를 내 준다.
- 후각: 다양한 향을 가진 샴푸와 바디워시, 비누를 사용해 본다.
- 촉각과 고유수용성감각: 다양한 촉감의 샤워 가운과 수건을 사용한다. 그리고 아이를 씻기거나 말릴 때 다양한 압력을 사용한다. 목욕 후에는 마사지를 해 준다.
- 시각: 다양한 튜브나 장난감을 이용하여 환경에 변화를 준다. 물의 색을 바꿀 수 있는 버블바스나 캡슐을 사용해 보거나 거품을 불어 준다.

 잠잘 때

- 청각: 아이가 좋아하는 노래를 불러 준다. 그리고 오늘 있었던 일과 수면의식에 대해서 이야기해 준다.

- **후각**: 아이의 안전을 위해서 아이의 손이 닿지 않는 곳에 방향유나 다양한 향기가 나는 물건을 놓는다.
- **촉각과 고유수용성감각**: 아이의 이완에 도움이 되는 향기 오일과 부드러운 천으로 아이를 마사지해 준다. 아이가 편안해지도록 안아 주고 쓰다듬어 주고 어루만져 준다.
- **전정감각**: 아이를 침대나 요람에 눕히기 전에 몇 분 동안 흔들어 준다.
- **시각**: 어두운 방에 플래시 빛을 비추어 준다. 백열전구나 다양한 색의 렌즈를 사용해 본다.

 ## 책을 읽을 때

- **청각**: 동물 소리나 "똑똑" 하고 문을 노크하는 소리나 "빵빵" 하는 자동차 소리와 같은 환경음을 모델링할 수 있는 그림이 있는 책을 선택한다.
- **후각**: 긁으면 냄새가 나는 책을 주거나 향기가 나는 스티커를 사용하여 책을 만들어 본다.
- **촉각**: 다양한 감촉을 느낄 수 있는 책을 준다.
- **고유수용성감각**: 아이가 조작해 볼 수 있는 부분이 있는 책을 선택한다.
- **전정감각**: 뛰기, 노 젓기, 뒤집기와 같은 활동이 있는 책을 고르고, 이야기에 나오는 행동을 아이에게 따라 해 보도록 한다.
- **시각**: 시각적으로 얼마나 복잡한 책인지 살펴보아야 한다. 만약 아이가 아직 그림에 잘 집중하지 못하면 패턴이 있는 책을 선택하고, 페이지 당 1~2개의 그림이 있는 책으로 시작하고, 아이의 시각적 집중력이 점차 향상됨에 따라 페이지 당 그림이 더 많이 있는 책을 선택한다. 작은 사진 앨범을 사용하여 익숙한 사물과 사람의 사진이나 그림이 있는 책을 만들어 본다.

지역사회로 외출할 때

- 청각: 아이에게 새 소리, 교통수단의 경적 소리, 사이렌 소리, 기차의 경적 소리, 비 소리, 천둥치는 소리, 사람들의 노랫소리, 다양한 악기 연주 소리, 윙윙 돌아가는 잔디 깎는 기계소리, 제설기 돌아가는 소리, 낙엽 청소기의 큰 소리와 같은 환경음을 들을 수 있는 기회를 제공한다.
- 미각: 아이에게 샐러드 바, 요거트나 아이스크림 가게, 빵집에서 새로운 음식을 맛보게 한다.
- 후각: 아이에게 백화점의 향수 코너, 빵집, 사탕가게, 캠프파이어에서 구운 마시멜로, 갓 벤 풀과 농장을 경험해 볼 수 있도록 한다.
- 촉각과 시각: 아이에게 과일과 야채를 집게 하거나 집어 볼 수 있도록 도와준다. 공원이나 해변의 모래에서 놀게 한다. 맨발로 잔디를 걷게 한다. 돌이나 나뭇잎, 나무막대를 주워 보게 한다.
- 고유수용성감각: 아이가 보도블록의 틈이나 미끄럼틀 맨 아래 칸에서 점프를 해 보거나 시도해 볼 수 있게 도와준다. 해변에서 수건이나 담요를 둘러 주거나 감싸 준다.
- 전정감각: 공원에서 그네와 미끄럼틀 타기, 반구조화된 체육 수업에 참여하기, 놀이공원의 놀이기구나 쇼핑몰의 동전놀이기구 타기, 말 타기, 세발자전거나 승용놀잇감 타기, 전자식 스위치로 움직이는 승용 놀잇감 조작해 보기, 웨건이나 유모차 타기 또는 자전거 안장에 앉기, 쇼핑몰에 가기 등을 시도해 본다.
- 시각: 자동차나 유모차를 타고 어두운 곳에서 밝은 곳으로 나가 본다. 애견가게나 헤엄치는 물고기를 보러 수족관에 갈 때, 교통수단을 보기 위하여 지하철역이나 버스 정류장에 가거나 공사 현장에 갈 때, 에스컬레이터를 탄 사람들을 보러 몰(mall)에 갈 때 자동차나 유모차를 태운다.

기저귀를 갈 때와 옷을 갈아입을 때

- **청각**: 기저귀를 갈고 옷을 입히는 동안 노래를 불러 준다.
- **후각**: 물수건이나 연고를 사용하기 전에 아이가 냄새를 맡아 볼 수 있도록 코 밑에 발라 준다.
- **촉각**: 아이에게 양털, 데님, 코듀로이, 면과 같이 다양한 종류의 천을 준다. 옷을 입히기 전에 아이에게 로션을 발라 준다. 기저귀를 간 후에 유아의 배꼽을 재미있게 불어 준다.
- **고유수용성감각**: 아이에게 옷을 입히기 전에 마사지를 해 주고, 아이의 팔과 다리를 재미있고 부드럽게 흔들어 준다.
- **전정감각**: 옷을 입고, 기저귀를 간 후에 아이를 재미있고 부드럽게 굴려 준다.
- **시각**: 깨끗한 기저귀로 까꿍놀이를 하거나 아이의 셔츠를 머리 위로 뺄 때 까꿍놀이를 한다.

 ### 몸단장할 때와 위생관리를 할 때

- **청각**: 아이가 이를 닦거나 씻는 동안 노래를 불러 준다.
- **미각**: 다양한 맛의 어린이 치약을 사용해 본다.
- **후각**: 다양한 향의 비누를 사용해 본다.
- **촉각**: 아이가 다양한 질감의 목욕 타월이나 수건을 경험해 볼 수 있도록 한다. 아이가 손을 씻기 전이나 씻고 난 후에 따뜻한 물과 차가운 물로 손을 헹궈 준다. 아이의 이를 전동칫솔로 닦아 준다.
- **시각**: 칫솔질하기, 머리빗질하기, 세수하기와 같은 몸단장하기 활동을 거울 앞에서 하게 한다.

집안일을 할 때

- 청각: 소리가 나는 '안전한' 가전제품을 사용할 때 아이에게 청소기를 끄고 켜는 것과 같은 것을 도와 달라고 한다.
- 고유수용성감각: 청소기 밀기, 길가로 쓰레기통 옮기기, 식료품이나 물통과 같이 무거운 짐을 옮길 때 아이에게 도와 달라고 한다.
- 촉각: 정원 가꾸기를 할 때에 아이에게 흙장난을 해 보고 통 속에 나뭇잎을 넣어 볼 기회를 준다. 꽃과 채소, 식물에 물을 줄 때에 물장난을 해 본다. 집에서 아이에게 다양한 질감의 천으로 흘린 것을 닦아 보라고 하고, 축축하고 마른 천을 만져 볼 수 있도록 세탁기나 건조기에서 옷을 꺼내 보라고 한다.
- 전정감각: 청소할 때, 아이에게 소파커버를 벗겨 보라고 한다. 정원 가꾸기를 할 때 아이에게 언덕에서 굴러 볼 수 있는 기회를 준다.
- 시각: 방에 들어올 때나 나갈 때, 아이에게 전등스위치를 켜거나 꺼 보게 한다.

 ## 식사를 할 때 / 간식을 먹을 때

- 청각: 아이에게 조리기구 및 믹서기를 켜거나 꺼 볼 수 있도록 한다. 전자레인지가 돌아가기 시작하고 멈출 때 나는 소리를 들을 수 있도록 아이에게 시작 버튼을 누르게 한다. 전자레인지에 있는 타이머로 숫자를 세어 본다.
- 미각과 후각: 요리를 하고 음식을 준비하는 동안 아이에게 음식 냄새를 맡게 하고 음식을 맛보게 한다.
- 촉각과 고유수용성감각: 아이에게 그릇에 채소를 담아 보게 하고, 샐러드를 만들 때 양상추를 찢어서 넣게 한다. 또는 바나나 껍질 벗기기, 음식 포장 벗기기, 소스 붓기를 시킨다.
- 시각: 아이에게 소스를 섞고 붓는 것을 보여 주고, 전자레인지의 시간이 점점 줄어드는 것을 보여 준다.

놀이할 때

- **청각**: 아이에게 음악 소리, 콧노래 소리, 노랫소리, 호루라기 소리, 재미있는(우스꽝스러운) 소리를 들려준다. 아이에게 주전자, 후라이팬, 칠 수 있는 숟가락, 연주할 수 있는 악기놀잇감(완구악기), 쌀과 콩으로 채워진 플라스틱병, 흔들 수 있는 동전을 준다.

- **미각과 후각**: 다양한 음식과 음료로 간식파티를 열어 준다.

- **고유수용성감각**: 노래를 부를 때 주전자와 후라이팬 치기 또는 드럼을 두드리는 활동을 한다. 베개나 낮은 스툴(의자)에서 뛰어내리기를 한다. "아이가 좋아하는" 노래를 부르면서 신체 부위를 재미있게 주물러 주고 신체 부위의 이름을 말해 준다. 아이의 기도가 막히거나 아이가 위험해지는 상황을 알 수 있도록 머리는 덮지 않고 작은 담요나 수건으로 부드럽게 감싼다. 아이에게 점토 반죽을 쥐거나 찔러 보게 한다.

- **촉각**: 아이에게 간지럼 태우기나 토닥토닥 두드려 주기를 해 주고, 마사지를 해 줄 때 다양한 촉감의 천이나 봉제인형을 가지고 놀아 준다. 말린 파스타와 말린 콩, 쌀을 이용하여 실내에 모래 상자를 만들어 준다.

  만약 아이가 먹을 수 없는 물건을 입에 넣는다면 말린 시리얼을 사용해 본다. 핑거페인팅 물감을 사용해 본다. 먹으면 안 되는 물건을 입에 넣는 아이나 음식 맛보기나 냄새 맡기를 좋아하는 아이들에게는 휘핑크림, 휘핑토핑, 케첩, 머스터드, 푸딩을 사용해 본다.

- **전정감각**: 놀이를 할 때 부드럽게 흔들기, 좌우로 흔들기, 깡충 뛰기, 구르기, 뒤집기, 춤추기와 같이 움직이는 활동을 넣는다. 성인이 두 명 있다면, 튼튼한 담요를 사용하여 아이에게 담요 그네를 태워 준다.

감각자극을 처리하기 위한 조언

각각의 감각체계를 위하여 아이가 가장 잘 처리하는 감각의 종류를 평가해 본다. 예를 들어, 아이가 색깔, 패턴, 시각 자극의 움직임에 더 잘 반응하는가?; 아이가 노랫소리, 매우 높거나 낮은 톤의 목소리 혹은 잦은 변동이 있는 억양(오르락내리락하는 억양/심하게 변동하는 억양)에 더 잘 반응하는가?; 전정/고유수용자극에서 아이가 부드러운 흔들거림에 긍정적으로 반응하고 더 잘 반응하는가? 혹은 강하고 불규칙적인 움직임에 긍정적이고 더 잘 반응하는가?

한번에 너무 많은 감각정보를 아이에게 주는 것보다 한번에 하나 혹은 두 개의 감각을 주는 것에 초점을 두어야 한다.

그 자극이 아이에게 즐거운 각성인지 관심 끌기를 목표로 하는 것인지를 구별하기 위해 아이의 감정반응과 운동반응을 관찰해야 한다.

만약 아이가 지나치게 흥분해 있거나 화가 나 있는 상태라면, 참여에 영향을 미치는 감각양상이나 치료법이 무엇인지를 알아보기 위하여 소거 절차를 사용해 본다.

만약 아이가 목표하지 않은 특정 자극에 과도하게 집중하는 경향이 있다면, 아이가 목표한 감각반응에 더 잘 집중할 수 있도록 (특정 자극의) 근원/원천을 제거해 본다. 예를 들어, 만약 아이가 선풍기에 시각적으로 자극을 받아서 노래, 책, 마사지, 상호작용하는 사람에 집중하지 않는다면 선풍기를 끄거나 아이가 방해받는 물건을 보지 못하도록 방향을 돌려 주고 바람직한 자극에 집중할 수 있도록 한다.

진보를 점검하기 위한 방법: 아이가 더 하고 싶다는 소망을 표현하거나 변화를 보였거나 미소와 같은 반응을 보인 새로운 유형의 감각을 기록한다.

감각자극 견디기

배경 정보: 영유아들이 감각자극에 경계심을 가지고 있거나 그 자극들을 처리할 때, 긍정적인 방법이나 부정적인 방법 또는 중립적인 방법으로 반응을 나타낸다. 부정적인 반응은 영유아가 일상생활과 활동에 참여하는 것을 방해할 수 있다.

ASD 영유아의 특성: 문헌연구에서 Ben-Sasson 등(2013)은 ASD 유아들의 56~79%는 감각에 대한 과민반응(SOR)을 가지고 있다고 밝혔다. 이 반응들은 일상생활의 참여와 관련하여 아동과 가족에게 많은 영향을 미칠 수 있다. 감각에 대한 과민반응은 하나의 감각체계에서 단독으로 일어날 수도 있으며, 다양한 감각체계에서 일어날 수도 있고, 순간순간 달라지는 경우도 있기 때문에 특정 상황과 시간에 맞게 아이를 도와줄 수 있는 전략을 알아내기가 어렵다. 종종 아이는 감각체계 내에서 하나의 특정한 양상에 반응할 수 있다. 예를 들어, 아이가 비행기 놀이기구에 탔을 때 위아래로 오르락내리락 움직이는 것은 좋아하지만 거꾸로 뒤집어졌을 때에는 화를 낼 수도 있다. 마찬가지로 아이는 다양한 방식으로 움직이는 것은 좋아하지만 동일한 방식으로 움직이는 것에는 화를 낼 수도 있다. 아이가 어떤 상황에서 어떤 반응을 보일지 알아내는 것은 어렵다. 예를 들면, 교실에서 신체예술활동/자유로운 미술활동(예: 핑거페인딩, 핼러윈 호박에서 씨 빼기)을 하는 동안 선생님이 윤우를 참여시키고자 윤우의 손을 끌어왔을 때, 윤우는 소리를 질렀고 탁자에서 도망갔다. 그러나 식사시간에 윤우의 접시 위에 케첩, 사과잼, 푸딩이 놓여 있을 때마다 윤우는 자기의 손과 얼굴에 음식을 문질렀고 키득키득 웃었다. 조기개입 전문가는 여러 활동 안에서 윤우를 관찰해 보고, 가족과 선생님과 많은 논의를 하면서 다양한 평가를 진행한 후에, 윤우가 신체예술활동/자유로운 미술활동(messy activities)에 더 잘 참여할 수 있도록 하는 전략을 제공하기 위하여 윤우가 반항을 한 이유에 대해 알아냈다. 윤우가 참여를 거부하고, 뒤늦게 참여하는 것(후속폭발)은 촉각자극뿐 아니라 융통성 및 타인의 의도를 이해하는 데 어려움이 있는 것과 관련이 있었다.

　　일상에 적용하는 방법: 유아가 편안해하는 장소에서 감각활동들을 시작해야 한다는 것을 명심해야 한다. 유아의 적응을 돕기 위하여 지속시간과 강도를 점진적으로 높여야 한다는 것을 명심해야 한다. 우선적으로 다루어야 하는 감각이 무엇인지를 결정하는 것이 중요하고, 유아와 부모가 스트레스 받지 않도록 일과 안에서 한번에 너무 많은 것을 하지 않도록 해야 한다.

 목욕할 때

- **청각**: 만약 아이가 물 나오는 소리에 부정적인 반응을 보인다면, 처음에는 천천히 틀어서 잔잔한 물줄기부터 시도한 다음에 아이가 적응함에 따라서 서서히 수압을 높인다. 욕조 밖에서 아이에게 수도꼭지 열기와 잠그기를 해 보게 하면서 아이가 감각자극을 통제하도록 한다.
- **후각**: 다양한 비누와 샴푸를 사용하여 아이가 선호하는 것을 알아낸다. 아이가 선호하는 것을 찾은 후에는 점진적으로 새로운 향을 시도한다.
- **촉각**: 만약 아이가 머리를 헹굴 때 얼굴에 물이 묻는 것을 싫어한다면, 아이의 눈 위에 수건을 올려 주거나 아이가 볼 수 있도록 천장에 좋아하는 캐릭터의 그림이나 스티커를 붙여 준다. 이렇게 하면 고개를 뒤로 젖혀서 얼굴로 흘러내리는 물의 양이 줄어들 것이다. 만약 아이가 씻는 것을 싫어한다면, 아이가 준비할 수 있도록 신체 부위를 만져 주거나 가리키면서 "지금은 너의 ~를 씻을 시간이야."와 같은 단서들을 사용한다. 아이가 부드러운 감촉을 더 잘 견디는지, 딱딱한 감촉을 더 잘 견디는지를 살펴본다. 만약 아이가 할 수 있다면, 아이 스스로 씻을 수 있도록 둔다. 새로운 것을 받아들이기 위해 아이에게 필요한 조정을 점진적으로 줄여 나간다.
- **전정감각**: 만약 아이가 뒤로 젖히는 것을 싫어한다면, 아이가 앉은 자세로 머리

를 헹굴 수 있도록 볼을 사용해 본다.

- **시각**: 버블바스나 물의 색깔이 변하는 캡슐을 사용했을 때, 물에 거품이 있는 것이나 물의 색이 변하는 것을 싫어하는 아이를 위해서는 처음에는 적은 양을 사용하고 참을성이 높아짐에 따라서 점진적으로 늘려 간다. 아이에게 비누의 색깔이나 캡슐의 색깔 또는 거품의 색깔이나 쉽게 받아들이지 못하는 물건들의 색깔을 골라 보게 한다.

 잠잘 때

감각에 대한 과민반응은 잠드는 것과 잠을 유지하는 것의 어려움과 상관관계가 있다(Mazurek & Petroski, 2015). 아이가 잠드는 것을 돕기 위해서 평온한 환경은 매우 중요하다. 과도하게 민감한 성향이 있는 아이를 위해서는 환경을 주의 깊게 평가해야만 하고, 가능하다면 잠을 잘 수 있도록 감각적인 자극을 조정해 주어야 한다. 깊은 잠을 못 자고, 매우 예민한 아이에게 수면시간의 인내심을 기르기 위한 전략들을 실행할 때에는 아이와 부모가 수면시간에 과도한 스트레스를 받지 않도록 한다.

- **청각**: 잠이 드는 것과 자는 것을 방해하는 소리들을 제거하거나 줄인다. 점진적으로 소리를 키워서 아이가 더 시끄러운 환경에서 자는 것에 익숙해지도록 한다.
- **촉각**: 특정한 잠옷, 담요, 시트의 느낌을 참지 못하는 아이를 위해서는 아이의 선호를 존중한다. 그 후 시간이 지남에 따라 만약 수면패턴이 잘 잡히면 유사한 느낌의 천부터 점진적으로 경험하게 한다. 새로운 촉감을 견딜 수 있게 되었을 때 유사한 느낌이지만 새로운 소재를 경험하게 한다.
- **시각**: 수면을 방해할 수도 있는 그림이나 장난감, 빛, 전등 스위치와 같은 시각적인 방해물(시각적인 자극)을 제한한다. 잠자리에서 들려줄 이야기를 위해 책을 선택할 때 과도하게 흥분을 유발하지 않는 그림책을 선택한다. 시각적인 산

만함을 줄일 수 있도록 가구 배치를 고려해 본다. 시간이 지남에 따라 참을성 (인내)의 정도에 따라 점진적으로 더 많은 자극을 경험하게 한다.

책을 읽을 때

만약 책 읽는 시간이 아이에게 즐거운 일상이라면, 책을 읽는 동안에는 아이가 주의를 전환할 수 있고 참을성이 많아지기 때문에 아이가 참기 힘들어하는 감각을 경험하게 해 보는 시간으로 활용할 수 있다.

- 청각: 만약 아이가 반복적으로 들리는 특정한 소리를 싫어한다면, 적절할 때 아이가 가장 좋아하는 책을 읽어 주면서 그 소리를 재미있고 짧게 넣어 본다. 아이가 그 소리를 견딤에 따라서 소리의 크기나 지속시간을 점진적으로 늘려 본다.
- 후각: 새로운 냄새에 대한 아이의 수용 범위를 넓혀 주기 위하여 향기 나는 스티커로 책을 만들어 주거나 문지르면 냄새가 나는 책을 준다.
- 촉각: 아이가 느껴 보고 탐색해 볼 수 있도록 다양한 질감으로 된 책을 준다. 만약 특정한 감촉의 천을 거부한다면, 아이가 싫어하는 촉감의 천으로 좋아하는 물건의 그림을 구성하여 책을 만든다. 카시트나 식탁 의자에 앉는 것을 거부하는 아이에게 앉아 있는 동안에 좋아하는 책을 읽어 주면 카시트나 식탁 의자에 둔감해지는 데 도움이 된다.
- 전정감각: 흔들의자나 그네의 흔들림을 싫어하는 아이는 성인의 무릎에 앉힌 후 그네나 흔들의자에 앉아 책을 보여 준다. 처음에는 그네나 흔들의자가 멈춰 있어야 하지만 아이가 책에 관심을 보이기 시작함에 따라 서서히 심하지 않은 움직임을 견딜 수 있을 것이다.
- 시각: 몇몇 ASD 유아의 부모들은 자녀가 동물과 같은 특정한 그림을 좋아하지 않는다고 했다. 그런 경우, 싫어하는 그림이 최소인 책을 보여 주고, 시간이 지남에 따라서 점진적으로 싫어하는 그림에 노출시킨다.

지역사회로 외출할 때

- **청각**: 아이에게 예상하지 않았거나 알지 못하는 소리를 예측해 보게 한다. 예를 들어, 기차가 오기 전에 레일에 멈추었을 때 아이에게 "기차가 온다. 칙칙 소리를 들을 준비해."라고 이야기한다.

- **미각**: 몇몇 아이들은 집에서보다 레스토랑에 가거나 뷔페나 샐러드 바에서 음식을 고를 때 더 쉽게 새로운 음식을 맛볼 수 있다. 아이가 부담감을 느끼지 않을 만큼 적은 양의 새로운 음식을 접시에 준다.

- **후각**: 아이가 냄새와 향에 반응을 보이면 그 냄새와 향에 이름을 붙이고 그것으로 아이의 관심을 유도해 본다. 아이는 보도에서 쓰레기 냄새가 나거나 빵집이나 백화점의 향수 코너와 같이 익숙하지 않은 향과 냄새가 나는 곳에서 혼란스러울 수도 있다.

- **고유수용성감각**: 아이와 성인 두 사람이 함께 산책할 수 있다면 양쪽에서 아이의 손을 잡아 주고 보도블록 사이를 뛰어넘어 보게 한다. 공원의 철도 침목이나 다른 매우 낮은 곳에서 아이가 점프해 볼 수 있게 도와준다. 아이의 참을성이 향상되면 감각지각이 더 좋아질 것이므로 더 높은 곳에서 점프해 보게 한다.

- **촉각**: 카시트나 마트의 카트에 앉는 것을 싫어하는 아이에게는 책이나 간식 또는 장난감과 같이 좋아하는 물건들을 가지고 앉게 한다. 카트에 탈 때 아이가 좋아하는 것을 가지고 탈 수 있도록 하여 재미있는 것에 집중하도록 한다. 바람을 싫어하는 아이에게는 "준비해, 이쪽으로 바람이 온다."라고 이야기해 주면서 유아를 준비시키고 무슨 일이 일어날지 이해할 수 있도록 아이의 팔을 부드럽게 불어 준다.

- **전정감각**: 신뢰하는 사람의 무릎 위에 아이를 앉히고 천천히 부드럽게 외출에 대해 설명해 준다. 아이의 참을성이 높아짐에 따라서 점진적으로 지원을 줄이고, 외출의 범위를 넓혀 간다. 덜 예민한 아이는 한 번의 외출로도 이 과정에 익숙해질 수 있지만, 매우 민감한 아이는 이 과정에 오랜 시간이 걸릴 수도 있다.

- 시각: 몇몇 아이들은 상점에서 볼 수 있는 매달려 있는 풍선이나 깃발 같은 특정한 물건들에 부정적인 반응을 보인다. 아이가 이러한 물건들을 불편해한다면 집과 같이 아이가 더 평안함을 느끼는 장소에서 같은 상황을 만들어 본다. 예를 들어, 집에서 풍선이나 깃발을 매달아 주고 "와우, 너무 예쁘다."와 같이 긍정적으로 반응하는 것을 보여 준다. 그리고 아이가 편안해지면 움직이는 물건을 만져 보게 한다. 만약 아이가 관심을 보이면 아이에게 직접 그 물건을 움직여 보게 한다.

 기저귀를 갈 때와 옷을 갈아입을 때

아이가 기저귀를 가는 것과 옷을 갈아입는 것을 싫어하는 이유가 감각처리 요소 때문인지, 재미없고 즉각적인 보상이 주어지지 않는 일들로 인하여 방해받고 싶지 않아서인지를 구별하는 것은 매우 어렵다. 많은 아이들은 기저귀가 젖거나 오물이 묻었는지를 신경 쓰지 않고, 기저귀 교체를 긍정적인 결과로 연관 짓지 않는다. 아이의 주의를 딴 데로 돌리기 위하여 놀잇감을 주는 것은 기저귀 갈기와 옷 갈아입기를 좀 더 잘할 수 있게 해 준다. 그 놀잇감들은 자주 교체해 주어야 하고, 짜증이나 울음을 보이기 전에 놀잇감을 주어 짜증이나 울음이 강화되지 않도록 하는 것이 중요하다. 기저귀 갈기와 옷 갈아입기를 할 때 필요한 물건을 아이에게 들고 있게 하여 아이가 가능한 한 능동적으로 참여할 수 있게 한다. 아이가 옷을 입거나 벗을 때 신체적으로 도와주면서 협조할 수 있도록 하고, 조금씩 도움을 줄여 나간다. 아이가 기저귀 갈기와 옷 갈아입기의 목적을 이해하고, 자신의 참여/협조가 기저귀 갈기와 옷 갈아입기 과정에 도움이 된다는 것을 알고 나면 기저귀 갈기와 옷 갈아입기 과정을 더 잘 참을 수 있게 된다.

- 촉각과 고유수용성감각: 기저귀를 갈 때 아이를 닦아 주면서 아이가 부드러운 감촉을 더 잘 견디는지 강한 감촉을 더 잘 견디는지를 알기 위하여 살펴본다. 만

약 더 잘 견딜 수 있는 특정한 종류의 감촉을 알아냈다면 그 감촉으로 닦아 준다. 기저귀 교체가 나아지면 점점 다양한 압력을 사용하여 아이의 수용 범위를 넓혀 준다.

• 전정감각: 어떤 아이들은 기저귀를 갈거나 옷을 갈아입기 위하여 눕는 것을 좋아하지 않는다. 전정요인 때문일 수도 있고, 전형적인 발달단계에서 아이가 보이는 모습일 수도 있다. 앉거나 선 자세로 옷을 입거나 기저귀를 갈 때 보이는 아이의 반응과 반대로 누워서 기저귀를 갈거나 옷을 입을 때 보이는 반응을 살펴보면 전정요인 때문인지 전형적인 발달단계에서의 보이는 모습인지 알 수 있다.

 몸단장할 때와 위생관리를 할 때

• 청각: 어떤 아이들은 이발기의 윙윙거리는 소리나 자신의 귀 근처에서 나는 가위의 소리 때문에 머리 자르는 것을 싫어한다. 이발기를 사용할 때 아이의 머리카락에 이발기를 대기 전에 한참 동안 이발기를 켜 두고 빠르게 여러 번 껐다 켰다를 반복한다. 아이에게 이발기를 켜고 꺼 보게 한다. 가위를 사용할 때는 아이 근처에서 반복적으로 가위를 폈다 접었다 하여 아이가 가위를 보고 소리를 들을 수 있게 한다. 아이가 볼 수 있도록 인형이나 봉제 인형에게 가위질을 해 본다. 아이가 가위에 익숙해지고 나면, 아이는 자신의 머리 근처에 있는 가위를 더 잘 견딜 수 있을 것이다.

• 미각과 후각: 만약 아이가 칫솔질을 거부한다면, 이것은 치약의 향이나 맛 때문일 수도 있다. 아이에게 치약 없이 칫솔질을 해 보게 한다. 그리고 난 후, 시간이 지남에 따라 이 과정이 어렵지 않게 되면 칫솔 위에 적은 양의 치약을 짜 준다. 적은 양의 치약을 견딜 수 있게 된 다음에 치약의 양을 점진적으로 늘려 간다. 다양한 맛을 시도하여 아이가 좋아하는 맛을 찾는다.

• 촉각: 머리 빗기나 머리 자르기와 같은 몸단장 활동을 잘 견디지 못하는 아이를

위해서는 영화보기와 같이 선호하는 활동을 하고 있을 때 아이의 머리를 만져 준다. 머리카락이나 머리를 만지는 것을 잘 견딜 수 있게 되면 아이는 머리 자르기와 머리 빗기, 머리 묶기를 더 잘 견딜 수 있을 것이다. 이를 닦아 줄 때, 어떤 아이는 다른 아이보다 더 예민할 수도 있다는 점을 유념하여 아이가 잘 받아들일 때까지 더 약한 강도로 닦아 주어야 한다. 이를 닦는 강도를 점진적으로 높여 가고, 이를 닦는 시간을 조금씩 늘려 간다.

 ## 집안일을 할 때

- **청각**: 청소기 소리와 드라이기 소리를 무서워하거나 회피하고 싶어 하는 아이에게는 언어적 단서와 시각적 단서를 준다. 이러한 언어적 단서와 시각적 단서는 아이가 앞으로 일어날 일을 예측하는 데 도움이 될 것이다. 안전에 문제가 없다면 아이에게 기기들을 켜고 끄는 것을 해 보게 한다.
- **고유수용성감각**: 적은 양의 빨래를 세탁기나 건조기로 가져오거나 꺼낼 때 아이에게 도움을 청한다. 또는 진공청소기를 밀어 달라고 하거나 식물에 물을 주기 위하여 물뿌리개를 옮겨 달라고 한다.
- **촉각**: 아이에게 세탁기나 건조기에 옷을 넣고 꺼내는 것뿐만 아니라 빨래를 도와 달라고 한다. 짝 맞추기를 할 수 있는 아이에게는 빨래의 분류를 도와 달라고 한다. 씨앗이나 모종을 심을 때 아이에게 흙을 파게 한다. 아이에게 흘린 물을 닦아 달라고 하는 것은 새롭고 의미 있는 방식으로 아이의 손에 물을 묻히게 할 수 있는 활동이다.

 ## 식사를 할 때 / 간식을 먹을 때

- **청각**: 만약 아이가 믹서기나 분쇄기 또는 조리도구 및 전자레인지의 타이머 소리를 싫어한다면, 앞서 집안일 부분에서 논의한 것처럼 언어적이고 시각적인

신호(예고)를 준다.

- **미각과 후각:** 만약 아이가 냄새에 매우 민감하고 특정 음식의 냄새를 맡은 후에 그 음식을 거부하는 성향이 있다면, 다른 일과 안에서 아이를 다양한 냄새에 노출시킨다. 식사시간에 음식의 냄새를 맡는 것을 보여 주면서 "맛있겠다, 이 냄새가 너무 좋아."라고 말하고, 한 입 먹어 본 다음 얼마나 맛있는지 큰 소리로 말한다.

- **촉각과 고유수용성감각:** 인스턴트 푸딩을 만들 때 아이에게 용기를 흔들어 달라고 하거나 바나나 껍질 까기, 양상추 찢기, 완두콩과 강낭콩 까기 등을 도와 달라고 한다. 그러한 것들을 쉽게 만지지 못하는 아이에게는 바나나 껍질의 마지막 부분을 벗겨 달라고 하거나 바나나 껍질을 버려 달라고 하는 것과 같이 아주 짧게 신체적인 도움을 요청한다. 아이가 편안해짐에 따라서 바나나 껍질 두 줄 까기나 두 가지 종류의 음식 버리기와 같은 또 다른 작은 과제를 추가한다. 만약 아이가 자신의 손이 더러워지는 것을 싫어한다면 포크나 숟가락을 주고 아이가 필요한 만큼 음식을 뜨거나 집을 수 있도록 도와준다. 항상 냅킨이나 물수건, 수건(천)을 가지고 다녀서 아이가 빠르게 자신의 손을 닦을 수 있도록 한다.

- **시각:** ASD 아동들과 관련 장애를 가진 아이들이 편식을 하는 것은(특정한 음식만 먹는 것은) 음식의 겉모양과도 관련이 있다. 7장에서는 새로운 음식에 대한 수용 범위를 넓힐 수 있는 방법을 찾아볼 것이다.

 놀이할 때

- **청각:** 만약 아이가 소리 나는 놀잇감을 두려워하거나 회피하려고 하면 잠깐 동안만 그 놀잇감을 재미있게/흥미롭게 작동시킨다. 그 후에 그 놀잇감을 끄거나 방의 한쪽 구석이나 다른 방에 두어서 소리가 작게 나도록 한다. 아이가 놀잇감에서 나는 소리에 익숙해지면 조금씩 더 아이와 가까운 곳에서 놀잇감을 작동시켜 본다. 담요 아래에 놀잇감을 숨기고, 까꿍놀이를 하면서 재미있게 놀이

를 한다. (작동하는) 소리가 나지 않게 하여 아이에게 놀잇감을 탐색해 볼 수 있는 기회를 준다. 그리고 아이에게 놀잇감의 스위치를 켜고 끌 수 있는 기회를 준다.

- **미각, 후각과 촉각**: 푸딩이나 케첩, 머스터드, 휘핑된 토핑이나 아이가 좋아하는 음식들로 핑거페인팅을 해 본다. 만약 아이가 음식들이 손에 묻는 것을 싫어한다면, 아이가 조작해 볼 수 있도록 잘 막힌 비닐봉지에 적은 양을 넣어 준다. 아이가 비닐봉지에 넣어서 하는 활동에 익숙해지고 난 후에 쿠키 시트 위에 재료를 올려놓는다. 그다음, 재료 탐색을 위해 사용할 수 있는 도구나 면봉, 또는 날카롭지 않은 펜을 아이에게 준다. 아이의 손에 묻히는 것을 강요하지 않으면서 놀게 한다. 아이가 흥미를 보일 때 우발적으로 '사고인 것처럼' 적은 양을 아이의 손에 묻히고, '어머나'와 같은 말을 하고 빠르게 닦아 준다. 더 많은 양에 대한 준비가 되어 있는지 아이를 살피면서 아이의 손 위에 조금씩 더 많이 올려주고 아이의 참을성을 점진적으로 높인다. 어떤 아이들은 편안해지기 위하여 반복적인 노출이 필요하다.

- **고유수용성감각과 전정감각**: 만약 두 명의 성인이 있다면 튼튼한 담요로 아이를 흔들어 준다. 부드러운 리듬의 움직임에서 불규칙한 움직임으로 나아가기 위한 시기를 결정하기 위하여 아이를 살펴보고 힌트를 얻는다. 만약 아이가 승용 장난감을 타는 것을 싫어한다면 장난감이 밀리지 않도록 하거나 의자나 말이 흔들리지 않도록 한다. 우선, 간식 먹기나 영화 보기 또는 전자 태블릿 하기 등 선호하는 활동을 하고 있는 동안에 아이를 승용 장난감 위에 앉힌다. 그리고 아이가 점점 의자에 익숙해짐에 따라서 살짝만 움직이게 하고, 움직임의 양을 점진적으로 늘려 간다. 아이가 승용 장난감에 익숙해지도록 하기 위하여 작은 과자를 보상으로 제시하여 아이가 자전거를 앞으로 밀고 가도록 하고 점점 타는 거리를 늘린다.

- **시각**: 깃발이나 풍선 또는 다른 매달려 있는 물건들을 싫어하는 아이에게는 아이와 멀리 떨어져 있는 다른 아이가 물건들(깃발, 풍선 등)을 재미있게 던지는

모습을 보여 준다. 아이가 그 물건에 노출되는 시간을 늘려 간다. 그리고 아이의 참을성이 증가함에 따라 그 물건을 아이의 근처로 가지고 간다.

감각자극을 참을 수 있도록 돕기 위한 조언

아이가 회피하려고 하는 활동이나 화를 낼 수도 있는 활동에 아이를 참여시킬 때 때때로 적절한 선을 찾기가 어렵다. 어떤 아이들은 그러한 활동에 편안해질 때까지 아주 짧게 반복적으로 노출시킬 필요가 있다.

예측 가능한 종료점을 만든다. 예를 들어, 매우 빠르게 10까지 세고 항상 10에 멈춰 아이가 자극이 멈추거나 제거되는 시점을 알 수 있게 한다. 아이의 참을성이 증가함에 따라 숫자를 천천히 센다.

진보를 점검하기 위한 방법: 아이가 새롭게 참여한 감각적인 경험이나 특정한 감각활동에 참여한 시간을 기록한다.

주의 전환하기

배경 정보: 영유아들은 더 큰 아동들이나 성인들처럼 그들의 감각을 통해 정보를 얻고, 불필요한 자극들을 무시하며, 필요한 자극에만 집중하는 방법을 습득하기 시작한다.

모든 활동을 하는 동안에, 모든 연령대의 사람은 (활동에) 효율적으로 참여하기 위하여 많은 감각의 배열을 조절해야만 한다. 일반적으로 앉아서 텔레비전을 보거나 음식을 먹을 때, 대부분의 사람은 특별히 혐오스럽거나 좋아하는 자극이 아니라면 자신의 옷의 촉감, 근처에서 나는 시계 소리, 전날 저녁에 먹은 음식의 냄새를 신경 쓰지 않는다. 영유아들은 발달하면서 탐색을 통해 불필요한 자극들을 배제하고 몇몇 자극에 선택적으로 집중할 수 있는 능력을 습득하게 된다. 이러한 능력은 유아들이 인식하고 배우고 기억하는 것에 영향을 미친다. 또한 유아들이 인식하고 배우고 기억한 것은 이후의 탐색에서의 주의에 영향을 미치고, 그 탐색과정을 보다 역동적으로 만든다. 감각의 규칙성, 강도, 차이, 변동, 반복성과 같은 특성은 유아의 선택적 주의 집중에 큰 영향을 미친다. 즉, 두 개 이상의 감각이 동시에 인식되더라도 정보는 한 가지 감각에 의해 얻어질 수 있다. 유아가 성장하고 발달함에 따라서 유아의 지식과 기대, 목표는 유아가 주의를 기울이고 있는 자극에 영향을 미친다(Bahrick & Lickliter, 2014). 주의 전환은 학습과 모든 상호작용 및 루틴에 참여하기 위하여 필요하다.

ASD 영유아의 특성: 고정된 주의집착(sticky fixation)은 영유아들이 시각적으로 매력적인 자극들로부터 주의를 전환하는 데 어려움이 있다는 것을 설명하기 위하여 사용된 용어이다(Hood, 1995). Landry와 Bryson(2004)은 영유아기의 이러한 발달적 표식과 ASD 아동들은 영유아기 이후에도 유사한 어려움을 보인다는 연구결과를 연관시켰다. '고정된 주의집착'이라는 용어는 널리 사용되어 ASD나 영아들에 관한 많은 문헌에서 볼 수 있다.

Sacrey 등의 문헌연구(2014)에 따르면, 시각적 분리(visual disengagement)는 12개월 경에 뚜렷하게 나타나지만 ASD 영아들의 경우에는 시각적 분리에 어려움이 있다고 했다. 방해가 되는 자극으로부터 주의를 전환시키는 것에 대한 어려움은 영아들의 정서조절과 행동조절에 영향을 미칠 수 있고, 일반적으로 주의 전환의 어려움은 중요한 사회적 정보와 환경적 정보를 놓치게 할 수 있다. 예를 들어, 시우가 천장의 팬에 너무 집중하여 엄마가 금방 돌아올 것이라고 말하고 아래층으로 내려간 것을 듣지 못했다. 잠시 후에 시우는 엄마가 사라졌다는 것을 알고 소리치며 울었다. 마찬가지로 서준이는 어린이집에 있을 때 많은 시간을 어항에 있는 물방울을 보면서 보내기 때문에 장난감이나 친구들과 상호작용할 기회를 놓쳤다.

서준이와 시우는 자신의 주의를 다른 사람에게로 전환하는 데 어려움을 보였다. 사회적 정위(social orientation)의 결함은 ASD 영아들이 보이는 초기지표 중 하나이다. 영유아들은 아주 어린 시기의 흥미로운 상호작용을 통하여 주의 전환을 연습할 수 있으며, 이러한 상호작용은 타인을 이해하는 데 필요한 사회인지 및 정서적 유대감의 발달을 위해 중요하다(Brian, Bryson, & Zwaigenbaum, 2015). 주의 전환은 많은 발달적 기술을 배우기 위하여 필요하며, 일상의 일과에 잘 참여하기 위해서는 일련의 연속적인 동작 및 행동의 습득이 필요하다. 예를 들어, 만약 영아가 인과관계를 배울 수 있는 놀잇감을 가지고 놀 때 주의 전환을 하지 못한다면, 영아는 자신이 버튼을 눌렀을 때 그 결과로 생기는 놀잇감의 소리와 움직임을 알아채지 못할 것이다.

일상에 적용하는 방법: 다음은 영유아들의 일과에 맞춰서 주의 전환을 연습할 수 있는 방법들이다.

 목욕할 때

만약 아이가 흐르는 물만 쳐다본다면 수도꼭지를 등지고 앉혀서 컵으로 재미있게 물을 따르거나 "제자리에, 준비, 따르기(붓기)" "제자리에, 준비, 시작"과 같은 말로 아이의 주의를 끌면서 상호작용할 수 있는 기회를 만든다. 만약 아이가 욕조 안에서 반복행동을 보이고 그 활동을 그만두지 못한다면 자극이 되는 감각을 찾기 위해 활동을 살펴볼 수 있다. 주의를 전환할 수 있는 대체 활동을 만들어 준다. 예를 들어, 아이를 목욕시킬 때 신체 부위와 관련된 노래를 불러 주거나 몸을 씻기 전에 신체 부위를 쓰다듬어 주고, 만약 적절하다면 아이의 신체 부위에 뽀뽀를 해 주거나 바람을 불어 주면서 닦아 주고 있는 신체 부위에 관심을 가질 수 있게 한다.

잠잘 때

기도하기, 노래하기, 뽀뽀하기, 안아주기와 같은 잠자리 상호작용을 하는 동안 아이가 방해받지 않고 주의를 전환시킬 수 있는 위치를 정한다. 만약 아이가 집착하거나 반복적으로 하는 행동에 의해 편안해진다면, 아이가 잠들 수 있도록 그 자극을 즐기게 하는 것이 적절할 수도 있다. 반대로 그 감각적인 자극들이 아이를 너무 흥분시킨다면, 환경을 바꾸어 준다(예: 다른 방의 소리가 들어오지 않도록 침실의 문을 닫는다, 직접적으로 아이에게 바람이 불어오지 않도록 팬의 방향을 돌린다).

 ### 책을 읽을 때

아이가 책을 읽어 주는 사람의 얼굴로 주의를 전환할 수 있도록 앉힌다(예: 아이를 소파에 앉히거나 책을 읽어 주는 사람의 무릎에 앉힌다). 다양한 감각자극을 목표로 하고, 때로는 그림으로 주의를 끌고, 때로는 책을 읽어 주는 사람의 말로 주의를 끈다. 만약 아이의 주의를 끌어야 한다면 그림을 두드리거나, 이야기하면서 손으로 그림을 가리킨다. 이때 아이의 관심을 책 읽어 주는 사람에게로 돌리기 위하여 순간적으로 글이나 그림을 가려야 할 수도 있다. 그러면 아이가 읽어 주는 이야기에 더 집중할 수 있다.

 ### 지역사회로 외출할 때

움직이는 자동차, 바람에 흔들리는 나무, 경적을 울리는 자동차, 지저귀는 새, 꽃향기, 막 깎은 잔디와 같이 다양한 감각자극으로 아이의 주의를 끌어 본다. 놀이터에 있을 때, 만약 아이가 나무 껍질(tanbark)을 가지고 노는 것이나 잔디를 뽑는 것에 집중해 있거나 놀이기구들을 탐색하는 활동을 좋아한다면, 선호하는 감각자극을 활용하여 아이를 새로운 활동에 참여시킨다. 예를 들어, 만약 아이가 나무 껍질을 가지고 노는 것에 빠져 있다면, 아이의 주의를 미끄럼틀로 옮기기 위하여 소량의 나무 껍질을 미끄럼틀 아래로 굴려 본다. 산책할 때, 만약 아이가 돌이나 꽃과 같은 물건들에 과하게 집중하거나 그러한 물건들을 모으고 싶어 한다면, "안녕, 안녕~" "~를 찾으러 가자."라고 말한다. 그렇게 집착하고 있는 것에 안녕이라고 말하면서 대체물로 아이의 관심을 돌릴 수 있다. 만약 아이가 오랜 시간 동안 한 장소에서 솔 잎을 만지고 있다면(감각적으로 가지고 논다면), 근처에 있는 나무의 잎 줍기를 한다. 아이에게 주운 나뭇잎을 만져 보게 한 후에 그 잎을 주운 곳에서부터 그 나무가 있는 곳까지 아이를 데리고 가 본다.

 ### 기저귀를 갈 때와 옷을 갈아입을 때

아이에게 기저귀와 물휴지, 연고, 옷의 종류에 대해 이야기하면서 보여 준다. 만약 아이가 그 물건들에 대해 시각적으로는 집중하지만 물건들의 이름에는 관심이 없다면, 언어로의 주의 전환을 위하여 당신의 입 근처로 물건을 가지고 와서 물건들의 이름을 이야기하면서 주의를 전환한다. 만약 아이가 옷 갈아입기에 수동적이고 협조적이지 않는다면, 옷 갈아입는 것으로 아이의 주의를 전환하도록 단서를 제공한다. 아이에게 행동이나 기술을 설명하기 위하여(보여 주기 위하여) 충분한 시간을 주어야 하지만 아이가 해야 하는 것을 잊어버리거나 주의가 분산되어 자리를 이탈할 정도로 긴 시간은 안 된다. 예를 들어, 아이가 신발을 신도록 도와줄 때, 아이가 발을 내밀지 않거나 "발 이리 내."와 같은 지시에 반응하지 않는다면 아이의 발을 톡 톡 쳐 본다. 그리고 만약 필요하다면 아이가 신발 신는 과정으로 주의를 전환하도록 신발로 바닥을 쳐서 소리를 낸다. 그러면 아이는 자립을 위한 첫 단계를 시작할 수 있다.

몸단장할 때와 위생관리를 할 때

손을 씻는 동안에 어떤 아이들은 물이 나오는 것이나 물 비누통을 누르는 것에 과도하게 매료될 수 있고, 루틴의 순서를 배우는 것으로 주의를 전환하지 못할 수도 있다. 환경을 바꾸거나 촉진 및 단서를 사용하는 것은 아이의 주의를 전환시키기 위해 유용한 방법이다. 물장난을 하는 것에 매료된 아이를 위해서는 5까지의 수를 세고 비누에 주의를 빼앗기기 전 물을 잠근다. 시간이 지남에 따라 아이는 스스로 물을 잠그게 되고 그 후에 비누를 가지고 오거나 물을 잠그지 않고 비누를 가지고 올수도 있다. 만약 아이가 비누를 과도하게 누르는 경향이 있다면(즉, 자기수용, 시각, 혹은 촉각적 피드백을 얻기 위해서) 비누통을 유아의 손이 닿지 않는 곳으로 옮긴다. 만약 필요하다면 아이가 다음 단계로 주의 전환하는 것을 도울 수 있도록 언어적 단서나 시각적 단서를 준다.

 ### 집안일을 할 때

주의 전환을 위한 기회를 많이 제공하기 위해 빨래하기, 깨지지 않는 그릇 헹구기, 청소기 밀기, 화분에 물 주기와 같은 활동에 아이가 참여하는 것을 허락하고 도와준다.

 ### 식사를 할 때 / 간식을 먹을 때

스스로 먹기에는 주의 전환에 대한 많은 에피소드가 필요하다. 아이는 필요한 순서대로 움직이기 위하여 자신의 음식, 도구, 컵으로 주의를 전환해야만 한다. 식사시간은 사회적 상호작용의 기회가 많으며, 참여를 위하여 아이는 다른 사람에게로 주의를 전환해야 한다. 많은 가족이 식사시간에 아이를 통제하기 위하여 습관적으로 영화나 휴대전화 앱, 텔레비전이나 전자 기기 등을 사용한다. 그러나 이것은 시간이 지남에 따라 독립성의 발달에 방해가 될 뿐만 아니라 식사시간에 이루어지는 상호작용을 방해할 수 있는 습관이 된다. 가족이 준비되었을 때, 아이의 전자 기기 사용 제한을 위한 가족 전체의 요구와 스타일을 반영한 중재 계획을 세울 수 있다.

 ## 놀이할 때

　놀이시간에는 주의를 전환하고 참여를 촉진할 수 있는 기회를 많이 제공할 수 있다. 신체 놀이를 하고 아이의 주의 전환과 눈맞춤을 촉진하기 위해 놀이를 잠시 멈춘다(8장 참고). 아이가 자신이 하고 있는 것에서 상대방이 하고 있는 것으로 주의를 전환하기 쉬운 곳에 있어야 한다. 아이가 반복하는 놀이를 하고 있다면 주의 전환을 위하여 아이가 선호하는 감각과 활동을 이용할 수 있다. 유아의 주의를 전환하고 동기를 유발할 수 있도록 놀이와 관련 있는 동작과 소리를 보여 준다. 예를 들어, 만약 아이가 기어 다니고 있다면 강아지처럼 멍멍 하고 소리를 내 보거나 고양이처럼 야옹 하는 소리를 내 본다. 만약 아이가 장난감 문을 열고 닫으면 '똑똑'이라고 말하면서 문을 두드려 본다.

주의를 전환하기 위한 조언

　영유아의 상태와 영유아가 주의를 전환하기 위하여 필요한 사극을 알아 눈다. 아이가 가능한 한 쉽게 주의를 전환할 수 있는 것부터 시작하고 점진적으로 수준을 높여 간다. 예를 들어, 루틴 안에서 제시되는 물건을 쳐다보는 것을 목표로 했을 때, 처음에는 아이의 시야 안으로 물건을 가지고 가고, "여기 봐."라고 신나게 흥분된 소리로 말한다. 시간이 지남에 따라 비공식적이지만 체계적으로 "여기 봐."라는 말의 사용을 점진적으로 줄여 가고, 아이가 보여 주는 (제시하는) 물건들을 쳐다보는 것을 배울 수 있도록 덜 선호하는 아이템을 사용한다.

　만약 아이가 활동에 참여하기 위하여 주의를 전환하는 데 어려움을 보인다면 어떤 감각기관이 자극되고 있는지, 무슨 이유 때문인지를 살펴본다. 아이가 물건을 던진다면 물건에 대한 아이의 선호도를 살펴보면서 아이가 시각적 자극을 추구하는지, 청각적 자극을 추구하는지, 둘 다 추구하고 있는지를 살펴본다. 또는 떨어지는 물건을 보는 것에 집중하는지 떨어지는 소리에 더 집중하고 있는지를 살펴본다. 아이를 참여시키기 위하여 주의를 전환해야 할 때에는 아이의 행동을 모방하여 참여를 유도한 후 원하는 감각 피드백을 얻을 수 있는 물건을 상자나 세탁 바구니 안으로 던지게 하면서 더 의미 있는 활동으로 수정해 간다. 만약 아이가 놀잇감을 그릇 안에 넣지 않고 입에 넣는다면, 그릇에 넣는 놀이를 할 때 아이에게 치발기와 같은 감각 대체물을 사용한다. 만약 아이가 감각 대체물에 관심을 보이지 않는다면, 대체물이 아이가 추구하는 것과 유사하지 않거나 과제를 회피하고 싶거나 감각추구 놀이가 더 즐겁기 때문에 감각추구 활동을 하는 것일 수도 있다. 아이에게 동기부여를 하는 것이 어려울 때에는 감각추구 행동을 보상으로 사용하면 유용하다. (즉, 아이가 용기 안에 물건을 넣는 것을 하고 난 후에 10까지 세는 동안 유아가 입에 장난감을 넣는 것을 허락해 준다. 수세기는 아이가 장난감을 입에 넣을 시간이 끝나간다는 것을 예측하는 데 도움이 될 수 있다.)

주의 전환을 위하여 아이 개개인의 감각체계와 발달적 수준에 유용한 단서를 사용한다. 예를 들어, 어떤 아이들은 "저기~을 봐."와 같은 언어적 지시와 함께 팔을 쳐 주었을 때 더 잘 반응한다. 반면에, 터치에 과잉반응을 하거나 터치의 의도를 이해하지 못하는 아이는 도피반응 혹은 투쟁 도피반응을 보일 수도 있다. 터치에 부정적인 반응을 보이는 아이의 경우 아이의 시야 안에 물건을 두고 높은 톤의 감탄사와 같은 청각적 단서를 사용하면 주의 전환을 더 잘할 수 있다(예: "와우, 여기 좀 봐!").

아이의 요구에 맞게 속도를 조절하고 아이에게 자주 주의 전환을 요구하지 말아야 한다.

아이가 조절되지 않거나 화를 낼 것 같은 몇몇 경우에 주의를 전환하려는 것은 적합하지 않다. 예를 들어, 가족의 목표가 식당에서 아이가 소리를 지르지 않고 착석하여 테이블에서 함께 성공적으로 식사를 하는 것이라면, 처음에는 아이에게 태블릿이나 부모의 휴대전화 앱을 볼 수 있도록 하는 것이 적합할 수도 있다. 식당에 처음 왔을 때나 서너 번 와서 아이가 평온하게 착석을 유지할 수 있게 된 후에 아이를 위한 다음 목표는 주의를 전환하고, 환경에 대한 인식을 높일 수 있도록 하는 새로운 방법을 사용하는 것이다.

주의 전환의 어려움의 원인은 종종 강화제 경쟁에 있다. 다시 말해, 아이가 주의를 전환시켜야 하는 것이 현재 하고 있는 것보다 즐겁지 않은 것이다. 따라서 가능한 한 주의 전환의 대상이 아이에게 보상이 되고 동기를 유발하게끔 만들어 아이의 주의 전환을 유도할 필요가 있다.

많은 ASD 영유아는 의사소통과 놀이에서뿐만 아니라 다양한 상황에서 시작하기에 어려움을 보인다. 이것은 주의 전환과 운동계획과 관련이 있을 수도 있다. 아이들에게 선택권을 주는 것은 그들이 시작하는 것을 도울 수 있다. 예를 들어, 아이에게 간식을 고를 수 있도록 선택권을 준다. 처음에는 투명한 통에 각각의 간식을 넣어서 아이가 그 선택을 볼 수 있게 한다. 그다음 아이가 더 추상적으로 사고할 수 있도록 간식을 포장 용기에 그대로 두는 것으로 발전시킨다. 어떤 아이들은 놀잇감이나 책이 놓여 있는 곳에서 놀잇감이나 책을 가지고 오는 것을 쉽게 하지 않지만, 어떤 아이들은 몇몇의 놀잇감이나 책이 새로운 장소에 놓여 있을 때 하나를 고를 수 있을 것이다. 놀잇감 몇 개를 아이가 보기 쉬운 새로운 장소에 놓고 하나를 고르라고 했을 때 놀잇감이나 책을 가져오는 것이 쉽지 않다. 아이가 놀잇감, 책, 숟가락과 그릇 같은 생활용품에 쉽게 접근할 수 있을 때 아이는 자기-자극행동을 하기보다는 놀잇감, 책, 생활용품들을 가지고 놀 것이다. 아이가 독립적으로 놀이를 시작할 수 있도록 아이디어를 주기 위하여 놀잇감이나 책, 생활용품들을 다양한 방식으로 가지고 노는 것을 보여 줄 수 있다. 질리거나 지루해지는 것을 막기 위하여 놀잇감과 물건들을 바꾸어 줄 수 있다.

진보를 점검하기 위한 방법: 친구 다섯 명이 "안녕"이라고 인사할 때 준우가 쳐다본 횟수, 윤서 엄마가 책을 읽어 주는 동안 손가락으로 가리킨 그림 10개를 윤서가 쳐다본 횟수와 같이 정해진 루틴 안에서 아이가 시각적이거나 청각적인 표시에 반응한 횟수를 기록한다.

행동 모방하기

배경 정보: Young 등(2011)은 아동이 행동이나 소리 또는 말을 모방하는 것을 배우는 영유아기에 일어나는 '(엄청난) 지적 발달과 사회적 발달의 중요한 구성요소'로서 모방을 설명하였다. 또한 모방을 '세계에 대해 배우고 복잡한 사회적 관계를 만들어 가는 지속적인 과정'이라고 설명하였다(p. 1565). 오랜 시간 동안 연구에서는 영유아들의 모방을 사회인지능력의 예측요인으로 보았으며, 향상된 사회인지능력의 결과물로 여겼다(Dunphy-Lelii, LaBounty, Lane, & Wellman, 2014).

ASD 영유아의 특성: ASD 영유아들은 전형적으로 발달하는 또래들보다 모방행동을 적게 보이고, 성장함에 따라 모방능력이 향상될지라도 계속해서 모방을 어려워하는 경우가 많다(Vivanti & Hamilton, 2014). Vivanti와 Hamilton의 연구에서 자폐 범주성 장애인들은 목적 없는 행동보다는 자신들에게 익숙한 물건일 경우나 과제에 대한 시범을 보이는 사람의 의도를 이해한 경우, 또는 과제의 결과가 흥미로운 경우와 같이 목적 있는 행동을 더 쉽게 모방한다는 것을 알아냈다. ASD 유아들과 전반적인 발달지연을 보이는 유아들, 전형적으로 발달하는 유아들을 비교한 연구에 따르면, Vivanti 등(2014)은 ASD 유아들이 다른 두 그룹의 유아들보다 더 적게 모방을 하였고, 모방을 했을 때도 ASD 유아들의 동작이 전형적으로 발달하는 그룹의 유아들보다 덜 정확하다는 것을 알아냈다.

일상에 적용하는 방법: 다음은 영유아들이 일과 안에서 모방 기술을 연습할 수 있는 방법들이다.

목욕할 때

　물 위에 있는(수면 위의) 비누거품 불기, 쉽게 닿을 수 있는 신체 부위 닦기, 오리, 물고기, 슈퍼영웅과 같은 목욕 장난감에 살짝 물을 끼얹기 등과 같은 동작을 시범으로 보여 준다. 아이가 다양한 행동을 모방할 수 있게 된 다음에 시각적으로 더 집중해야 하는 행동(예: 손목이나 특정한 손가락 닦기)이나 두 단계의 연속적인 움직임(예: 오리를 수영하게 한 후에 날게 하기)을 해야 하는 행동을 모델링한다.

 잠잘 때

　잠자리 인사하기(굿나잇 키스)와 가족과 인형 안아주기, 잠자리 기도를 하기 위하여 손을 모으는 것은 수면시간에 모방을 해 볼 수 있는 기회가 된다.

 책을 읽을 때

　책을 보거나 읽을 때, 그림과 관련된 행동(예: 꽃의 냄새 맡기, 음식 먹기, 토끼처럼 뛰기)을 시범으로 보여 준다. 만약 아이가 모방하지 않는다면, 아이가 모방하도록 도와줄 수 있다. 또한 높은 톤의 감탄사로 발성을 유도해 낼 수 있다(8장 참고).

 지역사회로 외출할 때

　걸어갈 때 민들레꽃을 불어 본다. 보도블록 사이를 뛰어넘어 본다. 침목 위를 걸어 본다. 꽃의 냄새를 맡아 본다. 또는 새처럼 날아가면서 아이에게 "너도 해 봐." "네 차례야."라고 이야기한다. 식료품점에서 가방 안에 사과를 여러 개 넣는 것을 보여 준 후 아이에게 사과를 준다. 아이가 사과를 가방 안에 넣을 수도 있고 넣지 못할 수도 있기 때문에 떨어지는 사과를 잡을 수 있는 여분의 가방을 준비해야 한다.

공원에서 유아가 따라 해 볼 수 있도록 미끄럼틀의 위/아래로 공을 굴려 준다. 연못에서 물고기나 오리에게 먹이를 주는 것은 동물의 반응이 동기부여가 될 수 있기 때문에 모방을 유도할 수 있는 재미있는 방법이 될 것이다.

 ### 기저귀를 갈 때와 옷을 갈아입을 때

아이의 셔츠를 벗길 때 동작이나 말을 여러 번 반복하면서 까꿍놀이를 한다. 아이가 게임을 따라 할 수 있도록 부분적으로 아이의 눈을 가리면서 아이의 머리 위에 (위쪽에) 셔츠를 둔다. 어떤 아이들은 부모나 다른 양육자가 자신의 발 냄새를 맡을 때 재미있는 표정을 짓거나 발에서 지독한 냄새가 나는 척을 하거나 "아휴, 지독한 발(냄새)"이라고 소리치면 좋아하고, 아이의 코 근처에 발이 있을 때 발 냄새를 맡는 행동이나 얼굴 표정 짓기, "아휴"라고 소리치는 행동들을 따라 할 것이다.

 ### 몸단장할 때와 위생관리를 할 때

아이의 손을 닦고 말리는 것을 도와줄 때, 이를 닦고 머리를 빗는 것을 도와줄 때, 필요한 행동을 몇 번 하고 잠시 멈춘 다음 아이가 그 행동을 따라 하는지 살펴본다. 언어적 단서와 신체적 촉진을 사용한다. 그리고 아이가 모방하기 시작한 후에는 단서와 촉진을 서서히 소거해 간다.

 ### 집안일을 할 때

여러 번 반복한 다음에 잠시 멈추면서 따라 해 볼 수 있는 기회를 많이 줄 수 있는 활동에 아이를 참여시킨다(예: 화분에 물 주기, 바닥 쓸기, 바닥 닦기, 그릇 헹구기, 식탁 위에 냅킨 놓기, 식탁 닦기, 건조기에 빨래 넣기).

식사를 할 때 / 간식을 먹을 때

식사나 간식을 준비하는 시간 동안에 아이는 샐러드드레싱이 담긴 플라스틱병 흔들기, 차가운 소스(cold sauces) 젓기, 그릇에 붓기, 버터나이프로 잼 바르기, 접시 위로 음식 옮기기와 같은 행동들을 모방해 볼 수 있다.

 ### 놀이할 때

모방은 돌기, 흔들기, 뛰기, 던지기, 차기, 채우기, 버튼 누르기, 만들기, 가장놀이와 같은 어떤 놀이 활동에나 통합될 수 있다. 당신의 머리 위에 놀잇감을 올려놓고 재채기하는 척을 한다. 그리고 당신의 머리를 앞으로 기울여서 바닥에 놀잇감을 떨어뜨린다. 이것을 여러 번 반복한 다음 아이의 머리 위에 놀잇감을 올려 주면 아이가 감정을 공유하거나 놀잇감이 떨어지는 재미를 느끼기 위해 그 행동을 따라 하는 결과로 이어질 수 있다. 만약 아이의 머리 위에 놀잇감을 올려 주었을 때 아이가 계속 그 행동을 하면, 아이가 자신의 머리 위나 상대방의 머리 위에 놀잇감을 올려 주는지 보기 위해 아이에게 놀잇감을 준다.

동작 모방을 위한 조언

어떤 영유아들은 자발적으로 동작을 하고 그 동작을 위한 지시에 따르지만, 동작을 모방하지 않는 영유아들도 있다. 예를 들어, 서하는 엄마가 자신에게 박수를 쳐야 한다고 말할 때와 흥분했을 때 자신의 손바닥을 친다. 하지만 서하는 다른 사람이 박수를 칠 때나 엄마가 박수를 치면서 "너도 해 봐."라고 말하는 경우에는 박수를 치지 못한다. 쉽게 모방하지 않는 아이들을 위해서는 아이들의 움직임 레퍼토리(예: 박수치기, 키스 날리기) 내에 있는 간단한 행동이나 목적이 있는 행동(예: 블록 만들기, 통 안에 물건 넣기)부터 시작해 본다. 신체적인 도움이 필요한 경우가 있을 수도 있다. 몇몇 아이들은 모방의 효과를 이해하기 위하여 세부적인 중재가 필요하다. 서하 엄마는 서하에게 "너도 해 봐."라고 말하면서 박수 치는 것을 가르쳤다. 처음에 서하는 "너도 해 봐."와 "너도 박수 쳐 봐."가 같은 지시라고 생각하였다. 어느 날, 서하 엄마는 자신의 손으로 뽀뽀하는 행동을 보여 주면서 서하에게 "너도 해 봐."라고 말했고, 서하는 뽀뽀하는 행동 대신 박수를 쳤다. 이러한 오해가 생겼을 때, 아이에게 다양한 행동을 모방하도록 가르쳐서 "너도 해 봐."가 모방하는 것을 의미한다는 것을 배울 수 있도록 한다.

아이가 또래나 성인 중에 누구를 더 잘 모방하는지 살펴보고, 초기에는 모방을 더 잘할 수 있게 하는 모델을 제공한다.

다른 기술들과 마찬가지로 아이가 성공할 가능성이 높고, 일반화할 수 있고, 모방의 빈도, 다양성, 복잡성이 높아질 수 있는 곳에서 시작한다.

모방하는 행동이 가족이나 아이의 양육환경에 적합한 행동이어야 한다. 예를 들어, 냄비나 후라이팬을 숟가락으로 치는 것을 모방하는 것은 가족이 모방하기 원하는 행동이 아닐 수도 있다. 마찬가지로 상자 블록을 차는 것은 아이의 양육환경에서 수용하기 어려운 행동일 것이다(수용 가능한 행동을 모방하게 한다).

진보를 점검하기 위한 방법: 특정한 루틴 동안에 아이가 모방한 것, 모방한 것의 수, 정해진 시간 동안에 아이가 모방한 횟수, 그리고 일상이나 정해진 시간 동안에 아이가 또래를 모방한 횟수를 기록한다.

지시 따르기

배경 정보: 지시를 따르기 위해서는 지시에 주의를 기울여야 하고, 메시지를 이해해야 하며, 지시를 수행할 수 있는 필수적인 동작이나 행동을 갖추고 있어야 한다.

지시 따르기는 물질적 세계와 사회적 세계에 대해 배울 수 있는 활동에 참여할 수 있게 해 준다.

 ASD 영유아의 특성: ASD 영유아들은 주의력 결핍과 이해력 부족, 동기 부족으로 인하여 지시 따르기를 하지 못할 수도 있다. 지시 따르기의 어려움은 가족의 루틴에 참여하는 것에 영향을 미치고 학습기회를 제한한다. 또 조기개입 전문가는 영유아가 적절하게 지시를 수행하여 다양한 환경 및 상황에서 성공할 수 있도록 가족 및 양육자들이 지시 따르기를 방해하는 요소가 무엇인지를 알아내는 것을 도와야 한다.

 일상에 적용하는 방법: 다음은 영유아들의 일과에 맞게 지시 따르기를 연습할 수 있는 방법들이다.

 목욕할 때

 아이에게 타월을 가지고 오기, 빨래 바구니에 옷 넣기, 앉기, 일어서기, 목욕 장난감을 닦기 등을 지시할 수 있다. 그리고 손이나 발과 같은 신체 부위를 내밀어 보라고 할 수 있다.

 잠잘 때

 아이에게 침대로 올라가라, 뽀뽀를 해라, 책을 가지고 와라, 책을 가져다 두어라, 불을 켜라, "안녕히 주무세요(잘자)."라고 인사를 하라고 한다.

책을 읽을 때

아이에게 아무 책이나 책 한 권을 가지러 가라고 하거나 특정한 책을 가지러 가라고 한다. 책을 두고 오라고 하거나 당신에게 책을 가져다 달라고 한다. 책의 그림을 터치해 보라고 한다.

 ### 지역사회로 외출할 때

- 집을 나설 때: 아이에게 신발/자켓을 가지고 와라, 불을 꺼라, 문을 열어라, 문을 닫으라고 한다.
- 식료품점에서: 아이에게 물건을 카트에 넣어라, 카트를 잡아라, 물건을 ~에게 주어라, ~에게 무언가를 가지고 오라고 한다.
- 공원에서: 아이에게 달려 보아라, 뛰어 보아라, 발로 차 보아라, 던져 보아라, ~에게로 와라, 미끄럼틀을 타고 내려가 보아라와 같은 지시를 한다.
- 보도에서: 아이에게 ~의 손을 잡아라, 뛰어라, 나뭇잎을 찾아라, 트럭에게 "안녕!"이라고 손을 흔들어 주어라, 멈춤 표시를 가리켜 보아라와 같은 지시를 한다.
- 자동차로 외출할 때: 아이에게 카시트에 올라가라, 내려가라, 카시트에 팔을 올려라, "안녕!"이라고 손을 흔들어 보아라와 같은 지시를 한다.

 ### 기저귀를 갈 때와 옷을 갈아입을 때

아이에게 누워 보아라, 물수건을 들고 있어라, 기저귀를 가지고 와라, 쓰레기통에 기저귀를 버려라, 일어서라, 양말을 벗어 보아라, 발을 내밀어라, 셔츠를 가지고 와라, 앉아라와 같은 지시를 한다.

몸단장할 때와 위생관리를 할 때

아이에게 의자 위에 올라서 보아라, 비누를 가지고 와라, 물을 켜라/잠가라, 손을 문질러 닦아라, 손을 말려라, 세수를 해 보자, 칫솔을 가지고 와라, 머리를 빗어 보자와 같은 지시를 한다.

 집안일을 할 때

아이에게 청소기를 켜 보아라/꺼 보아라, 빗자루를 가지고 와라, 버려라, 리모컨을 가지고 와라와 같은 지시를 한다.

 식사를 할 때 / 간식을 먹을 때

아이에게 베어 물어라, 접시나 찬장에서 ~을 가지고 와라, 포크를 사용해 보자, 숟가락으로 떠 보자와 같은 지시를 한다.

 놀이할 때

아이에게 들어가리, 입어라, 만들어 보아라, 가지고 와라, 곰돌이에게 밥을 먹여 주어라, 곰돌이를 재워 주어라, 자동차를 굴려 보아라, 벨을 눌러 보아라, 던져서 안에 넣어 보아라, 비행기가 날도록 해 보자, 트럭에 사람을 태워 주어라, 도우를 굴려라, 크레파스나 마커로 점을 찍어라와 같은 지시를 해 본다.

지시 따르기를 위한 조언

지시 따르기를 목표로 할 때 이해, 의지, 순응, 연속적 동작 수행 능력(motor sequencing

abilities)을 고려해 보아야 한다. 수용언어에 어려움이 있는 아이에게는 말을 적게 사용하고 제스처나 그림과 같은 의미 있는 시각적 단서들을 제공한다. 최소한의 촉진을 사용하고(3장 참고) 아이가 스스로 할 수 있는 것이 많아질수록 서서히 촉진을 줄여 간다. 예를 들어, 주하가 새로운 보육시설에 간 첫날. 주하의 조기개입 전문가는 간식시간에 주하가 놀고 있는 곳으로 시리얼바를 가지고 가서 주하에게 보여 주고, 주하가 탁자 쪽으로 고개를 돌렸을 때 "먹으러 와." 라고 말하는 것을 주하의 선생님에게 보여 주었다. 주아가 탁자 근처로 왔을 때, 조기개입 전문가는 의자를 가볍게 치면서 "앉아."라고 말했다. 며칠 후에 주하는 독립적으로 "와서 먹자." "앉자."와 같은 지시들을 따를 수 있었기 때문에 음식을 보여 주거나 의자를 치는 것과 같은 촉진이 필요 없어졌다. 불필요한 좌절을 막고, 가능한 한 빠르게 성공하기 위해 전형적으로 발달하는 아이들이 따르는 기술의 위계를 사용해만 한다. 예를 들어, 전형적인 발달을 보이는 아이들이 두 단계의 지시를 따를 때, 연관된 두 단계 지시 따르기를 먼저 하고 그다음 두 단계 중 하나만 연관성 없는 지시를 따른다. 유아기 후반에 대명사, 사동/피동, 수 개념에 대한 이해가 발달한다. 마찬가지로 아직 각각의 구성요소 기술을 이해하지 못하는 아이는 "엄마 방에 있는 빨래 바구니에서 여동생의 초록색 양말 한 켤레를 가지고 오렴."이라는 지시를 수행하지 못할 것이다. 여러 단계의 지시를 따르기 위해서는 각 단계에 대한 이해뿐 아니라 기억력과 집중에 방해가 되는 것을 걸러 내는 능력이 필요하다.

아이가 선택권을 가질 수 없을 때 "할 수 있니?" "할래?" "네가 하고 싶니?"와 같이 선택권을 주는 말은 하지 말아야 한다. 대신에 지시를 간결하게 말해서 해야 하는 것을 아이가 알 수 있도록 한다.

하지 말아야 하는 것보다 해야 하는 것을 말해 주는 것은 아이에게 가능한 한 간결하게 말할 수 있을 뿐만 아니라 대체행동을 가르칠 수 있다. 언어발달에 문제가 없는 아이들뿐만 아니라 많은 아이들은 부정어를 이해하지 못한다. 그래서 아이들은 "탁자 위에 올라가지 마."라는 말을 듣고도, 종종 탁자 위에 올라간다.

지시에 사용된 언어를 이해할 수 있도록 아이가 그 행동을 하자마자 아이에게 지시를 한다. 예를 들어, 아이가 문을 닫기 위해 밀자마자. "문 닫아."라고 말하거나, 아이가 샌드위치를 입에 대자마자 "한 입씩 베어 먹어."라고 말한다.

매우 자기 주장적이거나 조절이 어려운 아이들의 경우. 요구를 할 때 빠르고 쉬우며 신체적으로 촉진할 수 있는 방법으로 시작한다(예: 하이파이브 하자). 아이가 원하는 것이 분명할 때 아이의 동기를 장점으로 활용한다. 예를 들어, 만약 아이가 식사를 마친 후에 식탁 의자에서 내려오고 싶다는 것을 언어적으로나 비언어적으로 표현한다면 아이에게 "하이파이브 하자. 그리고 내려 줄게."라고 말한다. 만약 아이가 하이파이브를 하고 싶어 하지 않으면 아이가 하이파이브를 하도록 도와주고, 그 후에 빠르게 아이를 식탁 의자에서 내려 준다. 아이가 정해진 루틴에서 지시를 배운 다음에는, 다양한 루틴에서 그 기술을 일반화할 수 있도록 한다. 또한 새로운 일상에서 새로운 지시들을 시작해 본다. 이렇게 하는 것은 지시를 듣지 않고 기계적으로 반응하는 것을 막을 수 있다.

처음에는 아이가 행복하고 편안할 때 시작하거나 조절에 도움을 주는 물건과 함께 지시 따르기를 시작한다. 예를 들어, 비눗방울을 좋아하고 타인이 비눗방울을 불어 줄 때 평온하게 쳐다보는 아이가 있다고 하자. 이 경우. 비눗방울 막대 위에 있는 비눗방울을 하나 잡아서 터뜨리라고 말하는 것은 재미있는 연습 기회가 되어 더 잘할 수 있을 것이다. 반대로, 만약 아이가 비눗방울을 볼 때마다 울거나 집 안을 이리저리 뛰어다닌다면 새로운 지시를 포함시킬 수 있는 다른 활동을 하는 것이 좋다.

기 싸움을 피하기 위해 우선순위를 강조하며 아이가 순응할 수 있도록 '먼저—그리고 나중'이라는 말을 사용할 수 있는 기회를 찾는다. 예를 들어, 만약 아이에게 방을 치우고 난 후에 영화를 볼 수 있다고 말해야 한다면. 요구하는 말을 사용하는 대신에 "먼저 치우면, 그다음에 영화."라고 지시를 강조하는 권위 있는 말투로, "물론 너는 영화를 볼 수 있을 거야. 먼저 치우면 그다음에 '영화'."라고 말한다. 마찬가지로 만약 아이가 태블릿을 하고 싶어 한다면 '태블릿'이라는 단어를 강조하면서 "먼저 앉아. 그리고 난 후에 태블릿."이라고 말한다.

새로운 지시를 할 때에는 산만해지는 것을 막고 반복해 볼 수 있는 기회와 성공을 맛볼 수 있는 기회가 있는 환경을 만들어야 한다. 예를 들어, 처음 아이에게 블록을 치우는 것을 가르칠 때, 한 번에 한 개의 블록을 아이의 손에 쥐어 주고, 가능한 한 빠르고 쉽게 할 수 있도록 아이의 손 아래에 통을 놓고 "치우자."라고 말한다. 시간이 지남에 따라 아이에게 블록을 쥐어 주기보다는 블록이나 통을 포인팅 하는 것과 같이 시각적 단서를 사용하면서 촉진을 줄여 나간다. 그리고 난 후에 아이가 독립적으로 할 때까지 도움을 서서히 줄여 나간다.

기능적인 지시들을 찾아보고, 일상생활에서 연습할 수 있는 기회를 여러 번 준다. 예를 들어, 밖에 나가기 전에 "신발 가지고 와요.", 먹기 전에 "앉아.", 부모님이 회사에 갈 때 "안녕하고 손을 흔들어.", 아이가 음료수를 다 마셨을 때 "탁자 위에 컵 올려놓아.", 음식을 먹기 전에 손을 닦을 때 "물 잠그자."와 같은 지시를 한다.

지시를 두 번 했는데 아이가 따르지 못하면 도움을 주어야 한다. 지시를 이해하지 못하거나 무엇을 해야 할지 선택하지 못하는 아이는 "이거 해. 혹은 내가 너를 도와줄 거야."라고 말했을 때 (지시를) 따를 수 있을 것이다. 만약 아이가 지시를 따르지 않을 것 같고 지시를 따르게 하는 것이 불가능한 상황이라면 지시를 하지 않도록 하여 거부가 강화되지 않도록 한다.

지시와 지시의 타이밍을 신중하게 결정해야 한다. 그 지시가 중요한지 아닌지, 따를 가능성이 있는지, 아이가 지시를 따르는 것이 도움이 되는지를 생각해 본다. 만약 순응하는 것을 목표로 한다면 아이가 이해하는 지시를 사용한다. 만약 언어 이해가 목표라면 아이가 순응적이어야 한다. 만약 아이가 너무 피곤해하고, 너무 배고파하고, 조절에 어려움을 보인다면 어려운 지시를 제시하지 않는다(5장 참고).

만약 아이가 지시를 따르는 것을 돕기 위해 일련의 그림을 이용하고자 한다면(예: 세면대 옆에 손 씻는 과정을 붙임) 아이가 각각의 그림의 의미를 이해하고 있는지를 평가해야만 한다. 만약 아이가 자신이 해야만 하는 행동과 그림을 연관 짓지 못하면 그 그림은 유용하지 않을 것이다. 단어, 제스처, 그림 등 모든 표상이 다 그렇다. 아이와 연관성이 있을 때 단어, 제스처, 그림이 의미가 있다. 몇몇 경우에 시각적인 지원이 매우 유용하지만 시각적인 지원을 가르쳐야 할 필요가 있을 수도 있다.

진보를 점검하기 위한 방법: 아이가 따르는 새로운 지시들, 특정한 루틴 안에서 아이가 따르는 지시의 수, 아이가 지시를 따르기 위해 필요한 촉진의 종류, 아이가 따르는 지시의 유형(즉, 유사한 한 단계의 지시, 새로운 한 단계의 지시, 관련된 두 단계의 지시, 무관한 두 단계의 지시) 그리고 지시에서 알게 된 새로운 단어, 새로운 개념들을 기록한다.

융통성을 돕기 위한 기술

제7장

영유아들은 다양한 사람, 경험 및 일상을 겪으며 사회화되고 변화에 적응하는 능력을 가지고 있다. 이러한 능력으로 인해 영유아는 매일의 일상에서 일어나는 변화에도 적절한 반응을 보일 수 있다. 영유아는 양육자와 상호작용하고, 일상생활에 참여하고, 성장하면서 변화를 받아들인다. 자극에 반응하고, 정보를 습득하고, 목표를 달성하기 위해 주변 요소를 배제하는 인지적 융통성이 발달함에 따라 주의 전환 또한 할 수 있다. 이러한 과정을 통하여 영유아는 앞일을 예상할 수 있고 생각에 따라 행동할 수 있게 된다(Forssman, 2012).

많은 문헌에서 ASD를 가진 사람이 일상생활에서 환경에 적합하게 적응하기 어려워한다는 결과가 밝혀진 바 있다. 행동에 융통성이 없고, 이전의 행동패턴을 고집하며, 제한되고 반복적인 행동을 한다. 또한 일관성을 지키려 하고, 계획이 바뀌거나 변경된 일상에 적응하기 힘들어한다(D'Cruz et al., 2013; Kanner, 1943). 『DSM-5』의 기준에 명시된 조항에는 '제한적이고 반복적인 행동패턴'이라는 말이 포함되어 있고, '동일성에 대한 고집', '일상에 대한 융통성 없는 집착', '의례적인 언어 또는 비언어적인 행동양식' 그리고 '비정상적인 강도나 초점으로 인한 매우 제한되고 고정된 흥미'를 포함한 융통성과 관련한 항목들이 예시로 포함되어 있다(APA, 2013, p. 50).

자폐 범주성 장애인이 융통성이 부족한 원인과 관련해서 설명하는 이론은 다양하다. 그러한 원인에는 다른 사람의 의도를 이해하지 못할 뿐만 아니라 감각처리과정의 어려움도 포함된다. 다른 사람의 의도를 이해하지 못하는 것은 불확실한 상황을 **참기 어려움**(intolerance of uncertainty)으로 말할 수 있는 자폐 범주성 장애인의 불안함과 관련이 있다. 어떤 사람들은 그들의 제한적이고 반복적인 행동이 삶을 예측 가능하게 만드는 전략이라고도 한다(Boulter, Freeston, South, & Rodgers, 2014). ASD를 가진 사람들은 상황에 따라 행동과 생각을 바꿀 수 있는 인지적인 융통성이 제한되었다고 보고되어 왔다. 인지적인 융통성의 제한이 ASD가 지닌 어려움 중 핵심적이라고는 할 수 없지만, 이로 인해 일상생활 속 전환과 변화를 받아들이기 어렵다는 점에서 중요하게 다루어질 필요가 있다(Leung & Zakzanis, 2014).

영아의 양육자는 조기개입 전문가들에게 융통성의 부족과 관련한 도움을 자주 요청한다. 융통성의 부족은 몇 가지 일상 또는 하루 종일의 일상에 계속 영향을 미친다. ASD 영아는 같은 옷, 음식, 일상, 목적지까지 가는 경로, 텔레비전 프로그램, 특정 상황에 대한 다른 사람의 반응까지도 일관성을 고집한다. 일반 형제와 ASD 자녀를 함께 키우는 어머니에게 아이가 어렸을 당시를 떠올려 보면서 그때 부모를 위한 지원 중 부족한 점이 무엇이었는지 물어봤을 때 어머니의 대답은 이러했다.

융통성이 중요하다고 생각합니다. 어렸을 때부터 그들은 융통성을 키우기 위한 노력이 필요합니다. 우리 아이는 집으로 가기 전에 어떤 정해진 식당에 꼭 들러야 했습니다. 그렇지 않으면 아이는 혼란스러워 했습니다. 이러한 일상은 가족 전체에 영향을 미칩니다. 만약 당신의 자녀가 무엇을 좋아하는지 안다면, 가령 옆집으로 갈 때는 먼 길로 가는 것을 좋아한다면, 가까운 길도 보여 주려는 노력이 필요합니다. 만약 우리가 아이를 틀에 박힌 일상에 놔두고 융통성 없게 계속 놔둔다면, 아이는 늘 혼란스러워 할 것이고 부모의 생활은 살얼음판을 걷는 것과 같을 것입니다. 융통성은 활동 목표로 설정되어야 합니다. 빨간색 레고만 가지고 노는 아이에게는 파란색 레고도 가지고 노는 활동이 목표가 되어야 합니다. 아이의 비융통적인 행동을 다룰 수 있게 부모를 도와주어야 합니다. 나는 사고의 경직성이 다양한 부분에 영향을 미친다고 생각합니다. 이러한 아이들은 게임을 할 때도 꼭 일등을 하거나 이겨야 한다고 고집을 피우기도 합니다(Personal communication, June 17, 2014).

자폐인이며, 유명한 교수인 Temple Grandin도 이렇게 말한다.

상식을 어떻게 가르칠 것인가? 나는 영아기 때부터 융통성을 가르치는 것으로 시작해야 한다고 봅니다. 구조화는 ASD 아이에게 좋은 것이지만 때때로 계획은 변할 수도 있고, 계획에 변화도 필요하다고 생각합니다. 내가 어렸을 때, 내 유모는 동생과 나에게 다양한 활동을 하게 했습니다. 다양한 활동은 내 행동이 패턴화되어 굳어지지 않게 했습니다. 나는 매일, 매주의 활동에서 변화하는 것에 익숙해져 갔고 변화가 생겼을 때 스스로 통제할 수 있다는 것을 알게 되었습니다(Grandin, 2002).

일상에 적용하는 방법: ASD 영유아들 중 어떤 아이는 제법 융통성을 갖는 경우도 있지만, 그렇지 않은 경우도 있다. 즉, 어떤 영유아는 특정 일상에 꽤 잘 적응하지만 그렇지 않은 경우도 있다. 다음에는 변화에 적응하기 위해 일상생활에서 적용할 수 있는 전략들이 소개되어 있다. 이것은 경직되어 있는 영유아에게 융통성을 증진시키기 위해 점차적으로 재미있게 일상에 삽입할 수 있다. 한번에 너무 많은 변화를 주면 영유아도 양육자도 어려워질 수 있기 때문에 영유아와 가족의 속도에 맞게 시작하도록 한다. 만약 이 전략들을 시행하는 중에 문제행동이 일어난다면 그 행동의 원인과 해결방법을 찾는 과정이 중요하다.

목욕할 때

목욕하는 시간이나 장소, 씻는 순서를 달리해 본다. 평소에 하던 방법과 다른 것 중에서 두 가지 선택지를 주며 아이가 고르도록 한다. 예를 들어, 평상시에 얼굴부터 씻었다면 "손이나 귀를 먼저 씻어볼까?" 하고 물어볼 수 있으며, 다양한 색깔의 수건을 사용하기도 한다. 다양하게 언어 표현도 해 준다. 이렇게 하면 융통성을 기를 뿐만 아니라 다양한 어휘도 익힐 수 있는 장점이 있다. 예를 들어, 목욕하면서 '씻다'와 '닦다'의 동사를 번갈아 가면서 말해 준다.

 잠잘 때

일상에 변화를 주어서 두 권의 책, 두 가지의 노래, 두 가지의 기도 중에서 선택할 수 있게 한다. 잠자는 인사를 "잘 자." "잘 시간이야." "아침에 만나자." 등으로 다양하게 말해 본다.

 책을 읽을 때

책을 볼 때는 그림에 대하여 이야기할 수도 있고 글에 대해 이야기하기도 한다. 그림이나 글에 대한 다양한 질문을 해 보자. ASD 영유아들은 언어로 표현하는 데 어려움이 있기 때문에 새로운 방법으로 질문하면 대답하기 어렵다. 그래서 ASD 영유아들에게는 다양하게 질문하고 연습할 필요가 있다. 예를 들어, 동물 이름과 동물이 내는 소리에 대해 알고 있는 아이에게 "소가 어떻게 울지?" '음메' 우는 동물은 누구지?"라고 다양하게 물어본다.

지역사회로 외출할 때

산책하는 길을 다양하게 해 본다. 가끔은 유모차를 타고 가고, 그냥 걷게도 해 본다. 아이가 싫어할 여지가 생기기 전에 꽃이나 우편함의 숫자 또는 아이가 좋아할 만한 다른 것을 보여 주면서 주의를 바꾼다. 자동차로 익숙한 곳을 갈 때에도 다양한 길로 가 보자. 만약 자동차를 타는 동안 영상을 봐야 하는 아이라면 다양한 영상 중에서 선택하게 하고, 짧게 가는 거리는 영상 없이도 가 보도록 한다. 이와 유사하게 다양한 노래를 불러 보고 다양한 음악도 틀어 본다. 마트에서 볼 수 있는 여러 종류의 카트 중 다양한 카트를 태워 준다. 또한 마트에서 아이가 탄 카트를 밀어 주는 사람도 다양하게 바꾸어 본다.

 ## 기저귀를 갈 때와 옷을 갈아입을 때

기저귀를 갈거나 옷을 입는 장소에 변화를 준다. 옷을 입고 벗는 순서도 다양하게 바꾸어 본다.

 ## 몸단장할 때와 위생관리를 할 때

칫솔, 치약, 비누를 바꾸어야 할 때가 되면 쓰던 것과 다른 향, 맛, 색깔, 그 외의 다른 속성들을 가진 것으로 바꾼다.

 ## 집안일을 할 때

부모가 집에서 가사일을 하면서 융통성 있는 모습을 보여 주면 아이는 일상생활의 변화를 받아들이기가 더 쉬워진다.

식사를 할 때 / 간식을 먹을 때

대부분의 ASD 영유아는 먹는 것과 관련한 어려움이 있다. 때문에 가족들은 많은 스트레스를 받는다. 이 주제는 다음에서 자세히 다루도록 한다.

 놀이할 때

다양한 방법으로 장난감 놀이를 하도록 격려한다. 아이가 블록으로 탑을 쌓기만 한다면 기차 만드는 법을 보여 주고, 곰 인형에게 스푼만 사용해서 먹이는 시늉을 한다면 포크도 사용하라고 권한다. 공놀이를 할 때도 공을 굴리거나 차기도 하고 다른 사람에게 던지거나 공으로 물병을 맞추어 보기도 한다. 동요를 부를 때도 1절, 2절, 3절처럼 절이 있는 노래일 경우는 절의 순서를 바꾸어 가면서 불러 줄 수도 있다.

일상생활에서 융통성을 갖기 위한 조언

아이가 사물을 이용하는 데 융통성이 부족하다면 아이가 받아들일 수 있는 대체물이나 활동을 찾아 레퍼토리를 확장시켜 준다. 예를 들어, 자꾸 물건을 돌리는 것을 즐기는 아이와는 〈둥글게 둥글게〉 노래를 부르며 손을 잡고 돌거나 회전판(sit'n spin) 장난감을 줄 수 있다. 사물이 떨어지는 것을 보고 싶어서 특정 물건을 계속 떨어뜨리기만 한다면 비탈길을 만들어 공이나 사물이 구르는 강한 시각적인 요소가 있는 다른 활동을 제공한다.

다른 활동으로 전이가 어려운 경우에는 아이가 좋아하는 물건을 이용해서 도와줄 수 있다. 예를 들어, 욕조 밖으로 나가자고 할 때 좋아하는 장난감을 밖에서 가지고 놀라고 하면 쉽게 나갈 수 있다. 이와 비슷하게 좋아하는 장난감을 차 안에 놔둔다. 놀이터에서 집으로 갈 시간에 전이가 어려울 경우도 도와줄 수 있다. "차에 뽀로로 인형이 있나 가 보자."라고 이야기한다. 집에 가기 위해 놀이터를 떠날 때 전이를 도와준다. 아이가 그 상황을 종료해야 한다는 사실보다 그다음에 어떤 다른 재미있는 것을 할지에 초점을 맞추면 된다. "집에 갈 시간이야."
보다 "토끼 인형 가지러 자동차로 가자. 차에서 너를 기다리고 있어."라고 말해 보자.

"안녕"이라고 말하는 것은 전이시간에 도움이 된다. 예를 들어, 장난감 가게에서 아이가 집
에 가기 싫어한다면 "기차야, 잘 있어. 다음에 만나자."라고 말하게 한다. 이 전략을 배운 많은
아이는 다른 활동이나 장소로 전이할 때 스스로 조용히 그렇게 말할 수 있다.

전이시간 전에 미리 예고를 한다. "우리 3분 뒤에 떠나자."라고 말하는 것은 아이의 시간
개념이 확실치 않기 때문에 부적절하다. "미끄럼틀 한 번만 더 타고 컵 가지러 가자." 등의 구
체적인 지시를 내려야 한다. 아이가 떼를 쓰더라도 미리 예고하는 것이 중요하다.

하나의 활동에서 다른 활동으로 넘어갈 때 재미있는 전이시간을 만들어 아이의 주의를 분
산시킨다. 한 걸음에 하나씩 숫자를 세거나, 알파벳을 말하고, 노래를 부르고, 점프를 해 보자.

만약 아이가 숫자나 글자 또는 다른 어떤 것에 집착하여 일상에 참여가 어렵다면, 아이의
특정 관심사로부터 시작해서 천천히 확장하는 것이 좋다. 예를 들어, 서하는 어떤 단어로도
말하지 않지만 알파벳 비디오를 보는 동안 글자를 말하기 시작하였다. 서하의 부모가 가르친
적이 없음에도 불구하고 서하는 책이나 그림을 보고 지시하는 글자를 가리킬 수 있었다. 서하
는 그림을 보고 이름을 말하거나 말해 주는 그림을 손가락으로 가리키지는 않았나. 이에 서하
의 조기개입 전문가는 지시하는 그림을 고르는 수업에 서하가 좋아하는 글자를 이용하기 시
작하였다. 수업이 진행되는 동안, 서하 엄마는 아이에게 글자를 만져 보게 했고, 아이가 손가
락을 잡고 글자를 포인팅 하도록 도와주었다. 얼마 뒤 서하는 도움 없이도 지시하는 글자를
손가락으로 가리킬 수 있게 되었다. 그다음 단계에서는 서하가 지시하는 그림을 듣고 포인팅
할 수 있도록 비디오에서 본 그림이 활용되었다. 조기개입 전문가는 비디오에서 글자와 함께
나왔던 그림과 비슷한 것들을 찾았다. 그리고 엄마에게 글자 포인팅 활동을 하는 동안 어떻게
그림 포인팅도 서서히 시작해야 할지 알려 주었다. 몇 주 후 서하는 비디오에 나온 그림을 이

용하여 듣고 지적할 줄 알게 되었다. 서하 엄마는 책에 나온 그림을 가지고 아이와 듣고 포인팅 하는 연습을 시작하게 되었다.

3장에서 논의했듯이, 일반화를 가르치는 것은 기능적인 기술 발달을 위해 필요하다. ASD 영유아들은 부적절한 자극에 몰두하기도 하는데, 이는 일반화의 부족뿐만 아니라 학습의 손상도 초래할 수 있다. 또한 ASD 영유아들은 상당히 경직된 모습을 보이는데 시간이 지나도 처음에 했던 방법대로 계속 하고 싶어 한다. 일상에 다양한 변화를 주는 것은 융통성을 키우는 데 도움이 된다. 그러나 반대로 새로운 기술을 접할 때와 같이 특정 일과에서는 융통성이 우선이 아닐 때도 있다. 일관성이 깨지는 것이 혼란스러울 수 있기 때문이다.

ASD 영유아들은 어떤 사람이 무슨 역할을 맡고 있는지에 대해서도 경직된 생각을 가진다. 예를 들어, 민재는 아침에 아빠가 깨우러 방에 들어오거나, 마트에서 카트를 밀어 주면 떼를 쓴다. 그러나 엄마가 깨우거나 카트를 미는 역할을 하면 조용했다. 민재의 부모는 서로의 양육 기술을 비교해 보았지만 아이가 느끼기에 감각적인 문제와 관련되어 있다고 할 만한 차이를 발견하지 못했다. 어떤 부모는 아이의 떼쓰기를 무시하는 것이 낫다고 하고, 어떤 부모는 아이가 변화에 점차 적응하도록 하는 것이 덜 스트레스 받는 방법이라고 생각한다. 민재의 부모는 점차 접근하는 방식을 선호해서 아빠, 엄마 역할에 조금씩 변화를 주었다. 아빠가 아이를 침대에서 데리고 나오자마자 바로 옆에 있는 엄마에게 안겨 주었다. 시간이 지나 민재 엄마는 점점 더 멀리 있었고 방 밖에서 기다리고 있게 되었다. 마트에서도 아빠는 카트에 민재를 태우고 빨리 열까지 세는 동안 카트를 밀었고, 그다음은 엄마가 밀게 했다. 그 다음에 아빠는 점점 천천히 열까지 세었고, 민재는 아빠가 카트를 미는 것도 받아들이게 되었다.

먹기와 관련된 융통성 문제 다루기

　식사시간과 관련한 융통성을 다루는 일은 어렵기 때문에 부모와 깊게 의논하고 명확한 전략을 가지는 것이 중요하다. 다음 예시는 흔히 볼 수 있는 장면이다.

　주아는 파우치 안에 든 과일 퓌레는 먹지만 엄마가 그것을 그릇에 쏟아 주면 먹지 않는다. 엄마는 주아가 좋아하는 음식인 것을 알기 때문에 음식을 입술에 대 주었다. 주아는 소리를 지르며 음식을 뱉어 내고 계속 소리를 질렀다. 정우는 매일 녹색 그릇에 시리얼을 먹는다. 어느 날 엄마가 녹색 그릇을 씻지 못하여 파란색 그릇에 시리얼을 주자 그릇을 던져 버렸다. 은서는 특정 음식점의 감자튀김만 먹는다. 집에서 해 먹는 감자튀김을 사서 해 주었지만 은서는 감자튀김을 들고 이리저리 살펴보고 냄새를 맡아 보더니 식탁에서 떠나 버렸다. 하율이는 교실에서 자기가 제일 좋아하는 인형놀이를 하고 있었다. 간식시간이 되었지만 식탁에 무슨 음식이 있는지 보고 나더니 교사가 이름을 세 번이나 불러도 무시하고 계속 놀이만 했다.

　영유아기에 편식은 일반적으로 흔하게 볼 수 있지만 ASD를 가진 영유아들이 특정 음식만 먹는 성향이 강하다는 사실이 여러 문헌에서 밝혀졌다(Kerwin, Eicher, & Gelsinger, 2005; Schmitt, Heiss, & Campbell, 2008; Schreck, Williams, & Smith, 2004; Willams, Hendy, & Knecht, 2008). Ahearn 등(2001)은 제한된 관심과 활동의 단면으로 편식이 발생할 수도 있다는 가설을 제시하였다(p. 510). 편식은 맛이나 질감, 냄새와 관련하여 나타날 수 있는데, 저자들의 경험에 의하면 영아기와 유아기의 편식은 시각적으로 일관된 것을 선호하는 성향과 관련된 경우가 많다. 일단 경직된 행동이 나타나면 일상에서 다시 바꾸는 것이 어렵다. 그리고 식사시간으로 전환하는 데에 거부감이 있는 영유아들은 식사시간이 견디기 힘든 시간이 된다. 어떤 영유아들에게 전환은 다음에 무엇이 올지 모르기 때문에 힘들게 느껴지고, 특히 언어 이해가 어려운 것이 원인이 되기도 한다. 하율이와 같이 더 좋아하는 활동에서 덜 좋아하는 활동으로 옮겨 가기 어려운 영유아들이 있는데, 이것을 '경쟁 강화(competing reinforcers)'라는 용어로 설명하기도 한다.

먹는 것과 관련된 융통성에 대한 조언

만약 영유아가 심각한 섭식 문제가 있고 이 때문에 영유아의 건강과 영양에 문제가 생긴다면 이 전략을 다루기 전에 의료적인 문제가 더 중요함을 알려 둔다. 게다가 만약 조기개입 전문가가 이 전략들이 효과적이지 않다고 한다면 그들은 행동의 기능을 밝히기 위하여 더 자세한 평가를 원할 수도 있다. 먹는 것과 관련한 문제가 심각한 영유아들은 종종 섭식 장애(feeding disorders)와 관련한 전문가(행동분석가, 작업치료사, 언어치료사 등)의 도움이 필요할 것이다.

때로는 아이의 의자(또는 부스터) 위치를 바꾸어 보자. 놀이하듯이 새로운 두 개의 옵션 중 선택하게 할 수 있다. 예를 들어, "오늘은 재미있게 놀아 보자. 의자를 엄마 옆이나 오빠 옆으로 가져가는 거야."라고 말해 보자.

까다로운 식성을 가진 영유아들에게는 식사시간보다는 오히려 놀이시간 중에 새로운 음식을 접해 보는 게 스트레스가 덜 할 수 있다. 물감으로 핑거페인팅 놀이를 하는 대신 케첩이나 머스터드, 푸딩 등의 아이가 좋아하는 다른 음식을 이용한다. 끈적끈적한 느낌을 싫어하는 아이에게 물감 붓 대신 면봉, 커피 스틱이나 다른 막대기를 준다. 즐겁게 점을 찍고 동그라미를 그리는 행동을 보여 주다가 아이에게 따라 하라고 말하지 않고 손가락이나 붓을 핥아 먹어 본다. 만약 활동에 참여하는 다른 아이가 이 지시를 잘 따르면 칭찬받는 것을 보게 한다. 또 다른 활동으로 아이가 먹는 시리얼을 주고 그릇에 붓기, 담기, 쏟기 활동을 하고 먹어 보지 않은 다른 종류의 시리얼이나 블루베리 등을 섞으며 놀아 보게 한다. 아이가 처음 경험하는 음식 만져 보기를 시작 목표로 정한다. 그 후 담기, 쏟기, 새로운 음식 골라 보기 등을 보여 준다. 그리고 나중에는 아이에게 따라 해 보자는 말은 하지 않고, 중재자가 즐겁게 먹어 본다. 그리고 함께하는 동생이나 친구에게 새로운 음식을 먹어 보자고 격려하고 아이들이 먹을 때 적극적으로 칭찬해 준다. 이와 유사하게 아이들이 좋아하는 모양(도형, 숫자, 글자)으로 새로운 음식을 준다. 예를 들면, 시리얼로 얼굴 모양의 눈, 코, 입을 만든 후에, 아이에게 눈이나 코를 먹어 보자고 권하고 만약 아이가 먹는다면 다른 좋아하는 음식도 같은 방법으로 시도해 본다. 이와 같은 방법이 성공하면 새로운 음식으로도 시도해 본다.

식사시간 동안 아이가 주로 먹는 음식의 모양을 바꿔 본다. 예를 들어, 아이가 샌드위치를 먹을 때 다양한 모양이나 크기로 잘라 볼 수 있다. 접시의 모양과 색깔도 다양하게 변화시켜 본다. 한 번에 한 가지씩만 변화를 주면서 새로운 시도를 해 보도록 한다. 예를 들어, 아이가 특정 용기에 담긴 분홍색 요거트만 먹는다면 그 요거트를 다른 용기에 담아 주거나, 다른 종류의 요거트를 먹던 용기에 담아 주기도 해 본다. 이러한 변화가 처음으로 성공하면 또 다른 작은 변화도 시도해 본다. 다른 회사의 분홍색 요거트를 익숙한 접시에 담아 주고 나중에는 점차 새로운 접시에 담아 준다. 만약 아이가 물고기 모양의 과자를 먹는다면 물고기 모양의 다른 맛 과자도 주고, 음식이나 음료의 온도도 조금씩 다르게 줄 수 있다. 우유를 30초 정도 데워 주었다면, 28초로 데웠다가 다음에는 31초로도 데워 준다.

아이를 요리나 식사 준비에 참여시켜 본다. 양상추를 찢거나, 차가운 음식을 저어 보는 등 안전한 활동 내에서 참여시켜 볼 수 있다. 아이에게 따라 하라고 권하지는 않지만 가족은 즐겁게 음식을 맛보고 즐거움을 표현해 본다. 만약 아이가 새로운 음식을 먹어 본다면 칭찬해 준다. 가끔은 식사시간이 아닌 아이기 원하는 시간에 활동을 해 본다면 더 쉽게 음식을 먹어 볼 것이다. 식사를 준비하는 동안 탁자나 부스터 의자에 앉아 있는 아이에게 음식을 주면서 음식 용기 안에 넣거나 빼 보자고 한다. 그리고 종류별로 나누어 보자고 할 수도 있다. 새로운 음식을 좋아하는 음식과 함께 조금 준다. 새로운 음식은 좋아하는 음식과 비교해서 색깔, 촉감, 모양을 아주 조금 다르게 제시한다면 아이는 더 쉽게 음식을 먹어 볼 것이다.

새로운 음식에 적응할 때에는 접시에 음식을 담는 단계부터 새로운 음식을 먹는 단계까지 연속적으로 접근하는 행동 형성의 과정을 거친다. 아이가 지시를 잘 따를 수 있도록 한두 조각의 새로운 음식을 접시 위에 준다. 만약 아이가 싫어하면 스스로 집어서 다른 접시에 갖다 놓게 한다. 이 과정은 새로운 음식을 만지기 꺼려하는 아이를 위해서는 중요한 단계이다. 아이가 음식을 쉽게 만지게 될 때까지 여러 번의 기회를 준다. 일단 아이가 음식을 만질 수 있게 되면 접시에 음식을 올려놓아도 괜찮은 단계로 넘어간다. 예를 들어, "열 셀 동안 그릇에 음식을 담아 오자."라고 말할 수 있다. 처음에는 빠르게 수를 세고, 몇 번 연습한 후에는 음식을 충분히 만질 수 있는 시간을 갖도록 천천히 센다. 몇 번 정도 힘들이지 않고도 식사시간에 새로운 음식을 접하게 된 후에는 "먼저 ~을 하고, 다음에 ~을 하자."라고 말하는 프리맥 원리 (Premack, 1959)를 사용한다. '먼저' 다음에 올 말은 '음식에 입만 대 보자.'가 될 수 있고, '다음에' 뒤에 올 말은 특별한 상이나 나가서 놀 수 있는 기회를 주는 말이 될 수 있다. 아마 많은 아이들은 음식에 입을 대는 것을 싫어할 것인데, 그래서 처음에는 입술에 음식을 매우 빨리 대었다가 떼는 것이 좋고(뽀뽀 소리만 날 정도) 그 후에 식탁을 떠나도 좋다는 보상을 얻는다. 만약 초콜릿 과자나 쿠키 같은 작은 보상이 허용된다면 식사시간에 많은 기회를 얻을 것이다. 아이들이 처음에는 종종 저항하는 모습을 보이지만 나중에는 보상을 받기 위해 적극적으로 변하기도 한다.

이런 식으로 몇 번 식사를 한 후에 새로운 음식을 맛보게 하기 위한 요구사항을 바꾸어 본다. 왜냐하면 한 가지 방법으로는 아이를 도울 수 없으며, 놀기 위해서 식탁을 떠나게 해 주는 것은 보상이 될 수 없기 때문이다. 그리고 만약 아이가 이를 거절한다면 성인은 아이의 거절을 강화하는 매우 부적절한 입장에 놓이게 된다. 그래서 이 단계에서 보상은 어떤 음식이나 특별한 활동이 되어야 한다. 아이가 음식을 입에 대 보는 것을 몇 번 성공한 후에는 음식을 약간 깨물어 보게 한다. 물론 음식을 입에 대 보거나 깨물어 보지 않으면 보상은 없다. 여기서 중요한 것은 성인이 아이에게 강요하지 않는 것이다. 아이가 거절하는 데에만 집중하는 것이 아니라 바람직한 행동을 보이기 위해서는 적극적으로 칭찬해 주는 것이 중요하다. 때때로 어떤 아이는 음식을 맛보고 보상을 받은 후 음식을 뱉어 낼 수도 있다. 이를 막기 위해서 아이가 처음으로 몇 번 음식을 깨물었을 때 입 안에 넣어 보자고 한다. 그러고는 재빨리 요구사항을 달리하여 음식을 삼켜 보자고 한다.

지시를 잘 따르지 않는 영유아들에게 새로운 음식을 경험하게 하려면 효과적인 강화물을 사용해야 한다. 따라서 처음에는 몇 개의 강력한 강화물을 경험해 보는 것이 중요하다(3장 참고). 아이에게 좋아하는 음식을 주었는데 몇 입 먹는다면 아이가 음식을 받아들인 것에 칭찬을 해 주고 좋아하는 물건이나 활동으로 강화해 준다. 이때 강화물은 비눗방울, 빈 생수통에 넣은 빨대, 좋아하는 노래, 신나는 하이파이브 등이 될 수 있다. 그리고 새로운 음식을 작게 잘라 놓는다. 아이가 새로운 음식을 받아들인다면 다시 강화물을 준다. 그다음 좋아하는 음식을 세 번 먹고 새로운 음식을 한 번 먹는다. 그리고 새로운 음식이나 싫어하는 음식을 다시 작은 조각으로 잘라 놓는다. 아이가 먹는다면 강화물을 준다. 만약 성공한다면 싫어하는 음식을 조금 더 크게 해서 주고 좋아하는 음식과 싫어하는 음식을 다른 종류로 바꾼다. 시간이 지나면서 새로운 음식의 크기가 점점 커져 원래의 크기로 줄 수도 있고, 식사시간에 새로운 음식을 놓는 횟수도 늘릴 수 있다. 그리고 강화물의 횟수는 점진적으로 줄인다. 이러한 방법들은 가족의 식사시간을 방해할 수 있기 때문에 간식시간에 사용하는 것이 가장 좋다.

　　진보를 점검하기 위한 방법: 특정 일상에서 영유아가 변화를 받아들였던 방법이나 횟수를 적어 본다.

제8장
사회적 의사소통 발달을
돕기 위한 기술

　사회적 의사소통이란 타인과의 상호작용과 주위에서 발생하는 사건의 해석 과정에 영향을 미치는 적절한 언어 사용 능력이다(Olswang, Coggins, & Timler, 2001, p. 51). 비록 사회적 의사소통이라는 용어의 정의는 서로 다를 수 있지만 여러 사회적 의사소통의 개념에는 사회적 상호작용, 언어처리과정, 화용론, 사회적인 인지능력이 포함되어 있다(Adams, 2005).

　사회적 상호작용은 상호적 관계 또는 주고받는 과정을 포함하는 동시에 다양한 사람, 장소, 일상, 활동에 주목하고 주의를 공유하는 것을 의미한다. 4장에서 논의한 대로 공동관심(joint attention)은 RJA(responding to joint attention, 공동관심 반응하기)와 IJA(initiating joint attention, 공동관심 시작하기)로 구성되어 있다. RJA는 응시하는 방향을 함께 쳐다보거나 가리키는 것을 공유하고 참여하기 위해 나타내는 몸짓을 의미한다. IJA는 사람, 사물 또는 사건의 주의를 끌기 위한 제스처나 눈맞춤을 나타낸다(Mundy & Jarrold, 2010). Mundy와 Newell(2007, p. 269)에 따르면 공동관심은 타인과 공동되는 주의집중을 유지하기 위해 정교하게 발달된 인간의 표현능력이다. 이는 전 생애에 걸쳐 학습되는 것으로 언어 및 복합적인 사회적 능력과 관련되어 있다.

언어처리과정은 언어의 이해 및 표현과 관련이 있다. 그리고 언어와 비언어의 이해와 메시지 전달을 위한 말하기, 제스처, 보완적인 의사소통을 포함한다. 화용론적 언어 측면에서 볼 때 사회적 의사소통의 구성요소로 맥락 안에서 언어의 사용, 언어의 목적 및 기능을 포함한다(Adams, 2005). 언어의 또 다른 기능으로는 요구하기, 거부하기, 언급하기 등이 있고, 언어적(verbally) 또는 비언어적(nonverbally)인 방법으로 모두 의사소통이 가능하다. 비언어적 행동으로는 얼굴 표정, 제스처, 상대방과의 거리 등이 있다. 사회적 상호작용을 돕는 인지적 능력에는 다른 사람의 의도를 이해하고, 감정 이해하기, 사회적 상호작용 안에서 추론하는 것 등이 포함된다. 언어 이전 단계(단어 사용 이전 시기)와 언어 출현 단계(한 단어 사용 시기, 단어 조합 시기)도 포함하여 전 발달 단계에 걸쳐 발전한다(ASHA, 2007b).

사회적 의사소통은 생후 첫 달 이내에 시작되는데 영아가 다른 사람의 얼굴, 특히 눈을 쳐다볼 때 일어난다. 타인과의 상호작용을 위해 필요한 모든 것을 발달시키는 눈맞춤은 양육자와의 관심을 공유하고, 얼굴 표정, 말, 의도, 감정, RJA(공동관심 반응하기), IJA(공동관심 시작하기)를 이해하는 데 필요한 많은 기술의 기초가 된다(Hwa-Froelich, 2015; Senju & Csibra, 2008; Zhou, Chen, & Main, 2012). 눈으로 응시하는 행동은 손 뻗기, 가리키기, 물건 잡아끌기, '도와주세요, 열어 주세요, 작동시켜 주세요'의 뜻으로 물건 건네주기 등의 다양한 제스처로 확장된다(Crais, Douglas, & Campbell, 2004). 영아들은 사회적 상호작용, 타인의 행동조절, 공동관심 유발을 위해 제스처를 사용하는데, 이 세 가지는 영아들도 의사소통 기능을 가지고 표현한다는 것을 증명한다(Bruner, 1981; Crais et al., 2004). 사회적 상호작용을 위한 제스처는 인사하기 위해 손을 흔들거나 "엄청 크다."라는 말에 반응하기 위한 제스처 등을 포함한다. 타인의 행동을 조절하기 위한 제스처는 멀리 있는 것을 요구하기 위해 손가락으로 가리키거나 싫은 물건을 밀쳐 버리거나 싫다는 의미로 고개를 젓는 등의 행동을 포함한다. 공동관심을 이끌어 내는 제스처는 다른 사람의 관심을 어떤 물건이나 어떤 사람으로 향하게 한다. 예를 들어, 밖에 있는 개를 가리키거나 다른 사람과 같이 놀기 위해 장난감을 들고 있는 것 등이 포함된다(Bruner, 1981; Crais et al., 2004). 영아가 제스처를 사용하게 되면 그다음으로는 타인과의 상호작용과 의사소통을 목적으로 하는 음성 및 단어, 비슷한 말들이 발전하는 양상을 보인다. 〈표 8-1〉에는 일반적인 발달단계에서 초기 음성 기술과 제스처를 기능별로 나누고 발달단계별로 제시하였다.

표 8-1 초기 음성 기술, 제스처를 기능별로 나눈 위계

기능: 거부하기	기능: 요구하기	기능: 사회적 상호작용/주의집중
울기 몸을 뒤틀기 음성 밀기 도망가기	울기 음성 계속 깡충깡충 뛰기	 음성
싫다는 뜻으로 고개 젓기 "싫어."라고 말하기	행동을 계속하기 위해 성인의 손을 잡아끌기 잡기 위해 손 뻗기 원하는 물건 쪽으로 성인 데려가기 멀리 있는 방향으로 손가락 뻗기 도와줘, 열어 줘 또는 요구의 의미의 비슷한 단어 말하기 원한다는 뜻으로 "응."이라고 말하거나 고개 끄덕이기 요구를 의미하는 단어 사용하기 요구를 의미하는 어구 사용하기	손 흔들기 모방 요구하면 손 흔들기 다른 사람이 들어오거나 나갈 때 자발적으로 손 흔들기 까꿍놀이 모방하기 까꿍놀이 시작하기 박수 모방하기 박수 시작하기 물건 보여 주기 물건 건네주기 보여 주기 위해 가리키기 손유희와 함께 노래하기 노래 부분 따라 하기 자발적으로 언급하기 동의한다는 의미로 "응."이라고 말하거나 고개 끄덕이기

출처: Crais, Douglas, & Campbell (2004); Crais, Watson, & Baranek (2009); Rosetti (2006)

　　사회적 의사소통은 ASD 영아에게 매우 핵심적인 어려움 중 하나이다. Landa, Holman, O'Neil 그리고 Stuart(2011)의 연구를 살펴보면, 일반 영아와 ASD 영아 간 차이가 뚜렷하게 나타나는 사회적 의사소통의 어려움에는 시작행동, 상호작용, 공동관심, 상징적 행동, 운동 모방, 언어 및 제스처 사용의 어려움이 포함된다. 사회적 의사소통은 ASD 영아의 발달 초기부터 영향을 미치는데, 이 손상은 부모 및 형제자매, 양육자 및 친구 등 상대방과 의사소통하는 기술의 발달에 영향을 미친다. 아주 어린 나이에도 ASD를 가진 영아들은 상호작용하려는 시도가 드물고 그 시간 또한 짧다. 이는 언어발달과 학습을 어렵게 만들기 때문에 중재가 필요하다. 추후에 ASD로 진단받은 유아가 12개월 때는 어떤 점이 달랐는지 알아본 연구에서는 일반 영아와 비교해서 제스처의 사용과 사회적 상호작용의 시작도 더 적었다고 나타났다(Colgan et al., 2006; Mitchell et al., 2006). 12~24개월의 일반 영아, 발달지연이 있는 영아, ASD 영아를 비교하여 공동관심 기능이 있는 제스처를 얼마나 사용했는지에 대해 알아본 연구에서는 ASD 영아가 어린 나이부터 사회적 상호작용 기술이 부족한 특징이 있는 것으로 밝혀졌다(Watson, Crais, Baranek, Dykstra, & Wilson, 2013).

　　ASD의 위험이 있는 영아뿐만 아니라 ASD 영아에게도 전형적인 언어 표현의 발달과 다른 특징이 있다. Paul, Fuerst, Ramsay, Chawarska 그리고 Klin(2011)의 연구에 따르면, ASD의 위험이 있는 영아는 일반 영아보다 자음과 자음-모음 조합의 소리를 덜 내었고 비구어적 음성(nonspeech sound)을 더 많이 내는 것으로 나타났다. 그리고 이 차이점은 ASD 영아가 만 두 살 이내에 보이는 특성이다. 말에 있어서 또 다른 차이점은 말의 오류가 있고 강세나 억양이 부자연스럽다는 것이다. 어떤 영아는 아동기 말 실행중이라고 진단받기도 하는데 이 신경학적인 이상은 비정상적인 반사나 비정상적인 근육 긴장도를 가지고 있지 않아도 말 표현과 관련해서 구강근육 움직임의 정확도나 일관성에 어려움을 보이는 것이 특징이다(ASHA, 2007b). 움직임을 계획하고 실행하는 데 손상이 있으면 말소리(부정확한 말소리를 사용하고, 소리를 빼거나 틀리게 말한다) 억양, 강세에 오류를 초래한다. Shriberg, Paul, Black 그리고 van Santen(2011)이 연구에서 밝혀낸 내용을 보면, 말을 이해할 수 있는 46명의 ASD 영아를 일반 영아와 비교해 보았을 때 음소의 발달이 늦는 것과 말의 오류를 보이는 것의 상관관계가 밀접한 것으로 나타났다. ASD 영아는 단어를 바꾸어서 사용하고, 큰 목소리나 높은 억양을 사용하며 부적절한 강세를 보였다. 하지만 이러한 중요 특징에도 불구하고 아동기 말 실행증의 핵심적인 증상과는 다른 양상을 보였다.

Mody(2014)는 자폐 범주성 장애인의 25%가 기능적인 말을 하지 못한다고 보고하였다. 연구에 따르면, 무발화 단계에서부터 초기 발화가 나타나는 전이 시기는 사람들 간에 메시지를 주고받는 의사소통의 가치를 알게 되는 때이다. 그러나 ASD 영유아는 사회적으로 관심이 결여되었기 때문에 타인의 행동이 예측 가능한 의미를 포함한다는 것을 배우기 어렵게 된다. 이러한 특성으로 인해 ASD 영유아는 가지고 있는 물건을 독점하려고 하거나 사회적 상호작용을 하려는 타인의 의도를 알아채지 못하는 경우가 있다.

ASD 영유아에게는 비전형적인 언어 특성도 나타난다. 이에 대한 한 가지 양상은 언어의 사용과 이해력 수준이 불일치한다는 것이다. ASD 위험성이 있다고 평가받았던 영유아들을 대상으로 17년간 추적연구를 하였는데, 언어 능력이 발달함에 따라 표현언어가 수용언어를 능가하는 경우가 종종 있었다고 보고하였다(Pickles, Anderson, & Lord, 2014). 수용언어보다 표현언어가 좋은 것은 조기개입 중재에 있어서 가끔 혼란을 초래하는데, 교사나 부모는 아이가 어떤 단어를 사용하면 그 단어의 의미를 이해한다고 가정할 수 있기 때문이다. 또한 명명하기는 하지만 요구하기는 하지 않는 불일치를 보일 수도 있다. 예를 들어, 어떤 영아가 물건이나 그림을 보고 자발적으로 이름을 말할 수 있지만 "이게 뭐야?"라고 질문을 받았을 때 대답하지 못하는 경우이다. 아니면 "이게 뭐야?"라는 질문에 대답할 수 있어도 그 단어를 사용해서 요구하기를 하지 못한다. 조기개입 전문가는 영아의 언어 표현에서 기능적인 언어를 살펴봄으로써 영아의 강점과 요구를 알아낼 수 있다. Skinner(1957)는 행동의 틀(framework)을 사용하여 언어 발달과 관련한 여섯 가지 유형의 '언어 행동'을 정의하였다. 그중에서 네 가지는 영유아기와 관련 있고, 이것을 요구하기(mand),

명명하기(tact), 언어자극−언어반응(intraverbals), 따라 말하기(echoics)라고 했다. 요구하기는 손가락으로 그림을 가리키거나 단어를 사용하여 무엇인가를 요구하는 것이다. 명명하기는 개를 가리키면서 그냥 "개"라고 이름을 붙이는 것이다(요구하기는 아님). 언어자극−언어반응은 다른 사람의 말에 대한 반응으로, 예를 들어 질문에 대답하거나 다른 사람이 멈추면 뒤이어 말하는 것이다(노래를 하다가 멈추고 기다리면 유아가 뒤이어 부른다). 따라 말하기는 들은 말을 반복하는 것이다.

ASD 영유아는 들은 말을 자주 반복한다. 텔레비전 쇼나 광고, 영화에서 본 대사를 반복하는 것이 한 예이다. 이것은 **스크립팅**(scripting)이라고 알려져 있는데, 때로는 반향어의 형태로 간주된다. 반향어란 '다른 사람이 말한 단어나 구문을 비슷한 억양으로 반복하는 것'(Kim, Paul, Tager-Flusberg, & Lord, 2014, p. 242)으로 ASD 영유아에게 공통적으로 나타난다. 반향어는 즉각적으로 나타나기도 하고, 지연되어 나타나기도 하며, 많은 기능을 지닌다. 질문에 대해 "네"라는 의미가 포함되었을 수도 있고, 정보를 처리하는 동안의 표현으로 나타날 수 있다. 또한 요구의 의미일 수도 있고, 말을 주고받을 때 자기 차례의 의미로 또는 이름을 붙이는 것일 수도 있다(Prizant, 1983). 반향어는 유창한 말을 하면서 나올 수도 있고, 할 수 있는 유일한 말일 수도 있다.

스크롤링(scrolling)은 ASD 영유아의 또 다른 특이한 언어적 특성이다. 스크롤링은 ASD 영유아가 옳은 답을 말할 때까지 몇 가지 단어들을 나열하는 것이다. 예를 들어, "개는 뭐라고 소리 낼까요?"라는 질문을 받은 아이가 스크롤링을 통하여 "음메, 야옹, 멍멍"이라고 대답한다. 보통 이 반응은 정확한 답을 찾는 과정이다. 스크롤링은 아이가 질문을 받았을 때 재빠르게 의존하면서 답을 찾거나 주어진 상황에서 어떤 답을 해야 할지 배우지 못했을 때 나타난다(Sundberg, 2008). ASD로 진단을 받은 두 살의 지훈이는 스크롤링을 보이기 시작하였고, 적절한 도움을 위해 조기개입 팀의 개입이 필요하였다. 지훈이는 원하는 것을 가리키기 위해 물건에 손을 뻗거나 잡아당기는 행동을 하였고, 두 개 중에 고르기 위해 포인팅을 사용하였으며, '더'라는 의미의 사인(sign)을 사용하였고, 노래 부를 때 율동도 할 수 있었다. 지훈이의 가족은 아이의 말하기가 향상되기를 원하였고, 조기개입 전문가는 노래 부르거나 익숙한 구절에서 빈 곳을 채우는 훈련뿐만 아니라 소리나 단어를 모방하는 전략을 사용하였다. 게다가 간단한 자음-모음 결합 단어를 모방하게 하는 데도 중점을 두었다. 지훈이가 매우 선호하는 활동이나 물건이 이용되었고, 지훈이는 단어를 모방하기 시작하였다. 지훈이가 말을 한다는 데에 조기개입 전문가는 매우 기뻤지만 비슷한 말들을 하기 시작한 지 5주가 지난 후에 아이는 스크롤링을 보이기 시작하였다. 단어를 말해야 하는 순간에 정확한 단어를 말하는 대신, 다양한 단어나 제스처를 스크롤링 하기 시작하였다. 예를 들어, 과자를 얻기 위해 지훈이는 과자를 뜻하는 단어로 "가서, 먹어, 위에"라고 반복하며 울기도 하였다. 일상생활에서 다양하게 보이는 스크롤링 행동으로 인하여 아이와 가족은 좌절하고 혼란스러웠다. 가족은 아이가 적절한 명사를 말하는 방법을 잊어버린 것이 아닌가 하며 당황스러워했다. 지훈이는 의사소통의 영향력을 경험하였지만 의문에 대한 대답이나 모방해서 반응하는 경우를 제외하고는 레퍼토리가 확장됨에 따라 주어진 상황에 어떻게 해야 하는지 알지 못했다. 지훈이가 의사소통 의도를 더욱 상징적으로 표현함에 따라 제스처나 단어의 사용보다는 말(대화)의 사용이 더 강조되었다. 하지만 아이는 다양한 상황에서 비언어적 방법으로 문제 해결하기, 도움을 요구하기 위해 건네주기, 원하는 것을 위해 누군가 데려오기, 원하는 것을 손가락으로 가리키는 등의 행동이 충분히 연습되지 않았다. 조기개입 전문가는 목표를 다시 비언어적 방법으로 문제 해결하기, 단어의 사용과 함께 제스처 사용하기로 바꾸었고, 지훈이의 스크롤링은 사라졌다.

조기개입 전문가들은 가족의 우선순위 내에서 기능적인 결과를 얻고 영유아의 상호작용에 영향을 미치는 활동이나 일상을 분석하는 데 어려움을 겪는다. 조기개입 전문가가 지윤이와 그 가족과 함께했던 경험은 ASD 영유아들과 만났을 때 빈번히 겪을 수 있는 일을 보여 준다. 지윤이는 자기-자극행동(앞뒤로 흔들거나 뱅글뱅글 돌기)을 할 때만 소리를 냈다. 첫 번째 회기에서 가족이 제일 원했던 것은 아이가 말을 할 수 있게 되는 것이었다. 조기개입 전문가는 말하기 이전에 공동관심을 기울이거나 제스처를 사용하는 양상이 먼저 나타나야 한다는 점을 설명하였다. 제스처를 먼저 사용해야 한다는 사실 때문에 가족은 혼란스러웠고 왜 조기개입 전문가가 아이에게 단어 말하기를 가르치지 않는지 이해하지 못했다. 수업이 진행됨에 따라 조기개입 전문가는 아이와 어떻게 눈을 맞추고, 주의집중을 강화하고, 사회적 상호작용을 하고, 문제해결을 하고, 모방을 하는지 부모에게 이해시켰고, 아이가 기능적으로 제스처와 단어를 사용할 수 있을 것이라고 말해 주었다. 그리고 부모가 훈련을 받고 자녀를 도와주도록 하였다. 즉, 부모는 자녀가 행동과 언어를 사용하여 타인에게 영향을 미치고, 초기 언어 기술을 사용하여 일상생활에서 말할 수 있도록 도움을 주는 것을 목표로 하였다.

아이가 말을 하지 않거나 말로 의사소통하는 데 어려움을 가진다면 보완 대체적인 의사소통 방법도 사용해 볼 수 있다. 그림 교환 의사소통 체계(The Picture Exchange Communication: PECS; Bondy & Frost, 1994)는 말을 효과적으로 할 수 없는 영유아들에게 대중화된 프로그램이다. 그림 교환 의사소통 체계는 특정한 프로토콜을 따르며, 선택권을 주기 위해 그림을 사용하는 것은 아니지만 요구하기를 말로 표현할 수 없는 사람들에게는 도움이 될 수 있다. 또 다른 보완대체의사소통 방법으로는 수화(sign language), 태블릿PC의 애플리케이션, 음성 생성 장치 등이 있다. 때때로 보완대체의사소통은 영유아가 어린이집이나 학교에 가는 등 새로운 환경으로 전이될 때에도 필요하다.

다음은 소윤이가 2세에 어린이집에 가기 시작하면서 일어난 일이다. 아이는 집에서 부모와는 단어, 구문, 문장으로 대화할 수 있었지만, 그 외 다른 환경에서는 어려웠다. 어린이집에서 아이는 친구들과 대화할 수 없었고, 놀이시간이나 간식시간에 요구하기를 할 수 없었다. 또한 이야기나누기 시간에 아는 친구의 이름을 부를 수도 없었다. 때때로 소윤이가 단어를 말하기도 했지만 일상과 상관없는 단어였고, 누군가가 질문을 하면 대답을 하지 못하고 따라 하기만 했다. 퍼즐 맞추는 시간처럼 어떤 일상 시간에는 관련된 말을 하는 경우도 있지만 누구를 향해서 하는 말은 아니었다. 예를 들어, 퍼즐을 완성하면서 "소는 '음메' 울어, 돼지는 '꿀꿀' 울어"라고 말을 하더라도 다른 사람을 쳐다보고 하는 말은 아니었다. 조기개입 전문가들은 소윤이가 친구들, 교사와 상호작용할 수 있도록 보완대체의사소통을 계획하였다. 일단 전문가들은 보완대체의사소통이 소윤이의 의사소통을 막을 것이라는 부모의 두려움부터 다루었다. 소윤이는 간식시간에 요구하기를 위한 그림부터 사용하기 시작하였고, 이야기나누기 시간에 참여하기 위해 친구들의 사진을 사용하였으나, 몇 주 후에는 더 이상 그림이 필요하지 않을 만큼 성장하였다.

조기개입 전문가들은 보통 그다음 목표행동을 정하는 데 있어 일반적인 영유아 발달단계를 참고한다. 이것은 많은 경우에 적절하지만 ASD는 복잡하기 때문에 발달의 다음 단계로 넘어가면서 때로는 불일치가 생기는 영역이 있을 수 있다. 20개 이상의 단어를 말하는 영아가 있다고 할 때 치료사는 구문 말하기를 다음 목표로 삼는다. 만약 영아가 한 단어를 기능적으로 말하지 않거나 자발적 발화보다 모방을 보이는 경우가 있다면, 이때의 영아는 확장할 준비가 되어 있지 않은 것이다. ASD 위험이 있는 25개월 된 이안이도 이런 모습을 보였다. 이안이의 조기개입 전문가들은 칠판 왼쪽에 '주세요'를 뜻하는 그림을 붙였다. 그리고 칠판 오른쪽에는 'TV, 음료수, 먹다, 간지럽'을 의미하는 네 가지 그림을 붙였다. 왜냐하면 이안이는 아직 단어를 붙여서 사용할 줄 몰랐고, 가족과 치료사는 한 번에 한 개의 단어만 말하는 이안이에게 도움을 주려고 했기 때문이다. 시간이 지나서 칠판은 소거가 되었지만 이안이는 요구하기를 할 때마다 무엇인지는 밝히지 않고 "주세요"를 붙였다. 게다가 무언가를 언급할 때도 부적절하게 "주세요"를 붙이기 시작하였다. 아이가 단어를 붙여서 사용하는 목표는 달성했지만 구분을 기능적으로 사용하지는 못한 것이다.

조기개입 전문가들은 부모나 양육자가 영유아의 사회적 상호작용과 기능적인 언어를 촉진하는 데 중요한 영향을 미칠 수 있도록 도와준다. 다른 사람의 눈을 바라보고, 몸짓 및 단어를 모방하고, 다양한 기능을 가진 단어를 사용하고, 몸짓 및 단어를 교환하는 과정에 참여하는 등의 기술을 일상생활에 삽입한다. 이러한 기술들은 발달 위계에 따라 제시되고 사회적 의사소통을 위한 발달이정표로 생각된다.

눈맞춤 하기

배경 정보: 눈맞춤은 공동관심을 포함한 많은 초기 사회적 의사소통 발달의 기초가 된다(Zhou et al., 2012). 눈맞춤은 영아기 때도 나타나는데 엄마 젖이나 젖병을 빨 때 그리고 누군가 말을 할 때 미소와 얼굴 표정을 이끌어 내는 자극이 된다(Beier & Spelke, 2012). 사회적 미소는 가정 내에서 익숙하고 재미있는 놀이—까꿍놀이, 간지럼 놀이, 술래잡기—를 할 때 주고받는다. 가족과 함께하는 놀이들은 익숙하고 반복되고 예상 가능한 활동이다.

ASD 영유아의 특성: ASD 영아는 눈맞춤이 부족한 경우가 자주 있다. 나중에 ASD로 진단받는 영유아들은 2~6개월 때 타인과 눈맞춤이 적었는데, 이는 전형적인 발달에서는 관찰되지 않는 것이다(Jones & Klin, 2013). 많은 ASD 영유아는 다른 사람과 이야기하는 동안에도 눈을 지속적으로 맞추지 못한다. 이것은 말하는 사람에게서 비언어적 중요한 단서를 얻는 데 영향을 미치며, 상대방이 상호작용하려는 동기에도 영향을 미친다. ASD 영유아들이 사회-감각놀이를 하는 것은 즐겁고 의미 있는 무엇인가를 하면서 눈맞춤을 이끌어 낼 수 있는 좋은 방법이다.

일상에 적용하는 방법: 눈맞춤을 일상에서 어떻게 연습할 것인가에 대한 방법들이 다음에 소개되어 있다.

 목욕할 때 / 옷을 갈아입을 때와 기저귀를 갈 때

수건이나 깨끗한 기저귀 또는 아이의 옷으로 까꿍놀이를 한다. "이제 배에다 '뿌우' 할 거야."와 같이 예상 가능하며 아이가 좋아하는 놀이를 한다. 아이에게 옷을 입힐 때 엄마의 얼굴을 잘 볼 수 있는 위치에서 해 본다.

잠잘 때

침대에 아이를 눕히고 취침시간에 하는 익숙한 일과를 잠시 멈춘다. 아이가 눈을
맞추면 미소 짓고 아이에게 굿나잇 키스를 한다.

 ### 책을 읽을 때

엄마를 바라보기 쉬운 위치에 아이를 앉힌다. 많은 경우 책 읽는 시간에 아이를
엄마의 무릎에 앉히지만, 소파 위 혹은 바닥에 앉는 자세가 눈맞춤 하기에 더 좋다.
그림에 대해서 이야기하거나 책을 읽을 때 아이가 좋아할 만한 예상 가능한 단어나
소리를 이용한다. 일상이 더 익숙해짐에 따라 잠시 멈추면 아이는 다음 소리나 단어
를 기대하면서 엄마를 쳐다볼 것이다. 한두 번 쉬어 보는 것으로 시작하고, 아이의
눈맞춤이 증가하면 기회를 더 늘려 본다.

 ### 지역사회로 외출할 때

안전한 범위 내에서 빨리 걷거나 달리면서 "○○ 잡아라!"라고 말하면서 즐거운
잡기 놀이를 한다. 공원 풀밭에 앉아서는 간지럼 태우기, 점프 놀이를 하면서 눈맞
춤을 유도해 본다. 아이가 유모차에 앉아 있을 때에는 "산다!" "멈춰!"라는 말을 이용
하여 놀이를 해 본다. 차가 길에서 잠시 서 있는 시간에는 아이와 까꿍놀이를 해 볼
수도 있다. 마트에서는 물건을 가까이에서 보게 한 후, 카트에 넣기 전에 물건에 대
해서 이야기해 본다.

 ### 놀이할 때

아이가 즐겨하는 노래나 율동, 손유희를 이용해 본다. 아이를 상자나 빨래 바구니

안에 앉히고 관련된 노래(탈것과 관련한 노래)를 불러 준다.

눈맞춤 하기를 위한 조언

상호작용이 즐거울 수 있도록 영유아의 감각적 선호도를 파악해 둔다(6장 참고).

눈맞춤을 계획할 때 그리고 아이가 지속적으로 눈맞춤을 할 때까지는 되도록 산만한 환경적 요소를 줄이고 아이가 양육자와 눈맞춤을 잘할 수 있는 위치를 정한다.

아이가 일상을 이해할 수 있도록 행동과 언어를 반복하고, 눈맞춤을 위해 잠시 멈춤 전략을 이용한다. 아이가 일단 정해진 일상을 익숙하게 알게 되면 예상치 못한 멈춤 전략을 사용하는 것이다. 부모가 잠시 멈추면 말이나 행동이 왜 일어나지 않는지 보기 위해 다른 사람을 쳐다볼 것이다. 이 방법은 아이에게 음식을 줄 때나 익숙한 노래를 부를 때, 익숙한 책을 읽을 때, 손유희를 할 때와 같이 어떠한 활동에도 적용할 수 있다. 게다가 상호작용을 하는 동안에는 "와우" "오"와 같이 눈맞춤을 유도할 수 있는 다양한 억양의 말도 할 수 있다.

아이가 여러 개의 물건을 가지고 반복하는 활동을 할 때(과자 먹기, 퍼즐 맞추기, 상자에 물건 집어넣기) 아이가 필요로 하는 물건을 통제하면서 줄 수 있다. 처음 몇 번은 한 번에 한 개씩 주다가 잠시 멈추면 아이가 "다음 것은 어디에 있어요?"라고 말하는 것처럼 쳐다볼 것이다. 아이가 기대감을 이해하고 나면 요청하기 위해 눈맞춤을 할 것이다.

눈맞춤은 사회적 의사소통의 기술로서 중요성을 지닌다. 왜냐하면 눈맞춤을 통해서 원하는 것을 얻을 수 있다는 긍정적인 결과를 배울 수 있기 때문이다. 그리고 적절한 타이밍을 찾아서 자발적인 눈맞춤을 유도하기보다는 "내 눈을 봐." "나를 보세요."라고 직접적으로 말한다.

자신의 이름을 부르는 사람을 바라보는 것은 눈맞춤과 관련이 있다. 아이가 원하는 물건을 건네주거나 칭찬할 때 이름을 부름으로써 자신의 이름을 듣고 그쪽을 향해 본다는 것을 가르칠 수 있다. 만약 아이가 즐거운 활동과 관련한 말을 안다면(예를 들어, "밖에 나갈 시간이다." "안녕하고 가자."), 이 말을 하기 전에 아이의 이름을 불러 본다. 이렇게 하면 아이는 이름과 긍정적인 결과를 연관 지어 생각할 것이다. 어떤 경우, 아이가 문제행동을 보인다면 아이는 부정적인 상황에서 계속 자신의 이름을 듣게 된다. 예를 들어, "잘 듣고 있었네."라는 칭찬의 말과 함께 이름을 명명하기보다는 "○○야, 앉아." "○○야, 그만해." "○○야, 입에서 빼."라는 부정적인 말과 함께 자신의 이름을 더 많이 듣게 될 수 있다.

누군가가 가리키는 곳을 보는 것은 영유아가 일관적으로 눈맞춤을 하기 위해 도움이 되는 활동이다. 이는 RJA(공동관심 반응하기)의 구성요소로서 중요한 사회적 기술이다. 아이에게 '가리키는 것을 바라보기' 기술을 가르치기 위해서 과자를 그릇에 담고 아이가 볼 수 있지만 손이 닿지 않는 위치에 둔 후 그 옆에 함께 앉는다. 신난 듯 아이에게 "이것 봐."라고 손가락으로 과자를 가리키며 말한다. 만약 아이가 과자를 보지 않으면 그릇을 가볍게 치거나 흔들어서 아이의 주의를 끈다. 아이가 그릇을 보자마자 과자를 준다. 이 과정을 반복한 후 그릇을 흔드는 행동은 소거한다. 아이가 가까이에 있는 물건을 가리킬 때 응시할 수 있게 되었다면 거리를 점점 더 멀리한다. 멀리 있는 거리에서도 아이가 관심 있는 다양한 물건을 가리키면 응시할 수 있도록 일반화한다.

진보를 점검하기 위한 방법: 특정 일상 동안 3분의 간격을 두고 다른 사람과 눈맞춤 한 횟수를 기록한다. 또는 이름을 부르면 아이가 돌아보고 말한 사람의 눈을 쳐다본 횟수를 기록한다.

제스처, 소리, 단어 모방하기

배경 정보: 제스처와 소리, 단어를 모방하는 것은 사회성과 인지발달에 중요하다. 가족이 늘 하는 일과 안에서 손을 흔들어 안녕이라고 하거나 뽀뽀를 하는 것, 익숙한 노래에 맞추어 율동하는 것, 손을 귀에 대고 전화 놀이를 하는 것 등의 행동이 모두 제스처를 모방하기 시작하는 것이다. 소리 모방은 음성 놀이로부터 시작되며, 주변의 소리나 동물 소리를 따라 하는 것으로 발전하게 되고, 그 후 단어 모방으로 이어진다.

ASD 영유아의 특성: ASD 영유아는 모방하는 횟수도 적고 정확하게 모방하는 것도 어렵다. 이는 ASD 영유아기부터 성인기까지 나타날 수 있는 어려움이다. 모방의 결과와 그 과정에서 사용되는 도구들에 대한 이해가 부재한 채로 행동이나 활동 목표를 똑같이 따라 해야 한다면 모방에 대한 어려움이 더 심각해진다(Vivanti & Hamilton, 2014). 제스처를 잘 사용하지 않는 ASD 영유아에게 활동 모방을 통해서 그들의 신체를 이용하여 문제해결할 수 있다는 것을 가르칠 수 있다. 예를 들어, 다른 사람을 살짝 밀치는 것은 가라는 뜻이고, 도움을 요구하는 뜻으로 물건을 건네거나, 옷을 입기 위하여 팔다리를 내밀거나, "무엇을 할까?"의 질문에 필요한 대답을 행동으로 보일 때다. ASD 영유아가 이러한 제스처를 사용하면 의사소통의 힘을 배울 수 있고 더 추상적인 제스처를 사용할 수 있는 기반이 된다. 기본적으로 배워야 할 제스처의 기능은 '이리 와요, 원해요, 내 차례야, 맞아, 아니야' 등이다.

일상에서 적용하는 방법: 다음의 조언들은 영유아들이 일상생활에서 적절하게 제스처, 소리, 단어를 따라 하게 하는 방법들이다.

목욕할 때

물을 튀게 하거나 비누 거품을 부는 행동을 따라 해 볼 수 있다. 목욕용 장난감을 가지고 놀 때 물고기가 헤엄치게 하거나, 장난감 '배' 의 '브' 소리를 따라 말하게 하거나, 오리의 '꽥꽥' 단어를 따라 하게 해 볼 수 있다. 목욕 후 정리할 때 장난감을 넣으며 "안녕!"이라고 말하거나 단어, 제스처를 따라 하지 않는다면 목욕이 끝난 후 끝을 의미하는 행동이나 말을 정해서 모방할 수 있도록 한다.

 ## 잠잘 때

아이가 가지고 있는 인형을 쓰다듬으면서 "잘 자."라고 말하고, 아이도 똑같이 하도록 돕는다. 엄마의 입술에 손가락을 갖다 대며 "쉿!" 또는 "잘 자."라고 말해 본다. 아이가 일단 행동을 모방하면 인형에게 "잘 자."라고 말하는 것도 모방할 수 있도록 보여 준다.

 ## 책을 읽을 때

그림에서 행동이나 의미를 보여 주기 위해 제스처를 사용한다. 예를 들어, 위로, 아래로, 크다, 빙글빙글 돈다, 자다, 먹나, 점프하다를 나타내기 위해 제스처를 사용한다. 생일 파티 그림에서 컵케이크를 꺼내는 척하여 컵케이크를 먹는 동작을 하고, 뜨거운 음식을 불어서 식히는 척하고 난 후에 아이에게 "네 차례야!" "너도 해 봐."라고 말한다. 음식 그림에 해당되는 소리를 내거나 단어로 말하기를 보여 주는데 "음~"이나 "먹어."라고 말해 본다.

지역사회로 외출할 때

공원에서 미끄럼틀 위에 자동차나 공, 돌멩이 등을 놓고 물건을 굴리며 "와아" 하고 말한다. 아이에게 물건을 건네주고 미끄럼틀 위에 올려놓도록 한다. 필요하다면 도와준다. 마트나 도서관, 우체국의 자동문 앞에 서면 "열어."라고 말하고 여는 동작을 보여 준다. 만약 아이가 말을 따라 하지 않으면 동작만 따라 하도록 도와준다.

 ### 기저귀를 갈 때와 옷을 갈아입을 때

아이의 티셔츠를 벗기면서 "엄청 크다!"라고 말하며, 팔을 위로 뻗는 것을 보여 준다. 아이에게 팔을 위로 뻗는 동작을 따라 해 보도록 도와준다. 기저귀를 간 후 아이에게 손을 내밀면서 "일어나."라고 말한다. 아이가 손을 내밀지 않는다면 아이의 손을 톡톡 친 후 어머니의 손을 내민다. 잠시 뒤 엄마가 손을 뒤로 하면 아이가 팔을 뻗게 되고 엄마는 손을 다시 가까이 하며 "일어나."라는 제스처로 바꾼다.

 ### 몸단장할 때와 위생관리를 할 때

이 닦기, 머리 감기, 손 씻기 그리고 세수하기를 할 때는 모방할 수 있는 많은 기회가 된다. 왜냐하면 필요한 몸의 움직임뿐만 아니라 아이로 하여금 일상의 목적에 따라 수행해야 할 행동에 대한 단서를 주는 물건(예: 빗, 칫솔)이 있기 때문이다. "치카치카" 같이 중요한 단어도 함께 사용하면서 시범을 보여 준다.

 ### 집안일을 할 때

엄마는 무엇을 할 예정인지 아이에게 말하고 그 상황과 연관된 소리, 동작, 단어들을 들려주고 보여 준다. 예를 들어, 진공청소기를 돌릴 때 "청소할 시간이야."라고 말하고, 윙 소리를 내기도 하고, 청소기를 켜기 전에 청소기를 앞뒤로 미는 동작을 보여 준다.

 ### 식사를 할 때 / 간식을 먹을 때

혀를 내보이거나 짭짭 소리를 내며 먹는 것과 같은 재미있는 얼굴 표정을 지으면서 "음" "맛있다" "뜨거워" "먹자"와 같이 다양한 소리를 내 본다. 식사를 준비하거나 식사 후 정리할 때 음식을 젓거나 양상추를 찢거나 플라스틱 접시를 헹구거나 의자나 식탁을 닦을 기회를 준다. 적절한 동작과 소리를 시범으로 보여 준다.

 ### 놀이할 때

아이의 놀이 레퍼토리 내에 있는 흔들기, 밀기, 날려 보기, 두드려 보기, 채우기, 버리기, 쓸기, 시작하기 등을 바탕으로 동작이나 말을 시범 보여 주고 난 후 새로운 것으로 진행한다. 예를 들어, "붕" "빵빵" 소리를 내면서 차를 굴려 보고, 동물 인형 위에 담요를 덮은 후 입술 위에 손가락을 대고 "쉿, 자자."라고 말해 보고, "똑똑" 소리를 내면서 벽을 두드려 볼 수 있다. 블록 탑이 쓰러진다든지 공이 소파 뒤로 굴러간다든지 예상하지 못한 일이 일어나면 "아이쿠"라는 말을 해 본다. 시간이 지나면 많은 아이가 일부분을 따라 할 것이다. 이와 비슷하게 아이가 퍼즐 조각을 맞추었거나 병 속에 구슬을 넣었을 때 "짠" 하고 말한다. 아이는 소리나 억양을 따라 말할 것이다. 아이의 모방이 향상되면 놀이 수준을 더 높여서 지갑이나 가방을 들고 마트나 직장, 학교에 가는 척한다. 만약 아이가 놀이에서 동작이나 단어를 모방하지 않는다면(혹시 관심 없이 멀리 가 버린다면) 멀리서 지켜보고 아이가 하는 것에 대해 언급하거나 아이가 내는 소리나 동작을 따라 해 본다. 점점 가까이 가 보고 옆에 있어도 괜찮다면 가까이에서 따라 해 본다. 아이가 옆에서 따라 하는 것을 괜찮다고 하면 신뢰를 얻었다는 뜻이고, 놀이와 관련된 물건을 건네주어 보는 단계로 넘어갈 수 있다. 상호작용이 점차 늘어나게 되면 더 잘 견딜 수 있게 되고 목표로 하는 모방을 시작할 수 있다.

제스처, 소리, 단어를 모방하기 위한 조언

하루를 생활하면서 아이와 상호작용할 때 발화(언어 표현)를 보완하기 위한 제스처를 사용한다. 달리기, 걷기, 행진하기와 같은 동작이나 추위에 떠는 몸짓을 장난스럽게 표현해 본다.

말과 함께 제스처를 시범 보여 주는 것은 행동이나 소리, 단어를 모방하기 위한 기회를 주는 것이다. 어떤 ASD 아이는 말보다는 제스처 모방을 더 쉽게 하는 반면에, 어떤 ASD 아이는 제스처보다는 말을 더 쉽게 따라 한다. 이것은 영유아의 발달단계뿐만 아니라 강점, 약점에 따라 다르다. 제스처, 소리, 단어를 모방하는 첫 번째 목표를 정할 때 쉬운 것에서 더 어려운 단계로 가기 위한 전략을 계획하기 위해 아이가 제스처나 구어 중 어느 것을 더 잘 따라 하는지 알아본다.

영유아들에게는 일관된 행동과 단순한 언어를 사용한다("화장실에 들어가서 손 씻어." 보다 "손 씻을 시간이야."라고 말한다). 언어 이해를 더 높이고 모방하기도 더 쉽다.

활동이 더 재미있고 예상 가능해지고 모방하기 더 쉬워지도록 만들기 위해 일상생활과 연관된 동요, 운율, 손유희의 레퍼토리를 개발한다(예를 들어, "손을 씻고 손을 씻고 짝짝짝"을 부르고 "세수하고 세수하고 짝짝짝"으로 바꾸어 부른다).

일상생활에서 끝을 의미하는 제스처의 사용을 시범 보여 준다(식사나 간식시간을 끝냈을 때, 기저귀를 다 갈았을 때, 코를 닦고 나서 등).

처음에는 많은 영유아가 제스처를 모방하는 데 신체적 도움을 필요로 한다. 어떤 아이는 손을 위에서 잡아 주는 방법보다 손을 아래에서 잡아 주는 방법을 더 쉽게 받아들인다. 게다가 모방을 도와주기 위해 신체적 촉진을 할 때 도움을 단계적으로 소거할 필요가 있다. 예를 들어, 만약 아이에게 "열다"라는 몸짓을 가르치려면 처음에는 그러한 몸짓을 할 수 있도록 많은 도움을 준다. 시간이 지나면 아이의 두 손을 모으는 것을 도와주고 양손이 떨어지기를 기다린다. 아이가 독립적으로 손을 벌릴 수 있게 되면 아이의 손은 잡지만 아이가 손을 혼자서 모을 수 있는지 기다리고 관찰한다. 만약 그렇게 해서 몇 번 성공한 이후에는 아이가 혼자서 완성할 수 있는지 지켜본다. 만약 그렇지 않다면 최소한의 도움을 준다.

모방을 위해 주의집중과 동기부여를 하려고 할 때에는 아이에게 영향을 줄 만한 재미있는 활동을 이용한다.

가능한 경우, 다른 친구나 성인이 시범을 보여 주게 하여 아이가 다른 사람이 모방하는 것을 보게 한다.

모방 기술의 발달 단계를 따르는 것이 아이의 수준에 맞는 목표를 세우는 데 도움이 될 것이다. 예를 들어, 아이가 소리나 단어를 모방하기 어렵다면 두 단어 구(two-word phrases) 모방하기를 목표로 정해서는 안 된다.

아이에게 발전할 수 있는 시간을 주기 위해시 새로운 제스처를 모델링할 때에는 천천히 반복한다.

제스처의 사용과 말하는 것을 동시에 격려할 때에는 아이가 행동을 모방하는지 언어적 지시를 따르는 것인지 알기가 어렵다. 예를 들어, 윤서 엄마가 박수를 치면서 "박수"라고 말하면 윤서는 박수를 친다. 조기개입 전문가들은 윤서가 엄마의 언어 지시를 따르는 것인지 박수를 따라 하는 것인지 구분할 수 없었다. 이것을 알아내기 위하여 전문가들은 윤서 엄마에게 처음에는 "박수"라는 말을 하지 않고 박수를 쳐 볼 것을 제안하였다. 이렇게 했을 때 윤서는 반응하지 않았고, 윤서 엄마가 "박수"라고 말을 했을 때 윤서는 박수를 쳤다. 윤서는 동작 모방을 한 것이 아니라 언어 지시에 따른 것이다.

진보를 점검하기 위한 방법: 일상 내 모방이 참여를 증가시키는 과정 그리고/또는 아이가 특정한 일상 내에서 모방하는 제스처, 소리, 단어에 대한 목록을 만들어 본다.

다양한 기능을 위해 제스처 사용하기

배경 정보: 영유아는 다양한 목적을 위해 여러 가지 제스처를 사용한다. 다양한 목적에는 거부하기, 행위 요구하기, 사물 요구하기, 주의 끌기, 사회적 게임하기, 언급하기, 정보 요구하기, 감정이나 생각 나타내기 등이 포함된다(Crais et al., 2004). 일반적인 발달에서 제스처는 말하기 이전에 발달하는데, 제스처는 전 생애에 걸쳐 언어로 의사소통하는 것을 보완하며 계속 사용된다(Goldin-Meadow & Alibali, 2013). 만 1세가 되기 전부터 만 2세에 걸친 시기 동안 영아들은 배운 제스처를 새로운 상황에서도 일반화한다. 예를 들어, 영아가 밖에서 거미를 봤다면 부모를 향해 손을 모으고 "거미가 줄을 타고 올라갑니다" 노래처럼 거미 모양을 만들어 보인다. 이 시기의 영아들은 "싫어!"의 의미로 고개를 흔들거나, "응"의 의미로 고개를 끄덕이며, 부모의 무릎에 앉아 있는 동안 깡충깡충 뛰게 해 달라는 의미로 무릎을 굽히는 동작을 해 보인다(Goodwyn, Acredolo, & Brown, 2000).

ASD 영유아 특성: ASD 영유아들은 일반적인 발달을 보이는 영유아뿐만 아니라 다른 발달장애를 가진 영유아들에 비해서도 사용하는 제스처의 종류가 한정되어 있고 사용빈도 또한 드물다(Colgan et al., 2006; Mitchell et al., 2006; Watson et al., 2013). Goodwyn 등(2000)에 따르면 영유아들에게 제스처를 사용하도록 격려하면 언어발달을 더 촉진할 수 있다고 한다. ASD 영유아가 일상생활에서 제스처를 사용하게 되면 의사소통의 힘을 배웠기 때문에 상호작용에서 긍정적인 결과가 나타난다.

일상에 적용하는 방법: 다음에는 영유아들의 일상 내에서 제스처 사용을 연습할 수 있는 방법들이 소개되어 있다.

 목욕할 때

욕조 안에 있던 아이가 밖으로 나오거나 들어갈 때 도움을 요구하면서 손을 들어 올리도록 엄마는 손을 내밀어 본다. 아이가 반복해서 손을 들어 올리면 엄마는 바로 손을 내밀어 도와주지 않았고, 아이가 욕조 안으로 들어갈지 나올지를 표현하기 위해 손을 들어 올리는지 확인한다. 만약 아이가 팔을 들어 올리지 않는다면 "나갈까?" 하고 물어본다. 그래도 아이가 제스처를 취하지 않는다면 두 손을 뻗는 의미의 시각적 단서를 다시 한번 준다. 요구하기의 의미로 팔을 뻗거나 포인팅을 사용한다는 것을 알게 하기 위해 두 개의 목욕 놀이 장난감을 보여 주고 어떤 것을 원하는지 물어본다.

 잠잘 때

침대에 들어가거나 나올 때 도와 달라고 알리기 위해 제스처를 사용하도록 목욕 시간과 마찬가지의 전략을 사용할 수 있다.

 책을 읽을 때

아이에게 두 권의 책을 보여 주며 손을 뻗거나 손가락으로 가리켜서 선택할 수 있도록 한다. 바퀴가 굴러가거나, 토끼가 깡충 뛰거나, 다람쥐가 나무로 올라가는 등의 장면을 책에서 보여 달라고 한다. 필요하다면 시범을 보여 주고 시간이 지나면 점차 줄인다.

 지역사회로 외출할 때

아이를 카시트에 앉히기 전에 잠시 멈추고 아이가 안아 달라고 표현하기 위해 손을 내미는지 기다려 본다. 마트에서는 물건들을 손에 들고, 아이가 그중에서 고르도록 한다.

 기저귀를 갈 때와 옷을 갈아입을 때

목욕시간에 사용했던 전략과 마찬가지의 전략으로 아이가 기저귀를 가는 탁자로 올라가거나 내려오려고 손을 뻗게 격려해 보자. 옷을 입을 때 장난처럼 양말을 아이의 손에 넣고 아이의 반응을 기다려 본다. 만약 아이가 반응하지 않는다면 "양말은 손에 끼우는 게 아닌데? 어디로 가야 할까?" 하고 물어본다. 아이가 움직이거나 가리키지 않으면 발을 톡톡 건드린다. 아이의 옷을 입는 척하면서 "이거 내 것 아닌데 누구 것일까?"라고 말하면서 아이가 스스로 본인을 가리키는 제스처나 옷을 입는 제스처를 취할 수 있도록 격려한다.

 몸단장할 때와 위생관리를 할 때

설계된 일과를 위해 "우리 다음에는 무엇을 할까?"라고 물어본다. 예를 들어, 칫솔을 들고서 "이제 무엇을 할까?"라고 말하고 아이를 격려하기 위해 양치질을 의미하는 손동작을 보여 준다.

식사를 할 때 / 간식을 먹을 때

아이가 손을 뻗거나 손가락으로 가리키며 간식을 달라고 하는 동작을 하게 하려면 원하는 간식을 아이의 손에 닿지 않는 곳에 둔다. 음식이나 음료를 조금만 주면 아이는 포인팅을 하거나 접시나 컵을 건네주면서 더 달라고 요구할 것이다.

 놀이할 때

손이 닿지 않는 곳에 장난감을 두고 손을 뻗거나 손가락으로 가리키며 요구하도록 격려한다. 잠자기, 먹기, 마시기 등의 시늉을 하는 가장 놀이(pretend play)에서 제스처를 삽입해 본다.

다양한 기능의 제스처를 사용하도록 돕는 방법

도와 달라는 요구로 다른 사람에게 물건을 건네주는 것은 초기 제스처를 목표로 설정할 때 적절하다. 많은 부모는 자녀들이 독립적이어서 도움을 요구하지 않는다고 말한다. 그러나 저자들의 경험에 의하면 아이들이 도움을 요구하는 방법을 몰라서인 경우가 많다. 다음의 방법들은 의사소통을 하고 싶게 만드는 활동이다. 비눗방울 놀이를 하면서 여러 번 더 불어 달라고 말히려고 할 때 비눗방울의 뚜껑을 꽉 잠그기, 간식 통에 간식 넣어 두기, 장난감을 보여준 다음 아이 앞에 놓고 달라고 요구하기를 유도한다. 만약 아이가 장난감을 집어 들지 않거나 건네주지 않으면 손으로 보여 주고 "이거 줄까?"라고 물어본다. 어떤 아이는 누군가가 자신의 옆에서 대신 손으로 물건을 건네주기를 원한다. 이것은 독립적이지 않으므로 소거될 필요가 있다.

아이가 관심을 얻기 위해 소리 지르거나 울고 때리고 무는 행동을 하는 경우가 있다. 이 아이들에게 대체행동으로 제스처를 가르치면 문제행동을 줄일 수 있다. 적절하게 관심을 얻는 방법은 부모의 팔이나 다리를 부드럽게 톡톡 치는 것이다. 부모는 아이가 톡톡 치면 약간은 과장해서 "안녕!" "응?"이라고 반응한다. 부모가 자고 있거나 책을 읽는 시늉을 하면 짧은 기간 내에도 여러 번 반복할 수 있다. 이 기술은 나중에 다양한 환경과 상황에서 연습되고 일반화될 수 있다. 손을 흔들거나 하이파이브 등의 다른 제스처도 관심을 얻는 방법으로 가르칠 수 있다. 예를 들어, 서하는 매일 유치원에서 친구를 문다. 친구와 상호작용하는 방법인 것 같다. 친구들은 서하가 가까이 가면 물리지 않기 위해 피하기 시작하였다. 서하의 조기개입 전문가는 적절한 방법으로 하이파이브를 가르쳤고 동시에 친구들에게 제스처에 반응하는 방법을 알려 주었다. 서하는 관심을 얻는 방법을 배웠고, 친구들은 서하가 하이파이브를 하면서부터 물지 않는다는 것을 알았다. 몇 주 후에 서하의 무는 행동은 사라졌다.

초기에 가르칠 만한 제스처로는 "열어 주세요" 사인(sign)이 있다. 처음에는 요구하기를 위한 다양한 사인을 만들어 내기 위해서 신체적인 도움을 준 다음 가능한 한 빨리 도움을 소거한다. 문이나 간식통, 책을 열어 달라고 요구하는 다양한 상황에서 사용할 수 있다.

영유아에게 손을 뻗거나 포인팅을 하도록 가르치는 것은 의사소통 기술을 발달시키고 자신을 조절하는 데에 큰 도움이 된다. 어떤 영유아는 자신이 처음 배운 제스처를 과잉일반화해서 "주세요"를 뜻하는 보편적인 방법으로 사용하기도 한다. 그러나 이것 때문에 영유아 자신이나 다른 사람은 좌절을 느낀다. 예를 들어, 도현이는 "열어 주세요"를 의미하는 제스처를 배웠다. 그리고 문을 열 때, 사탕 껍질을 벗길 때, 비눗방울 뚜껑을 열 때도 똑같이 쓰인다는 것을 알았다. 도현이가 "열어 주세요"라고 말하기 시작했지만 선반 위에 컵을 가리킬 때도, 엄마에게 도와 달라는 뜻으로 장난감을 건네주면서도 이 단어로 말했다. 이러한 과잉일반화가 자주 발생하기 때문에 "더 주세요" 또는 "열어 주세요"를 뜻하는 제스처를 배우기 전에 손을 뻗거나 포인팅을 가르치도록 강력하게 권한다. [그림 8-1a]와 [그림 8-1b]에서 보는 바와 같이 요구하기를 위해 손 뻗기를 가르치기 좋은 장소는 간식시간에 유아용 의자나 부스터 의자이다. 아이에게 작은 간식을 건네는 것으로 시작한다. 아이가 한 개를 다 먹고 나면 성인의 손을 조금 먼 쪽으로 움직인다. 아이가 손을 뻗자마자 간식을 하나 더 준다. 점차 더 멀리 움직이고 아이가 손을 뻗자마자 즉시 간식을 준다. 이 시작 단계에서는 타이밍이 아주 중요하다. 아이가 손을 뻗자마자 즉시 간식을 받을 수 있어야 한다. 성인이 점차적으로 뒤로 물러나는데 만약 아이가 손을 뻗지 않는다면 성인은 조금 더 가까이에 있는 것이 좋다. 그리고 아이가 손을 뻗을 수 있도록 다시 앞의 과정을 시작한다. 많은 아이들이 짧은 시간 내에 약간 멀리 있는 것을 요구하기 위한 손 뻗기를 배운다. 일단 아이가 약간 먼 곳에 있는 것을 위해 손을 뻗을 수 있게 되면 갇혀 있지 않는 장소에서도 연습해 본다([그림 8-1c]에서 [그림 8-1e] 참고). [그림 8-1f]에서 [그림 8-1h]에서 볼 수 있듯이 전등불을 껐다 켜는 것을 좋아하는 아이에게 벽의 스위치도 같은 방법을 이용해 볼 수 있다. 아이를 안은 채로 스위치 가까이에 가서 불을 끄거나 켜게 한다. 그리고 아이가 스위치를 작동하기 위해 손을 뻗으면 재빨리 아이를 이동시켜 성공하게 한다. 점차 멀리 이동하고 아이의 손이 스위치를 향하자마자 재빨리 스위치 쪽으로 움직인다. 이 기술을 초기에 가르칠 때에는 간식시간이나 스위치 같이 똑같은 행동을 많이 반복할 수 있는 상황이 좋다. 그리고 물병이나 컵, 장난감 등 아이가 원하는 물건을 건네줄 때와 같이 다른 일상생활에서도 연습해 본다.

[그림 8-1a]

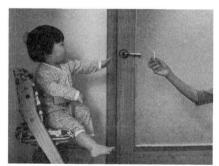

[그림 8-1b]

[그림 8-1c]

[그림 8-1d]

[그림 8-1e]

[그림 8-1f]

[그림 8-1g]

[그림 8-1h]

[그림 8-1]에 대한 설명

이 그림은 요구하기를 위해 손을 뻗거나 손가락으로 가리키는 법을 가르치는 장면이다. [그림 8-1a]와 [그림 8-1b]에서 보면 아이는 의자에 앉아 있고, 과자를 받기 위해 손을 뻗고 있다. 대부분의 영유아는 초기 훈련할 시기에 식탁 의자나 부스터 의자처럼 막힌 곳에 있을 필요가 있다. 아이가 원하는 물건을 자유롭게 끌어당길 수 있기 때문이다. [그림 8-1a]에서 보면 성인(예: 교사, 엄마 등)이 음식을 어떻게 들고 있는지 보여 주고 있다. 아이가 손을 뻗자마자 원하는 것을 준다. 이것은 아이가 본 것을 원하는 마음을 의사소통하고 싶어서 자신의 손을 뻗는 행동과 연관 짓기 시작하는 것이다. [그림 8-1b]에서 보면 성인은 조금 더 멀리에서 음식을 보여 주고 있다. 아이가 손을 뻗자마자 성인은 음식을 준다. [그림 8-1c]에서 보면 성인이 아이와 함께 연습하고 있다. 아이는 원하는 것을 위해 손을 뻗었고 그 즉시 성인은 아이에게 간식 하나를 주었다. [그림 8-1d]에서 보면 아이는 가까운 거리에서 원하는 것을 집게손가락으로 가리키는 것을 배웠다. [그림 8-1e]에서 보면 방 저쪽에 있는 것을 가리킬 수 있게 되었다. [그림 8-1f]에서 [그림 8-1h]에는 비슷한 방법으로 전등 스위치를 향해 손을 뻗는 것을 연습하는 장면이다. 성인은 스위치 앞에 서서 아이에게 스위치를 여러 번 껐다 켜기를 경험해 보도록 했다. 그리고 성인은 스위치에서 조금 더 물러나고 아이가 손을 뻗자마자 스위치를 켤 수 있게 해 준다. 성인은 이 과정을 여러 번 반복하고 매번 조금씩 뒤로 물러난다.

배운 제스처를 사용하여 여러 사람, 장소, 물건에 걸쳐 일반화하는 것이 중요하다. 예를 들어, 아빠가 출근할 때 "안녕!"이라고 손을 흔들게 되었다면 산책 나가는 강아지에게도, 공원에 놀러 가는 사촌에게도 똑같이 한다. 저자들의 경험에 의하면 만약 제스처가 다양한 상황에서 연습되지 않는다면, 영유아는 의사소통하기 위한 다른 방법을 갖기도 전에 제스처의 사용을 멈출 것이다.

어떤 상황에서 영유아가 제스처를 사용하고 다른 레퍼토리로 확장하는지 분석하는 것이 중요하다. 예를 들어, 아이는 질문에 대한 답으로 가리키기를 할 수 있다. 그러나 다른 사람에게 보여 주기 위한 가리키기를 하지 않을 수도 있다. 어떤 아이는 노래 부를 때처럼 익숙한 상황에서는 제스처를 사용하지만 보여 주기나 요구하기, 대답하기 상황에서 일반화하여 보여 주지 않을 수도 있다.

진보를 점검하기 위한 방법: 기능별로 영유아가 사용하는 제스처의 목록을 만든다(〈표 8-1〉 참고). 영유아가 제스처를 사용하는 데 필요한 촉진의 수준과 어떻게 제스처로 특정 일상에 참여할 수 있는지를 알 수 있다.

다양한 기능으로 단어 사용하기

배경 정보: 제스처와 마찬가지로 단어는 다양한 목적으로 폭넓게 사용된다. 거부하기, 주의집중 요구하기, 물건 요구하기, 행동 요구하기, 평가하기, 질문에 대답하기, 질문하기. 영아가 단어를 사용하는 단계는 단어와 유사한 말로 시작해서 한 낱말을 사용하고 낱말을 결합하는 순서로 발전한다.

ASD 영유아의 특성: ASD 영유아들은 구어에서 매우 다양한 폭의 능력을 보인다. 어떤 영아는 발화가 없는 반면, 어떤 영아는 어휘가 매우 풍부하다. 그러나 언어를 기능적으로 사용하는 면에서는(화용) 어려움이 있는 경우가 보편적이다(Miniscalco, Rudling, Råstam, Gillberg, & Johnels, 2014). 어떤 영아는 색깔 및 이름, 모양, 숫자를 말할 수 있지만 상호작용을 위한 대화에는 말하지 않는 경우도 있다. ASD 영유아는 종종 특정 상황에서 단어를 사용하는 데 어려움을 보인다. 예를 들어, 어휘력이 좋은 영아임에도 불구하고 요구하거나 질문에 대답하기를 모방하는 데에도 어려움을 보일 수 있다. 이러한 점 때문에 영아나 양육자는 좌절하기도 한다. 부모는 종종 자녀가 말할 수 있다고 여긴다. 그리고 자녀가 대답하지 않는 것이 다양한 기능으로 언어를 사용하는 방법을 아직 배우지 않았을 때 고집스러움이 있어서 그런 것이라고 생각할 수도 있다.

일상에 적용하는 방법: 다음에는 영유아들의 일상에 단어로 말하기를 연습하는 조언이 있다.

 목욕할 때

요구하기를 위한 상황을 만든다. 아이가 원하는 물건을 손을 뻗어도 닿지 않게 욕조 밖에 둔다. 다양한 단어를 사용하면서 요구하는 것을 들려준다(예를 들어, 아이가 오리를 원한다면 "오리 갖고 싶지? '오리'라고 말해 봐." 하거나, 아이가 오리를 갖고 난 후에 "오리 갖고 있네. '오리'라고 말해 봐."라고 한다).

 잠잘 때

선반 위에 있는 인형을 달라고 하거나, 어떤 것을 주워 달라고 하기, 읽고 싶은 책 말하기, 입고 싶은 잠옷 선택하기 등 다양한 요구하기 상황을 만들어서 단어 말하기 를 연습해 본다.

 책을 읽을 때

아이에게 읽고 싶은 책을 선택할 기회를 준다. 책과 관련한 어떤 사진이나 간단한 말하기, 아이가 이해할 수 있는 언어 수준 내에서 질문하기 등을 할 수 있다. 예를 들어, 명사를 학습하기 위해 "이게 뭐지?" "얘가 누구지?"라고 질문을 하고 다 익히 고 나면 "이 아이가 뭐하고 있지?"라고 동작어를 말하는 목표로 넘어간다. 이 질문 에 대답할 수 있는 아이에게는 "우리가 먹을 수 있는 것은 무엇이 있지?"라고 질문하 며 사물의 기능에 대해 배워 본다.

 지역사회로 외출할 때

요구하기를 연습할 수 있는 기회는 다음과 같은 때이다. 차에 타기 위해 "안아 줘."라고 말할 때, 쇼핑 카트를 타다가 "내려."라고 말할 때, 그네를 타다가 "더"라고 요구하고 싶을 때, 길을 걷다가 도로가 깨진 곳에서 "뛰어!"라고 말할 수 있다. 동네 에서 찾아보면 말을 할 수 있는 기회를 더 찾을 수 있다. 또한 아이의 언어가 발전함 에 따라 아이가 바라보고 있는 것을 물어본다.

기저귀를 갈 때와 옷을 갈아입을 때

어디서 기저귀를 갈고 싶은지, 어떤 옷으로 갈아입고 싶은지 선택권을 준다. 아이가 입고 있는 옷에 대해서 언급하고, 옷에 그려진 동물 그림이나 사물에 대해서도 말한다. 또한 대답을 할 수 있는 아이에게는 "발에 신는 것은 무엇일까?" "다음에는 무엇을 입을까?"라고 질문해 본다.

 ### 몸단장할 때와 위생관리를 할 때

아이의 머리를 빗거나 이를 닦을 때 노래를 부르다가 잠시 멈춰서 아이가 다음 말을 이어 나가기를 기대한다(~를 빗어/~를 닦아요). 다음 동작이 무엇인지 아는 아이에게는 "다음에는 무엇을 할까?"라고 물어본다.

 ### 집안일을 할 때

아이에게 꽃에 물 주기나 접시 헹구기와 같은 집안일을 돕고 싶은지 물어본다. 아이가 도와주고 있을 때에는 칭찬해 주고 관련된 질문을 한다.

 ### 식사를 할 때 / 간식을 먹을 때

아이에게 음식이나 음료수를 선택할 수 있게 해 준다. 아이스크림이나 소스 등 숟가락을 사용해야 하는 음식을 주고 아이에게는 숟가락을 주지 않는 등 장난스럽고 방해되는 상황을 만든다. 만약 아이가 숟가락을 달라고 요구하지 않는다면 "뭐가 필요할까?"라고 물어본다. 처음에는 적은 양을 주고, 더 달라고 요구하기를 기다린다. 맛이나 냄새, 온도, 음식의 색깔에 대해 이야기한다.

다양한 상황에서 단어 말하기를 위한 조언

영유아의 제스처나 단어와 비슷한 말들에 연결되는 단어를 말해 준다.

기능적인 의사소통에는 제스처, 그림, 단어가 포함된다. 제스처나 그림 카드로 자발적으로 의사소통하는 영유아들은, 촉진을 주었을 때만 구어로 말하거나 명명하기에서만 단어로 말하는 영유아들보다 더 효과적으로 의사소통할 수 있다. 만약 영유아가 구어로 말할 수 있지만 다양하게 사용하지 않는다면, 제스처나 그림 카드의 사용을 더 강화시키는 것을 고려해 볼 수 있다.

어떤 ASD 영유아는 요구하기보다 언급하기(comment)를 더 쉽게 한다. 특히 조절하기 어려운 상황에서 더 그렇다. 어떤 단어가 상황을 표현하는 한마디로 또는 요구하기로도 쓰일 수 있다는 것을 알 수 있도록 한 단어를 다른 쓰임새로 말하면서 모델링해 줄 수 있다. 예를 들어, 아이가 쿠키를 요구하는 상황에서 "음, 쿠키! 쿠키. 쿠키 먹고 싶구나."라고 말한다.

아이가 요구하기를 해야 하는 상황에서 손을 잡아끌거나 옷을 잡아당기는 상황을 막기 위해 부모는 안 보이게 숨는다. 그리고 형제자매나 교사 등 다른 사람이 부모를 부르면, 부모는 '안녕' 하고 재미있게 나타난다. 이 상황을 여러 번 반복한 후 멈추고 부모가 숨을 때 아이가 엄마를 부르거나 엄마를 부르기 위해 소리를 내는지 관찰한다. 만약 아이가 반응을 보이지 않는다면 시범 보여 주는 상황을 계속 반복한다. 침대에서 나오고 싶을 때나 도움이 필요할 때 등 다양한 상황에서도 연습해 본다.

어떤 영유아는 "이게 무엇이지?"라는 질문에 답을 잘하지만 같은 단어가 쓰이는 "무엇이 갖고 싶어?"라는 질문에 대답하기 어렵다. 영유아의 화용언어 기술을 확장할 수 있도록 촉진할 뿐 아니라 영유아가 가지고 있는 말의 기능과 관련한 반응의 패턴을 찾아본다.

아이가 자발적으로 단어를 사용하기보다는 손을 뻗거나 포인팅 하고, 모방의 경우만 말을 하는 경우에는 "잘했어. 나한테 보여 줄래. 이제 ~라고 말해 봐."라고 한다.

제스처나 단어를 과잉일반화하여 사용하는 경우, 더 적절하게 맞는 상황으로 모델링해 준다. 예를 들어, 둥근 것을 모두 동그라미라고 말한다면 아이가 자동차 바퀴나 도넛, 공 등을 동그라미라고 말할 때 사물의 정확한 이름을 알려 준다. 그리고 아이가 요구하기의 의미로 항상 "위로, 더"라는 말만 사용한다면 정확한 제스처나 단어를 알려 준다.

만약 아이가 단어를 듣고 나서만 말을 한다면("열어" "더") 모방은 할 수 있지만 단어의 의미는 이해하지 못한 것이다. ASD 영유아의 수용언어를 지속적으로 평가해야 한다. 수용언어 기술 및 듣기 기술에 노력을 기울이지 않고 모방 기술만 사용하여 말하는 사람을 주의 깊게 듣지 않은 채로 들은 말만 따라 하는 것은 ASD 영유아에게 흔히 볼 수 있는 모습이다. 예를 들어, 준서의 조기개입 팀은 모방하기를 목표로 정했다. 준서가 말을 잘 모방할 수 있게 되었을 때, 아이는 다른 사람이 원하는 반응이라고 생각하고 마지막에 들은 말만 반복했다. 조기개입 팀은 지시 따르기와 선택하기를 목표로 하였는데 아이의 듣기능력을 더 발달시키기 위해 선택하기를 할 때는 더 선호하는 옵션을 가장 먼저 제시하며 물어보았다.

진보를 점검하기 위한 방법: 영유아가 사용하는 단어들과 그 단어의 기능, 어떤 일상에서 사용할 수 있는지 목록으로 만든다.

제스처와 단어를 사용하여 다양한 교류에 참여하기

배경 정보: 영유아는 음성을 주고받으면서 타인과 상호작용에 참여하게 되고, 그네를 탈 때 몸을 앞뒤로 흔드는 것이 그네를 더 잘 타게 하는 것처럼 제스처를 주고받으며 상호작용에 더 적극적으로 참여할 수 있게 된다. 영유아는 짧은 '대화'에 제

스처와 단어를 사용함으로써 참여하게 된다. 그리고 그 결과 관련된 경험을 하고, 대답하기, 질문하기, 언급하기 등의 기술을 익힌다.

　　ASD 영유아의 특성: ASD 영유아는 종종 대화하기 기술이 부족하다. 대답은 짧은 편이고, 시작행동은 가끔씩만 일어난다. 그리고 새로운 또는 관련 있는 정보를 공유하지 않는다. 이러한 모든 것은 사회적 상호작용과 관련이 있다(Koegel, Park, & Koegel, 2014). 많은 ASD 영유아는 유치원 시기 전에 대화할 수 있을 정도의 발달 단계에 도달하지는 못한다. 하지만 일상생활에서 아래의 전략들을 사용하면 다양한 의사소통의 교환을 경험해 볼 수 있는 기초를 마련해 줄 수 있다.

　　일상에 적용하는 방법: 조언은 영유아들이 일상생활에서 다양한 교류에 참여할 수 있도록 돕는 방법들이다.

 목욕할 때

"우리 이제 어디를 씻어야 하지?"라고 물어본다. 아이가 말을 하거나 손가락으로 가리키기로 대답을 할 수 있게 되면 "그다음은 어디를 씻어야 할까?"라고 물으면서 다음을 생각하도록 격려해 준다.

 잠잘 때

잠자는 시간에는 그날 재미있었던 일이 무엇이었는지 이야기해 본다. 아이가 하는 말에 따라 관련된 질문을 하거나 의견을 말해 본다.

책을 읽을 때

서로 돌아가면서 그림에 대해 이야기한다. 친숙한 책을 보며 다음에 일어날 일에 대해 교대로 이야기해 본다. 많은 단어를 사용하기 어려운 아이에게는 제스처로 선택권을 준다. 예를 들어, "아기가 자고 있어? 먹고 있어?"라고 물어보면서 필요하다면 자거나 먹는 제스처를 보여 준다.

 지역사회로 외출할 때

차에 타고 있을 때 "나는 (누구)이/가 보여."라고 교대로 말해 본다. 마트에서는 아이의 의견이나 요구를 확장해 준다. 예를 들어, 아이가 쿠키를 요구하면 "쿠키는 맛있지."라고 말해 본다. 아이에게 반응해 주고 난 후에 엄마가 좋아하는 음식에 대해서도 말해 본다.

 기저귀를 갈 때와 옷을 갈아입을 때

옷을 갈아입는 동안 아이 옆에 옷 한 벌을 놓아둔다. 아이에게 "너의 ~를 줄래?"라고 말하면서 손을 뻗어 아이를 격려한다. 이 활동이 익숙해지면 아이 옆에 두 벌의 옷을 놓아둔다. 앞의 과정에 따라 아이가 첫 번째 옷을 준 후에는 아이가 그것을 입도록 한다. 그 후 두 번째 옷을 달라고 한다. 아이에게 "이것은 어디에 입어야 하는 거지?"라는 질문을 하면서 아이의 반응을 확장할 수 있다. 또한 아이가 구어 또는 비구어적으로 표현할 때까지 기다린다. 시간이 지나면 아이는 옷 입는 순서를 배울 수 있고 의사소통에 참여할 것이다.

몸단장할 때와 위생관리를 할 때

이 닦는 순서를 아는 아이에게는 중간에 멈춰 서서 다음에 할 일을 알려 달라고 한다. 그리고 "아, 지금 치약이 필요하구나."와 같이 아이의 행동을 말로 표현해 준다.

 집안일을 도울 때

"꽃이 목이 마르대. 무엇을 해야 할까?"와 같이 이야기하고 관련된 질문을 한다. 또 다른 방법은 관련된 질문을 순서대로 해 보는 것이다. 예를 들어, 식탁을 닦을 때 "처음에는 어디를 닦아야 하지?"라고 묻고, 그곳을 닦은 후에는 "그다음에는?"이라고 물어본다.

 식사를 할 때 / 간식을 먹을 때

음식이나 음식 준비하기에서 관련된 질문을 하거나 선택할 기회를 주고, 아이의 대답에 반응해 준다. 차례대로 하기, 문제 해결하기를 격려하기 위해 짓궂은 상황을 이용한다. 예를 들어, 아이가 우유를 달라고 하면 우유를 치우고 아이가 컵을 요구하도록 기다려 본다. 열리지 않은 우유를 따르는 시늉을 하고 아이가 우유를 열어 달라고 말하도록 기다려 본다. 비언어적인 반응에 대해 평가해 주거나 언어적인 반응을 교정해 주면서 아이의 의사소통을 확인한다.

 놀이할 때

공을 앞뒤로 굴리기, 블록 쌓기, 막대기로 비눗방울 터뜨리기, 병에 빨대 꽂기와 같이 물건을 이용해서 아이와 차례대로 상호작용을 한다. 그리고 엄마의 차례일 때 무엇을 하고 있는지 언급해 준다. 이것은 언어로뿐만 아니라 물건으로도 번갈아 차

레 지키기를 할 수 있다는 것을 이해하게 해 준다. 익숙한 노래를 부르다가 잠시 멈춰서 기다리면 아이가 적절한 단어로 완성하기를 한다. 점차적으로 멈추는 부분을 늘려 본다.

제스처와 단어를 사용하여 다양한 교류에 참여하기 위한 조언

영유아가 언급한 것을 관련된 말로 다시 언급한다. 예를 들어, 아이가 "자동차"라고 말했다면 "우리 차는 빨간색이지." 또는 "우리 마트에 갈 때 자동차 탔었지."라고 말한다. "아빠는 자동차 안에서 어디에 탔었지?"라고 물어볼 수도 있고, "너의 자동차는 어디에 있니?"라고 대화를 계속하게 하는 질문을 한다.

진보를 점검하기 위한 방법: 어떤 시간 동안 또는 특정 일상 동안에 차례가 오고 간 횟수를 기록한다.

통합하기

이 장에서 보듯이 ASD 영유아는 다양한 사회적 어려움을 보이는데, 전문가는 이를 주의 깊게 분석할 필요가 있다. 〈표 8-2〉에서는 ASD 영유아가 가진 공통적인 어려움을 밝히고 있고, 문제의 원인과 해결 방법이 제시되어 있다.

표 8-2 ASD 영유아에게서 볼 수 있는 의사소통의 어려움

문제	특징	생각해 볼 수 있는 원인	이 책에 나와 있는 조언들	Crawford & Weber(2014) 책에서 도움 줄 수 있는 곳
과잉일반화를 보일 경우	• "더" "열어" "해 주세요" "하고 싶어요" 등 모든 상황에서 하나의 표시, 낱말, 구문만을 사용한다. • "주세요"와 같은 구문을 반복해서 사용한다.	• 제스처나 단어, 구문으로 원하는 것을 얻고, 그것의 사용을 강화한다. 아이가 효과적인 다른 방법을 모른다. • 아이가 한 단어 수준에서 요청할 수 있는 어휘가 충분히 많지 않을 것이다.	• 만약 아이가 도 청을 하고 싶은데 가리키기를 사용하지 않는다면, 목표행동을 '가리키기'로 정한다.[1] 아이가 가리키기를 할 수 있게 되면 관련된 단어 몇 개를 다음 목표로 정한다. • 요청하기를 할 때 아이가 수 분히 한 단어를 자발적으로 쓸 때까지 두 단어 조합을 강조하지 않는다.	6장
표현언어가 수용언어보다 더 발달한 경우	• 아이가 제스처와 단어를 사용하지만 그 단어들을 이해하는 것 같지 않다.	• 아이가 해석적으로 이해해야 하는 어휘들이 부족하다. • 아이가 지시에 따르고 언어로 바꿔 보는 활동이 부족하다.	• 가족의 이름이나 흔한 물건과 같이 기능적인 수용 어휘를 목표로 정한다. • 긍정적인 경우이먼저 생활에서 필요한 1단계 지시 따르기를 목표로 정한 다. "컵 주세요." "와 같은 지시를 내리고 신체적으로 도와준다 (6장 참고).	5장
지시를 따르지 않을 경우	• 아이는 도움을 받을 때만지시에 협력한다. • 아이가 지시 따르기를 거부한다.	• 아이가 언어 처리에 주의를 기울이지 않을 수도 있다. • 아이가 협력하기 위해 긍정적인 행동 전략이 필요할 수도 있다.	• 소리나 단어에 관심 갖기를 연습한다. 위에 나온 수용 어휘를 이해를 목표로 정한다(6장 참고). (3, 5, 6장 참고)	5장 부록 A
이름은 말하지만 요청하기를 위해 말하지 않는 경우	• 아이가 사물이나 그림의 이름을 말하지만 요청하기를 위해 말하지는 않는다.	• 아이가 제스처나 단어를 사용하는 언어의 영향력을 배운 적이 없다. • 아이가 단어를 이해하지만 요청하기를 할 때 생각해 내지 못한다.	• 이름 말하기를 요청하기 기능으로 한다. 예를 들어, 아이가 강아지 장난감을 보고 "강아지"라고 말한다면 장난감을 건네준다. • 아이가 모방할 ─ 있게 모델링을 보여주고 가능한 한 빨리 소거한다(3장 참고).	6장

문제	특징	생각해 볼 수 있는 원인	이 책에 나와 있는 조언들	Crawford & Weber(2014) 책에서 도움 줄 수 있는 곳
질문에 대답하지 않는 경우	• 아이가 질문에 반응하지 않는다. • 아이가 대답하는 대신 마지막 단어를 따라 한다("주스 먹고 싶어?" "먹고 싶어"). • 아이가 두 가지 선택권을 주면 항상 두 번째를 고른다.	• 아이가 언어의 복잡성 때문에 질문을 이해하거나 처리하지 못한다. • 아이가 아직 "네"를 나타내는 방법을 알지 못한다. • 아이가 모방하는 기술을 과잉일반화하거나 두 개의 정보를 이해하지 못한다.	• 듣기 기술이나 지시 따르기를 목표로 정한다. • 만약 아이가 그렇게 하지 않는다면 가리키기를 목표로 정한다. 만약 아이가 요청하기로 가리키기를 한다면 "좋아"의 의미로 고개 끄덕이기를 목표로 정한다. 아이가 몸짓을 하지 않거나 "아니"라고 말하지 않는다면 이것을 먼저 목표로 정한다. • 첫 번째 선택은 아이가 선호하는 것이로 하고("좋아하는 과일 줄까?" 아니면 "좋아하는 과일 줄까?"), 아이가 두 번째 것을 선택하면 그것을 아이에게 준다. 아이가 과일을 거부하면 질문을 다시 하고 첫 번째 것을 강조한다.	5장 5, 6장
즉각적 이론성을 보이는 경우	• 만약 누군가 "다 했니?"라고 물었을 때만 "다 했어요."라고 표현하거나 말하거나, 누군가 "안녕"이라고 말할 때만 "안녕!"이라고 말하거나, 누군가 구어적·비구어적으로 요청하기를 위하여 "무엇을 원하니?"라고 물을 때까지 기다린다.	• 아이는 상황에 반응하기보다는 지시를 따르거나 촉진하는 데 따르는 것뿐이다.	• 단계적으로 촉진을 소거한다. 의사소통하고 싶게 만드는 환경을 만들고, 제스처와 단어를 사용하는 시작행동을 목표로 정한다(3장 참고).	6장

1 여기에서 말하는 '가리키기'란 집게손가락을 분화해서 사용하는 소근육 기술의 의미보다는 의사소통 기술의 의미를 뜻한다. 어떤 경우에 아이들은 의사소통의 의도를 가지고 다른 사람에게 보여 주기 위해 무엇인가를 선택하거나 지시할 때 집게손가락보다는 전체 손을 사용하기도 한다. 이 경우도 의사소통에서는 '가리키기'로 볼 수 있다.

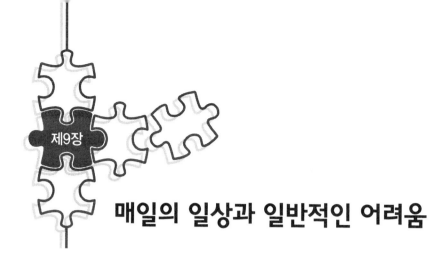

매일의 일상과 일반적인 어려움

조기개입 전문가들의 성공적인 중재를 위해서는 조기개입에 대한 지식, 발달에 대한 지식, 영아의 가족 및 일상에 대한 지식, 교수 전략과 학습의 원리 등 네 가지의 요소가 조화를 이루어야 한다. 이 네 가지 요소는 『Early Intervention Every Day!』 책의 기초이다(Crawford & Weber, 2014). 그러나 ASD 영아와 함께 일하는 조기개입 전문가들에게는 또 다른 요소들이 필요하다. 조절하기, 자신과 타인, 환경에 대해 이해하기, 융통성 그리고 사회적 의사소통 간의 관계에 대하여 아는 것이다. 이 책의 앞부분에서는 이러한 요소들에 대하여 다루었다. 각각의 영아와 가족은 고유의 특성이 있고, ASD 영아와 함께할 때는 자세한 설명서가 없기 때문에 조기개입 전문가들은 이 책을 통해 ASD 영아의 부모나 양육자들과 함께 영아의 학습이나 행동과 관련하여 효과적으로 목표를 설정할 수 있도록 도움받을 수 있다. 이 장의 목적은 이전의 장에서 알려 주었던 정보를 통합하고 가족이 갖고 있는 특정한 어려움을 조명해 보는 것이다.

ASD 영유아를 자녀로 둔 많은 부모는 문제행동을 호소한다. 300명 가까이 되는 영유아들을 조사한 연구에서는 공격적이고, 파괴적이고, 정형화된 행동들과 자해 행동이 돌 정도 되는 이른 시기부터 보인다고 밝히고 있다. 그리고 유아가 25~39개월 정도로 성장하면 문제행동의 정도가 더 심해지는 경향이 있다(Fodstad et al., 2012). 많은 부모가 조기개입 전문가들에게 이런 문제를 다루기 위해 도움을 요청하며, 전문가들은 이러한 행동들이 개별화 가족 서비스 계획(IFSP)의 더 나은 결과를 위해 해결되어야 한다고 본다.

가족의 관심사를 다룬 사례연구

30개월 된 윤아의 사례에서 아이의 발달을 위해 행동을 다루어야 하는 것의 중요성을 알 수 있다. 이 아이는 할머니에 의해서 입양되었고, 할머니와 전문가들은 아이가 원하는 것을 표현할 수 있도록 IFSP에서 제스처와 단어 사용하기, 다양한 음식 먹기, 밤에 잠자기를 목표로 정하였다. 아이는 원하는 것을 갖지 못했을 때, 새로운 음식을 주었을 때, 침대가 아닌 아기 침대에 눕혔을 때 물건을 던지거나 때리는 행동을 보였다. 조기개입 팀은 아이의 문제행동은 감소하고 새로운 기술을 가르치는 전략을 고민했다.

윤아의 조기개입 팀은 특수교사, 작업치료사, 언어치료사로 구성되었다. 전문가들은 윤아 행동의 기능을 분석하였고, 조절 능력, 자신과 타인, 환경 이해하기, 융통성, 사회적 의사소통과 관련한 요소들을 조사하였다. 중재를 받는 처음 몇 주 동안 할머니가 제일 어려움을 호소한 것은 지역사회로 외출했을 때 아이가 떼를 쓰거나 도망가는 행동이었다. 뿐만 아니라 발끝으로 걷거나 손을 펄럭이거나 대변을 문지르는 행동도 힘들어하였다. 할머니는 윤아와 손녀를 디즈니월드에 데리고 가려고 했으나, 아이가 비행기를 탔을 때 어떻게 될지, 아이의 편식, 아이가 떼를 쓸 때 가족이 받는 스트레스 등에 대해서는 미처 모르고 있었다. 할머니는 비행기에서 쫓겨나게 될까 봐 두려웠지만, 손녀에게 몇 년이나 약속해 온 여행이었기 때문에 어쩔 수 없었다.

할머니의 감정과 관심사는 ASD 영아의 부모나 양육자에게는 모두 공통적인 것이다. 발끝으로 걷기, 손 펄럭이기 같은 행동들은 ASD 영아에게 전형적으로 보이는 행동이지만 당황스러워하는 부모도 있다. 영아가 발끝으로 걷는 것은 끊임없이 반복되는 원시반사와 관련이 있다(Accardo & Barrow, 2015). 그리고 ASD 영아는 저혈압이나 낮은 근육 긴장도를 가지고 있는 것으로 알려져 있다. 하지만 이 요인들이 발끝으로 걷는 것과 관련이 있는지는 밝혀진 바가 없다(Shetreat-Klein, Shinnar, & Rapin 2014). 저자들의 경험에 따르면 어떤 영아는 맨발이었을 때 발끝으로 걷는 반면에, 어떤 영아는 신발을 신었을 때 발끝으로 걷는다. 어떤 영아는 걸을 때 다른 사람보다 발가락을 더 사용하여 걷는다. 예를 들어, 윤아는 잔디 위를 걸을 때 발끝으로 걷지만 길거리에서는 하지 않는다. 집에서 맨발로 다닐 때에는 마룻바닥보다 카펫 위를 걸을 때 더 발끝으로 걷는다. 비록 발끝으로 걷는 행동이 ASD 영아에게서 많이 보이지만 다른 장애를 가진 영아들도 이 행동을 보일 수 있다(Accardo, Monasterio, & Oswald, 2014). 이런 점 때문에 윤아의 조기개입 팀은 작업치료사에게 협조를 요청해서 아이에게 의료적인 도움이 필요한지 알아보았다.

그리고 아이가 손을 펄럭이고 다니는 행동도 할머니와 의논하였다. 발끝으로 걷는 행동과 마찬가지로 손을 펄럭이는 행동도 ASD 영아에게서 공통적으로 볼 수 있는 행동이다. 저자들의 경험에 의하면 손을 펄럭이는 행동은 영아들이 흥분했을 때 발생한다. 많은 경우에 영아들은 "와, 이거 대단한데!"와 같은 느낌을 전달할 때 표정이나 표현을 공유하지 않는다. 손을 펄럭이는 것은 ASD 영아가 느끼는 기쁨, 놀람 또는 다른 사람과는 공유하지 않은 감정들을 표현하는 방식인 것처럼 보인다. 영아가 더 의사소통을 하고 더 상호작용을 하게 되면 손을 펄럭이는 행동은 사라질 것이다.

할머니가 힘들어하는 또 다른 행동은 분비물을 문지르는 행동인데, 이 또한 ASD 영아에게서 볼 수 있는 행동이다(Jang, Dixon, Tarbox, & Granpeesheh, 2011). 저자들은 이러한 행동을 보이는 많은 ASD 영아와 함께했었다. 저자들의 경험에 의하면 영아는 배변활동에 대해 더 인식하게 되면 이런 행동을 하기 시작하였다. 많은 경우 아이들은 혼자 있을 때 기저귀에서 배설물을 치우려고 한다. 또한 그렇게 행동한 후에는 손에 묻은 배설물을 닦아 내려고 한다. 이것은 영아가 기저귀에서 대변을 치워 버리고 싶지만 이 생각을 다른 사람에게 전달할 어떤 의사소통 방법도 모르는 것처럼 보인다. 그들의 감각체계에 따르면 어떤 영아는 손으로 만지는 것에서 기쁨을 느끼지만, 어떤 영아는 그렇지 않다.

문제행동의 발생과 관련한 또 다른 요소는 영아들이 문제행동을 통해 얻는 반응이다. 어떤 영아는 기저귀를 가지고 오는 것이 낮잠 시간을 피하거나 관심을 받게 되는 방법인 것을 빠르게 알아챈다.

이러한 점들을 살펴보았을 때, 융통성 있는 사고; 자신과 타인, 환경에 대해 이해하기; 사회적 의사소통에서 보이는 어려움이 배설물을 문지르는 것과 관련이 있을 수 있다. 부모는 영아의 이러한 행동을 멈추게 하기 위해 영아의 손이 기저귀에 닿지 않게 하거나 혼자서 옷을 벗을 수 없게 하는 방법을 찾았다. 바짓가랑이에 똑딱단추가 달린 셔츠를 입히거나 기저귀 윗부분에 테이프를 붙이거나(피부 반대쪽으로) 기저귀가 영아가 편안할 만큼은 헐렁하지만 영아의 손이 들어가지 않을 만큼 딱 맞거나 영아가 벗어 버리지 못하도록 자는 동안 옷을 갈아입히는 방법 등을 사용할 수 있다. 어떤 부모는 영아 옷의 지퍼를 등 쪽으로 옮겨 달고, 영아가 지퍼를 풀지 못하도록 가랑이 사이에 단추가 있는 우주복을 입히기도 한다.

할머니와 조기개입 팀은 윤아의 상동 행동과 여행에 영향을 미칠 수 있는 편식과 관련한 도움을 주기 위해 회의를 하였다. 그들은 아이가 다양한 음식을 먹을 수 있도록 하고, 동네 공원이나 음식점 등을 포함한 다양한 장소에 앉아서 먹을 수 있도록 하는 중재를 실행하기로 하였다(7장 참고). 새로운 장소에서 카시트에 앉아 있는 것에 익숙해지도록 조기개입 팀은 아이의 카시트를 집으로 가져가서 텔레비전을 보거나 좋아하는 간식을 앉아서 먹는 등 좋아하는 다양한 활동을 카시트에 앉아서 해 보기를 권했다.

할머니는 또한 윤아가 공항이나 디즈니월드에서 줄을 서서 기다릴 수 있는지 도망가지는 않을지 걱정하였다. 할머니와 조기개입 팀은 아이가 줄을 서서 기다리는 방법과 기다리는 동안 아이를 강화하고 칭찬하는 방법을 의논하였다. 이를 위하여 그들은 우체국이나 은행, 마트에서 연습을 하였다. 첫 번째 연습에서는 조기개입 팀이 먼저 줄을 섰고 할머니와 윤아는 근처에 있었다. 조기개입 팀이 줄 앞에 다다랐을 때 할머니와 윤아가 줄에 합류했다. 연습 횟수가 늘어날수록 윤아에게 더 오랫동안 줄에 서서 기다려 보도록 하였다. 몇 주 후에 아이는 짧은 시간 동안 조용히 줄에 서 있을 수 있었다. 조기개입 팀과 할머니는 또한 아이가 멀리 도망가는 것에 대해서도 의견을 나누었다. 그들은 아이가 마당에 있을 때와 산책하러 나갔을 때 중재를 하는 것이 할머니에게 도움이 된다고 생각하였다. 그리고 "손을 잡을래 아니면 유모차에 앉아 있을래?" "손을 잡을래 아니면 업고 갈까?" 하는 선택권을 주는 것에 대해서도 의논하였다. 아이가 할머니의 손을 놓을 때마다 할머니는 아이를 유모차에 태우거나 업었다. 아이는 처음에는 유모차에 들어가는 것에 대해 떼를 썼으나, 빠르게 규칙을 배웠다. 전문가들이 적절한 전략을 알려 주면서 할머니는 아이에게 이름을 부르면 와야 한다는 것을 가르쳤고, 이후 할머니는 여행에 더 자신감을 갖게 되었다.

그들이 디즈니월드에 다녀왔을 때, 할머니는 모든 것이 좋았다고 말했다. 할머니는 중재를 받기 전처럼 살얼음판을 걷는 기분이 들지 않았다고 말하며 놀라워했다. 물론 아이의 행동이 힘들 때도 있었지만, 할머니는 아이가 혼란스러워 하는 것을 예방할 줄 알았고, 그런 일이 발생하더라도 어떻게 해야 할지 알고 있었다. 아이의 떼쓰기나 공격적 행동이 감소하였으며, 할머니는 다음 단계(밤에 아이가 자신의 방에서 혼자 자기, 행동이나 소리, 단어 모방하기)로 넘어갈 준비가 되어 있었다.

윤아의 조기개입 팀은 아이가 가진 결함과 관련한 강점과 요구를 조사하였고, 할머니가 아이의 행동을 다루고 아이가 가진 기술을 사용할 수 있게 하는 데 도움을 주었다.

통합하기

〈표 9-1〉과 〈표 9-2〉에서는 조기개입 전문가와 가족이 이 장에서 나오는 문제해결 접근 방식을 이용할 수 있도록 예를 들고 있다. 예시들은 특정 일과 내에서 영아에게 영향을 줄 수 있는 요소들을 어떻게 결정할 수 있는지 보여 준다. 게다가 예시들은 영아가 자신이나 다른 사람들 또는 환경이 필요로 하는 요구에 맞추어서 반응할 수 있도록 도와주는 전략들을 전문가나 부모가 어떻게 단기적, 장기적으로 실행할 수 있는지 설명해 준다.

표 9-1 활동: 지역사회에서

유나의 문제행동	고려해야 할 중요한 결함	유나가 가진 생각이나 반응	단기적 해결법	장기적 해결법	이 책에서 더 참고로 할 만한 부분
어른이 손을 잡으면 손을 빼 버린다. 어른이 계속 손을 잡고 있으면 주저앉아 운다.	융통성	• 나는 다른 사람의 손을 잡지 않고 걷는다.	• 차에서 내리자마자 유나를 유모차나 쇼핑 카트에 태운다. • "내 손을 잡을래 아니면 ___에 탈래(유모차나 카트)?"라고 말 하며 선택권을 준다.	• 다양한 상황에서 손 잡는 것을 목표로 정한다. 짧은 시간부터 시작해서 점차적으로 기대 수준을 높인다.	5장
	자신과 타인 그리고 환경에 대해 이해하기	• 나는 어디로 가야 하는지, 무엇을 해야 하는지 모르겠다. • "손 잡자."라고 말 하는 것을 이해하지 못한다. • 다른 사람이 내 손을 잡았을 때 기분이 좋지 않다.	• 유나에게 가는 곳의 사진을 보여 주며 말해 준다. • "손 잡자."라고 말하면서 손을 잡는 것을 반복한다. • 유나가 가방을 매도록 하고, 필요할 때 어른이 유나의 가방을 붙잡는다.	• 익숙해질 수 있도록 자주 목적지에 데려간다. • 지역사회에 있는 여러 장소의 사진을 적거나 책을 본다. • 하루 중 다양한 일과에서 "손 잡자."라는 지시를 따르도록 가르친다.	5, 6장
	사회적 의사소통	• "나는 손을 잡고 싶지 않아요."라고 말하는 방법을 모른다.	• 유나의 마음을 알았다는 것을 표현하라. 그리고 "내가 혼자 가고 싶은 것을 알지만 내 손은 잡아야 해."라고 말하면서 선택권이 없음을 알린다.	• 싫다고 표현하는 적절한 제스처나 말을 가르친다. '싫어'의 의미로 고개를 젓거나 지식을 따르는 것뿐만 아니라 "그만(stop)'의 의미로 손을 잡는 행동을 가르칠 수 있다.	5, 8장

유나의 문제행동	고려해야 할 중요한 결함	유나가 가진 생각이나 반응	단기적 해결법	장기적 해결법	이 책에서 더 참고할 만한 부분
시끄러운 소리를 낸다.	자신과 타인 그리고 환경에 대해 이해하기	• 이 장소에서 조용히 해야 할 필요를 알지 못한다.	• 소리 내는 것과 함께할 수 없는 활동들, 예를 들어 씹는 장난감이나 간식이나 음료수를 준다.	• 일상생활에서 "쉿, 조용"이라는 지시 따르기를 가르친다. 유나에게 시끄러운 것, 조용한 것을 알게 하기 위해 놀이시간에 이와 관련된 놀이를 해 본다.	5, 6장
	사회적 의사소통	• 나에게 관심을 주세요.	• 유나가 잠시나마 조용히 하고 있을 때 관심을 준다.	• 적절하게 관심을 모든 방법을 목표로 정한다. • 다른 사람을 똑똑 치거나 이름을 부를 수 있다.	5, 8장
기다리는 동안 때를 쓰거나 나가려고 한다.	자신과 타인 그리고 환경에 대해 이해하기	• 무엇인가 필요한데 지금 가질 수 있는지 모르겠어요.	• 기다려야 할 때가 오면 유나가 기분이 나빠지기 전에 미리 익숙한 노래를 부르거나 장난감이나 책, 간식 등을 준다.	• 다양한 일상생활에서 "처음에는 ___을 하고, 그다음에는 ___을 하자."를 연습한다. • 유나는 기다리는 법을 배운다. 유나에게 중요하지 않은 것부터 잠깐씩 연습한다("칫솔에 치약 짤 동안 기다려."). 그 후에 차츰 유나에게 중요한 일을 기다리는 것을 연습하고 시간도 늘린다.	5, 6장
	사회적 의사소통	• 지금 무엇인가 필요한데 어떻게 말해야 할지 모르겠어요.	• "___주세요."라고 말하는 연습을 한다. 지금 줄 것이라고 말한다.	• 제스처를 사용하거나 단어로 말하기를 가르친다.	5, 8장

참고: 추가적인 전략은 4~6장 그리고 『Early Intervention Every day! Embedding Activities in Daily Routines for Young Children and Their Families』(Crawford & Weber, 2014)의 참조 A에서 찾을 수 있음.

표 9-2　활동: 생일 파티 참여하기

현우의 문제 행동	고려해야 할 중요한 결함	현우가 가진 생각이나 반응	단기적 해결법	장기적 해결법	이 책에서 더 참고할 만한 부분
문으로 가서 운다.	융통성	• 평소에 내가 이 건물에 가면 밖에 나가서 놀 수 있다. 나는 지금 실내에 있고 싶지 않다.	• 현우를 밖으로 몇 분간 데리고 나간다. 그리고 좋아하는 물건을 가지고 실내로 유인해서 데리고 온다.	• 점차적으로 다양한 환경에 있게 하고 친구와 상호작용을 하고 노는 것을 목표로 정한다.	5, 7장
		• 내가 보던 영화가 차에 있다. 나는 지금 영화를 보러 가고 싶다.	• 집 안에서 영화를 보도록 해 준다.	• 다양한 일과에서 "첫 번째로는 ___을 하고 그다음에는 ___을 하다."라는 지시를 훈련한다.	
	자신과 타인 그리고 환경에 대해 이해하기	• 무슨 일이 일어나는지 모르겠다. 지금 나가고 싶다.	• 현우가 앞으로 무슨 일이 일어날지 알 수 있도록 시각적 단서나 경고를 주거나 설명해 준다.	• 현우의 예과토리를 확장하기 위해 다양한 경험을 하게 한다.	5, 6장
		• 사람들이 노래하는 것이 싫다.	• 노래하는 시간에 다른 방으로 비켜 가서 문을 닫는다.	• 매일의 일과 안에서 노래 부르는 시간에 문을 닫게 지도록 한다. 처음에는 노래를 부드럽고 짧게 시간 동안 부르고, 점진적으로 소리의 크기와 지속시간을 늘린다.	
		• 풍선을 보았다. 터질 것 같아 무섭다.	• 풍선을 다른 곳으로 옮겨 달라고 요청한다.	• ㅁ트에서 풍선을 보면 일단 주거 ㄴ 책에서 관람하거나 방 저편에 매달아 두는 등 자극에 둔감하게 한다. 점차적으로 풍선을 가까이에 매달고 재미있고 재미있는 것을 찾는 방 으로 놀이한다.	

현우의 문제 행동	고려해야 할 중요한 결함	현우가 가진 생각이나 반응	단기적 해결법	장기적 해결법	이 책에서 더 참고할 만한 부분
	사회적 의사소통	• 나가고 싶다.	• 나가게 해 준다.	• "안녕" "끝냈다" "처음에는 ___을 하고 그다음에는 ___을 하자." "라는 뜻의 말이나 제스처를 가르친다.	5, 8장
		• 목이 마른데 컵이 없다. 다른 사람에게 말할 방법을 모른다.	• 미리 예상하여 컵을 가져다 준다.	• 컵이 있는 곳으로 다른 사람의 손을 잡아끌거나, 냉장고로 누군가를 데려가거나, 컵 그림을 집어 들거나 '마시다'라는 뜻이 담긴 사인(sign)을 표현하도록 가르친다.	
		• 엄마가 방 안에 없다. 느끼 어떻게 엄마에게 가야 할지 모르겠다.	• 미리 현우에게 엄마는 나갈 것이고 곧 돌아올 것이라고 말해 준다.	• '엄마'를 뜻하는 제스처, 사인(sign), 단어를 가르친다.	
접시에 있는 음식을 먹지 않는다.	융통성	• 이 음식이 싫다. 음식이 내 접시, 내 컵에 들어 있지 않다.	• 현우가 좋아하는 컵이나 접시 등의 식기류에 좋아하는 음식을 준다.	• 새로운 음식, 다른 종류의 접시, 순가락, 컵을 사용할 수 있도록 목표를 정한다. • 다양한 일과 안에서 "먼저 ___를 하고, 그다음에 ___를 하자." 라는 말을 듣도록 연습한다.	5, 7장
	사회적 의사소통	• 다른 음식을 원한다.	• 음식의 선택권을 준다.	• 제스처나 사인(sign), 단어로 요구하기를 하도록 가르친다.	5, 8장
파티에서 다른 친구들과 함께 어울리지 않는다.	융통성	• 내가 어디에 있든지를 놓던 방식, 놓던 것들로 놀이하고 싶다.	• 혼자서 놀 수 있도록 허락한다.	• 놀이 레퍼토리를 확장한다.	5, 7장

현우의 문제 행동	고려해야 할 중요한 결함	현우가 가진 생각이나 반응	단기적 해결법	장기적 해결법	이 책에서 더 참고할 만한 부분
	자신과 타인 그리고 환경에 대해 이해하기	• 친구들이 놀면서 내는 소리가 싫다.	• 혼자서 놀게 하거나 친구들과 잠깐 놀고 난 후 혼자 놀도록 해 준다.	• 친구들과 점차 긴 시간을 함께할 수 있도록 경험해 본다. 조용한 도서관이나 공원 같은 넓은 장소에서 훈련을 시작하고 더 시끄러운 장소로 진행해 나간다.	5, 6장
		• 친구들과 친구들의 장난감으로 어떻게 놀아야 할지 모르겠다.	• 혼자서 놀게 하거나 친구들이 장난감을 가지고 놀도록 도와준다. 또래로 하여금 현우가 좋아하는 장난감을 주게 한다.	• 친구와 함께 노는 것을 경험해 본다. 병행 놀이를 짧은 시간 동안 해 보고, 상호작용 놀이로도 진행해 보게 한다. • 활동모방을 가르친다. • ~를 놀이를 가르친다. • 집에서 게임이나 활동을 해 보고, 새로운 환경에서도 해 본다.	
	사회적 의사소통	• 친구와 상호작용 하거나 무슨 말을 해야 할지 모른다.	• 현우가 원하는 대로 혼자 놀게 한다. • 짧은 시간 동안 친구와 함께 참여하도록 돕는다. 그리고 좋아하는 활동으로 돌아가게 해 준다. • 단어를 들려준다. 만약 필요하다면 '안녕', '잘가' 등의 제스처를 사용하도록 신체적 도움을 준다. • 현우가 자신감을 갖도록 도와주고, 활동을 끝내면 기분이 좋다는 것을 나누기 위해 박수를 친다.	• 교방하기, 차례대로 하기, 지시 따르기, 친구를 바라보고 친구에게 다가가기를 가르친다.	5, 8장

참고: 추가적인 전략은 4~6장 그리고 『Early Intervention Every day! Embedding Activities in Daily Routnes for Young Children and Their Families』(Crawford & Weber, 2014)의 참조 A에서 찾을 수 있음.

참고문헌

Abbott, M., Bernard, P., & Forge, J. (2013). Communicatinga diagnosis of autism spectrum disorder-A qualitative study of parents' experiences. *Clinical Child Psychology and Psychiatry, 18*(3), 370–382. doi:10.1177/1359104512455813

Accardo, P. J., & Barrow, W. (2015). Toe walking in autism: Further observations. *Journal of Child Neurology, 30*(5), 606–609. doi:10.1177/0883073814521298

Accardo, P. J., Monasterio, E., & Oswald, D. (2014). Toe walking in autism. In V. B. Patel, V. R. Preedy, & C. R. Martin (Eds.), *Comprehensive guide to autism* (pp. 519-532). New York, NY: Springer.

Adams, C. (2005). Social communication intervention for school–age children: Rationale and description. *Seminars in Speech and Language, 26*(3), 181–188. doi:10.1055/s–2005–917123

Ahearn, W. H., Castine, T., Nault, K., & Green, G. (2001). An assessment of food acceptance in children with autism or pervasive developmental disorder–not otherwise specified. *Journal of Autism and Developmental Disorders, 31,* 505–511. doi:10.1023/A:1012221026124

American Psychiatric Association. (2013). *Diagnostic and statistical manual of mental disorders* (5th ed.). Arlington, VA: American Psychiatric Publishing.

American Speech-Language-Hearing Association. (2007a). *Childhood apraxia of speech.* Rockville, MD: Author.

American Speech-Language-Hearing Association. (2007b). *Scope of practice in speech-language-pathology.* Rockville, MD: Author.

American Speech-Language-Hearing Association. (2015a). *Components of social communication.* Retrieved from http://www.asha.org/uploadedFi les/ASHA /Practice_Portal/Clinical_Topics/Social_Communication_Disorders_in_School-Age_Children/Components-of-Social-Communication.pdf

American Speech-Language-Hearing Association. (2015b). *Social communication benchmarks.* Retrieved from http://www.asha.org/uploadedFiles/ASHA/Practice_Portal/Clinical_Topics/Social_Communication_Disorders_in_School-Age_Children/Social-Communication-Benchmarks.pdf

American Speech-Language-Hearing Association. (2015c). *Social communication disorders in school-age children.* Retrieved from http://www.asha.org/Practice-Portal/Clinical-Topics/Social-Communication-Disorders-in-School-Age-Children/

Anagnostou, E., Jones, N., Huerta, M., Halladay, A. K., Wang, P., Scahill, L., ⋯ Dawson, G. (2015). Measuring social communication behaviors as a treatment endpoint in individuals with autism spectrum disorder. *Autism, 19*(5), 622-636. doi:10.1177/1362361314542955

Ashburner, J. K., Rodger, S. A., Ziviani, J. M., & Hinder, E. A. (2014). Comment on: "An intervention for sensory difficulties in children with autism: A randomized trial" by Schaaf et al. (2013). *Journal of Autism and Developmental Disorders, 44*(6), 1486-1488. doi:10.1007/s10803-014-2083-0

Autism Speaks. (2015a). *The Early Start Denver Model (ESDM).* Retrieved from http://www.autismspeaks.org/what-autism/treatment/early-start-denver-model-esdm

Autism Speaks. (2015b). *Learn the signs of autism.* Retrieved from http://www.autismspeaks.org/whatautism/learn-signs

Ayres, A. J. (1972). *Sensory integration and learning disorders.* Los Angeles, CA: Western Psychological Services.

Ayres, A. J. (1979). *Sensory integration and the child.* Los Angeles, CA: Western Psychological Services.

Ayres, A. J. (1985, May). *Developmental dyspraxia and adult-onset apraxia.* Paper presented at the meeting of Sensory Integration International, Torrance, CA.

Bahrick, L. E., & Lickliter, R. (2014). Learning to attend selectively: The dual role of intersensory redundancy. *Current Directions in Psychological Science, 23*(6), 414-420. doi:10.1177/0963721414549187

Bailey, K. (2008). Supporting families. In K. Chawarska, A. Klin, & F. R. Volkmar (Eds.), *Autism spectrum disorders in infants and toddlers: Diagnosis, assessment, and treatment* (pp. 300-326). New York, NY: Guilford Press.

Baranek, G. T., Little, L. M., Parham, L. D., Ausderau, K. K., & Sabatos-DeVito, M. G. (2014). Sensory features in autism spectrum disorders. In F. R. Volkmar, S. J. Rogers, R. Paul, & K. A. Pelphrey (Eds.), *Handbook of autism and pervasive developmental disorders: Diagnosis, development, and brain mechanisms* (4th ed., Vol. 1, pp. 378-407). Hoboken, NJ: Wiley.

Barbera, M. L. (2007). *The verbal behavior approach: How to teach children with autism and related disorders.* Philadelphia, PA: Jessica Kingsley.

Barrett, K. C. (2013). Introduction to section one: Overview and analysis. In K. C. Barrett, N. A. Fox, G. A. Morgan, D. J. Fidler, & L. A. Daunhauer (Eds.), *Handbook of self-regulatory processes in development: New directions and international perspectives* (pp. 3-4). New York, NY: Psychology Press.

Beier, J. S., & Spelke, E. S. (2012). Infants' developing understanding of social gaze. *Child Development, 83*(2), 486-496. doi:10.1111/j.1467-8624.2011.01702.x

Ben-Sasson, A., Soto, T. W., Martínez-Pedraza, F., & Carter, A. S. (2013). Early sensory over-responsivity in toddlers with autism spectrum disorders as a predictor of family impairment and parenting stress. *Journal of Child Psychology and Psychiatry, 54*(8), 846-853. doi:10.1111/jcpp.12035

Berger, N. I., & Ingersoll, B. (2014). A further investigation of goal-directed intention understanding in young children with autism spectrum disorders. *Journal of Autism and Developmental Disorders, 44*(12), 3204-3214. doi:10.1007/s10803-014-2181-z

Bondy, A. S., & Frost, L. A. (1994). The Picture Exchange Communication System. *Focus on Autism and Other Developmental Disabilities, 9*(3), 1-19. doi:10.1177/108835769400900301

Bottema-Beutel, K., Yoder, P., Woynaroski, T., & Sandbank, M. P. (2014). Targeted interventions for social communication symptoms in preschoolers with autism spectrum disorders. In F. R. Volkmar, S. J. Rogers, R. Paul, & K. A. Pelphrey (Eds.), *Handbook of autism and pervasive developmental disorders: Assessment, interventions, and policy* (4th ed., Vol. 2, pp. 788-812). Hoboken, NJ: Wiley.

Boulter, C., Freeston, M., South, M., & Rodgers, J. (2014). Intolerance of uncertainty as a framework for understanding anxiety in children and adolescents with autism spectrum disorders. *Journal of Autism and Developmental Disorders, 44*(6), 1391-1402. doi:10.1007/s10803-013-2001-x

Boyd, B. A., Odom, S. L., Humphreys, B. P., & Sam, A. M. (2010). Infants and toddlers with autism spectrum disorder: Early identification and early intervention. *Journal of Early Intervention, 32*(2), 75-98. doi:10.1177/1053815110362690

Bradford, K. (2010). Supporting families dealing with autism and Asperger's disorders. *Journal of Family Psychotherapy, 21*, 149-156. doi:10.1080/08975353.2010.483660

Brian, J. A., Bryson, S. E., & Zwaigenbaum, L. (2015). Autism spectrum disorder in infancy: Developmental considerations in treatment targets. *Current Opinion in Neurology, 28*(2), 117-123. doi:10.1097/WCO.0000000000000182

Briggs-Gowan, M. J., Carter, A. S., Irwin, J. R., Wachtel, K., Cicchetti, D. V. (2004). The Brief Infant-Toddler Social and Emotional Assessment: Screening for social-emotional problems and delays in competence. *Journal of Pediatric Psychology, 29*(2), 143-155. doi:10.1093/jpepsy/jsh017

Bruinsma, Y., Koegel, R. L., & Koegel, L. K. (2004). Joint attention and children with autism: A review of the literature. *Mental Retardation and Developmental Disabilities Research Reviews, 10*(3), 169-175. doi:10.1002/mrdd.20036

Bruner, J. (1981). The social context of language acquisition. *Language and Communication, 1*(2), 155-178. doi:10.1016/0271-5309(81)90010-0

Calkins, S. D. (2007). The emergence of self-regulation: Biological and behavioral control mechanisms supporting toddler competencies. In C. A. Brownell & C. B. Kopp (Eds.), *Socioemotional development in the toddler years: Transitions and transformations* (pp. 261-284). New York, NY: Guilford Press.

Cameron, M. J., Ainsleigh, S. A., & Bird, F. L. (1992). The acquisition of stimulus control of compliance and participation during an ADL routine. *Behavioral Residential Treatment, 7*(5), 327-340. doi:10.1002/bin.2360070502

Carter, A. S., Messinger, D. S., Stone, W. L., Celimli, S., Nahmias, A. S., & Yoder, P. (2011). A randomized controlled trial of Hanen's 'More than Words' in toddlers with early autism symptoms. *Journal of Child Psychology and Psychiatry, 52*(7), 741-752. doi:10.1111/j.1469-7610.2011.02395.x

Case-Smith, J., Weaver, L. L., & Fristad, M. A. (2014). A systematic review of sensory processing interventions for children with autism spectrum disorders. *Autism, 19*(2), 133-148. doi:10.1177/1362361313517762

Casenhiser, D. M., Shanker, S. G., & Stieben, J. (2013). Learning through interaction in children with autism: Preliminary data from a social-communication-based intervention. *Autism, 17*(2), 220-241. doi:10.1177/1362361311422052

Casey, L. B., Zanksas, S., Meindl, J. N., Parra, G. R., Cogdal, P., & Powell, K. (2012). Parental symptoms of posttraumatic stress following a child's diagnosis of autism spectrum disorder: A pilot study. *Research in Autism Spectrum Disorders, 6*(3), 1186-1193. doi:10.1016/j.rasd.2012.03.008

Centers for Disease Control and Prevention. (n.d.). *Tips for talking with parents.* Retrieved from http://www.cdc.gov/ncbddd/actearly/pdf/parents_pdfs/Tips TalkingParents.pdf

Centers for Disease Control and Prevention. (2014). *Autism spectrum disorder (ASD): Signs and symptoms.* Retrieved from http://www.cdc.gov/ncbddd/autism/signs.html

Colgan, S. E., Lanter, E., McComish, C., Watson, L. R., Crais, E. R., & Baranek, G. T. (2006). Analysis of social interaction gestures in infants with autism. *Child Neuropsychology, 12*(4-5), 307-319. doi:10.1080/09297040600701360

Cooper, J. O., Heron, T. E., & Heward, W. L. (2007). *Applied behavior analysis.* Upper Saddle River, NJ: Pearson.

Cossu, G., Boria, S., Copioli, C., Bracceschi, R., Giuberti, V., Santelli, E., Gallese, V. (2012).

Motor representation of actions in children with autism. *PLoS ONE, 7*(9), e44779. doi:10.1371/journal.pone.0044779

Crais, E., Douglas, D. D., & Campbell, C. C. (2004). The intersection of the development of gestures and intentionality. *Journal of Speech, Language, and Hearing Research, 47*(3), 678-694. doi:10.1044/1092-4388(2004/052

Crais, E. R., Watson, L. R., & Baranek, G. T. (2009). Use of gesture development in profiling children's prelinguistic communication skills. *American Journal of Speech-Language Pathology, 18*(1), 95-108. doi:10.1044/1058-0360(2008/07-0041)

Crawford, M. J., & Weber, B. (2014). *Early intervention every day! Embedding activities in daily routines for young children and their families.* Baltimore, MD: Paul H. Brookes Publishing Co.

Daniels, A. M., & Mandell, D. S. (2014). Explaining differences in age at autism spectrum disorder diagnosis: A critical review. *Autism, 18*(5), 583-597. doi:10.1177/1362361313480277

D'Cruz, A., Ragozzino, M. E., Mosconi, M. W., Shrestha, S., Cook, E. H., & Sweeney, J. A. (2013). Reduced behavioral flexibility in autism spectrum disorders. *Neuropsychology, 27*(2), 152-160. doi:10.1037/a0031721

Deák, G. O. (2004). The development of cognitive flexibility and language abilities. *Advances in Child Development and Behavior, 31*, 271-327. doi:10.1016/S0065-2407(03)31007-9

DeGangi, G. (2000). *Pediatric disorders of regulation in affect and behavior: A therapist's guide to assessment and treatment.* San Diego, CA: Academic Press.

Delmolino, L., & Harris, S. L. (2004). *Incentives for change: Motivating people with autism spectrum behaviors to learn and gain independence.* Bethesda, MD: Woodbine House.

DeWeerdt, S. (2014). *Lack of training begets autism diagnosis bottleneck.* Retrieved from http://sfari.org/news-and-opinion/news/2014/lack-of-trainingbegets-autism-diagnosis-bottleneck

Dewey, D. (1995). What is developmental dyspraxia? *Brain and Cognition, 29*(3), 254-274. doi:10.1006/brcg.1995.1281

Di Pietro, N. C., Whiteley, L., Mizgalewicz, A., & Illes, J. (2013). Treatments for neurodevelopmental disorders: Evidence, advocacy, and the Internet. *Journal of Autism and Developmental Disorders, 43*(1), 122–133. doi:10.1007/s10803-012-1551-7

Dicker, S. (2013). Entering the spectrum: The challenge of early intervention law for children with autism spectrum disorders. *Infants & Young Children, 26*(3), 192–203. doi:10.1097/IYC.0b013e3182953081

Duff, C. K., & Flattery, J. J., Jr. (2014). Developing mirror self awareness in students with autism spectrum disorder. *Journal of Autism and Developmental Disorders, 44*(5), 1027–1038. doi:10.1007/s10803-013-1954-0

Dunphy-Lelii, S., LaBounty, J., Lane, J. D., & Wellman, H. M. (2014). The social context of infant intention understanding. *Journal of Cognition and Development, 15*(1), 60–77. doi:10.1080/15248372.2012.710863

Dunst, C. J., Trivette, C. M., & Hamby, D. W. (2007). Meta-analysis of family-centered helpgiving practices research. *Mental Retardation and Developmental Disabilities Research Reviews, 13*(4), 370–378. doi:10.1002/mrdd.20176

Durand, V. M. (2011). *Optimistic parenting: Hope and help for you and your challenging child.* Baltimore, MD: Paul H. Brookes Publishing Co.

Durand, V. M. (2014, October). *Optimistic parenting: Hope and help for individuals with challenging behavior.* Presentation at 32nd Annual Autism Conference, Atlantic City, NJ.

El-Sheikh, M., & Sadeh, A. (2015). I. Sleep and development: Introduction to the monograph. *Monographs of the Society for Research in Child Development, 80*(1), 1–14. doi:10.1111/mono.12141

Ennis-Cole, D., Durodoye, B. A., & Harris, H. L. (2013). The impact of culture on autism diagnosis and treatment: Considerations for counselors and other professionals. *The Family Journal, 21*(3), 279–287. doi:10.1177/1066480713476834

Ewles, G., Clifford, T., & Minnes, P. (2014). Predictors of advocacy in parents of children with autism spectrum disorders. *Journal on Developmental Disabilities, 20*(1), 73–82.

Fabbri-Destro, M., Gizzonio, V., & Avanzini, P. (2013). Autism, motor dysfunctions and mirror mechanism. *Clinical Neuropsychiatry, 10*(5), 177–187.

Faedda, G. L., Baldessarini, R. J., Glovinsky, I. P., & Austin, N. B. (2004). Pediatric bipolar disorder: Phenomenology and course of illness. *Bipolar Disorders, 6*(4), 305–313. doi:10.1111/j.1399-5618.2004.00128.x

Falkmer, T., Anderson, K., Falkmer, M., & Horlin, C. (2013). Diagnostic procedures in autism spectrum disorders: A systematic literature review. *European Child and Adolescent Psychiatry, 22*(6), 329-340. doi:10.1007/s00787-013-0375-0

Fodstad, J. C., Rojahn, J., & Matson, J. L. (2012). The emergence of challenging behaviors in at-risk toddlers with and without autism spectrum disorder: A crosssectional study. *Journal of Developmental and Physical Disabilities, 24*(3), 217-234. doi:10.1007/s10882-011-9266-9

Fogel, A. (1993). *Developing through relationships.* Chicago, IL: University of Chicago.

Forssman, L. (2012). *Attention and the early development of cognitive control: Infants' and toddlers' performance on the A-not-B task* (Doctoral dissertation, University of Tampere, Finland). Retrieved from http://www.uta.fi/med/icl/people/linda/Doctoral%20thesis.pdf

Foss-Feig, J. H., Heacock, J. L., & Cascio, C. J. (2012). Tactile responsiveness patterns and their association with core features in autism spectrum disorders. *Research in Autism Spectrum Disorders, 6*(1), 337-344. doi:10.1016/j.rasd.2011.06.007

Gensler, D. (2009). Initiative and advocacy when a parent has a child with a disability. *Journal of Infant, Child, and Adolescent Psychotherapy, 8*(1), 57-69. doi:10.1080/15289160802683484

Gianino, A., & Tronick, E. Z. (1988). The mutual regulation model: The infants' self and interactive regulation and coping and defensive capacities. In T. M. Field, P. M. McCabe, & N. Schneiderman (Eds.), *Stress and coping across development* (pp. 47-68). Hillsdale, NJ: Erlbaum.

Gibson, J. J. (1979). *The ecological approach to visual perception.* Boston, MA: Houghton Mifflin.

Gillis, R., & Nilsen, E. S. (2014). Cognitive flexibility supports preschoolers' detection of communicative ambiguity. *First Language, 34*(1), 58-71. doi:10.1177/0142723714521839

Goldin-Meadow, S., & Alibali, M. W. (2013). Gesture's role in speaking, learning, and creating language. *Annual Review of Psychology, 64,* 257. doi:10.1146/annurevpsych-113011-143802

Goodwyn, S. W., Acredolo, L. P., & Brown, C. A. (2000). Impact of symbolic gesturing on early language development. *Journal of Nonverbal Behavior, 24*(2), 81–103. doi:10.1023/A:1006653828895

Grandin, T. (2002, August). Teaching people with autism/Asperger's to be more flexible. *Autism Today*. Retrieved from http://www.autismtoday.com/libraryback/Teaching_ Flexibility.htm

Grandin, T. (2011, November/December). Why do kids with autism stim? *Autism Asperger's Digest*. Retrieved from http://autismdigest.com/why-do-kidswith-autism-stim/

Green, S. A., Rudie, J. D., Colich, N. L., Wood, J. J., Shirinyan, D., Hernandez, L., ⋯ Bookheimer, S. Y. (2013). Overreactive brain responses to sensory stimuli in youth with autism spectrum disorders. *Journal of the American Academy of Child and Adolescent Psychiatry, 52*(11), 1158–1172. doi:10.1016/j.jaac.2013.08.004

Griffin, P., Peters, M. L., & Smith, R. M. (2007). Ableism curriculum design. In M. Adams, L. A. Belle, & P. Griffin (Eds.), *Teaching for diversity and social justice* (2nd ed., pp. 335–358). New York, NY: Taylor & Francis.

Gulick, R., & Kitchen, T. (2007). *Effective instruction for children with autism: An applied behavior analytic approach*. Erie, PA: The Dr. Gertrude A. Barber National Institute.

Guthrie, W., Swineford, L. B., Nottke, C., & Wetherby, A. M. (2013). Early diagnosis of autism spectrum disorder: Stability and change in clinical diagnosis and symptom presentation. *Journal of Child Psychology and Psychiatry, 54*(5), 582–590. doi:10.1111/jcpp.12008

Gutstein, S. E., & Sheely, R. K. (2002). *Relationship development intervention with young children*. London, United Kingdom: Jessica Kingsley.

Hazen, E. P., Stornelli, J. L., O'Rourke, J. A., Koesterer, K., & McDougle, C. J. (2014). Sensory symptoms in autism spectrum disorders. *Harvard Review of Psychiatry, 22*(2), 112–124. doi:10.1097/01.HRP.0000445143.08773.58

Hellendoorn, A., Langstraat, I., Wijnroks, L., Buitelaar, J. K., van Daalen, E., & Leseman, P. P. (2014). The relationship between atypical visual processing and social skills in young children with autism. *Research in Developmental Disabilities, 35*(2), 423–428. doi:10.1016/j.ridd.2013.11.012

Henrichs, J., & Van den Bergh, B. R. (2015). Perinatal developmental origins of self-regulation. In G. H. E. Gendolla, M. Tops, & S. L. Koole (Eds.), *Handbook of biobehavioral approaches to self-regulation* (pp. 349-370). New York, NY: Springer.

Higgins, D. J., Bailey, S. R., & Pearce, J. C. (2005). Factors associated with functioning style and coping strategies of families with a child with an autism spectrum disorder. *Autism: The International Journal of Research and Practice, 9*(2), 125-137. doi:10.1177/1362361305051403

Hood, B. M. (1995). Visual selective attention in the human infant: A neuroscientific approach. In C. Rovee-Collier, L. Lipsitt, & H. Hayne (Eds.), *Advances in infancy research* (pp. 163-216). Norwood, NJ: Ablex.

Hoyson, M., Jamieson, B., & Strain, P. S. (1984). Individualized group instruction of normally developing and autistic-like children: The LEAP curriculum model. *Journal of the Division for Early Childhood, 8,* 157-172.

Hwa-Froelich, D. A. (Ed.). (2015). *Social communication development and disorders.* New York, NY: Taylor and Francis.

Individuals with Disabilities Education Improvement Act (IDEA) of 2004, PL 108-446, 20 U.S.C. §§ 1400 *et seq.*

Ishak, S., Franchak, J. M., & Adolph, K. E. (2014). Perception-action development from infants to adults: Perceiving affordances for reaching through openings. *Journal of Experimental Child Psychology, 117,* 92-105. doi:10.1016/j.jecp.2013.09.003

Jang, J., Dixon, D. R., Tarbox, J., & Granpeesheh, D. (2011). Symptom severity and challenging behavior in children with ASD. *Research in Autism Spectrum Disorders, 5*(3), 1028-1032. doi:10.1016/j.rasd.2010.11.008

Johnson, C. P., & Myers, S. M. (2007). Identification and evaluation of children with autism spectrum disorders. *Pediatrics, 120*(5), 1183-1215. doi:10.1542/peds.2007-2361

Jones, W., & Klin, A. (2013). Attention to eyes is present but in decline in 2-6-month-old infants later diagnosed with autism. *Nature, 504*(7480), 427-431. doi:10.1038/nature12715

Kanner, L. (1943). Autistic disturbances of affective contact. *Nervous Child, 2,* 217-250. Retrieved from http://simonsfoundation.s3.amazonaws.com/share/071207-leo-kanner-autistic-affective-contact.pdf

Kasari, C., Gulsrud, A. C., Wong, C., Kwon, S., & Locke, J. (2010). Randomized controlled caregiver mediated joint engagement intervention for toddlers withautism. *Journal of Autism and Developmental Disorders, 40*, 1045-1056. doi:10.1007/s10803-010-0955-5

Kenworthy, L., Case, L., Harms, M. B., Martin, A., & Wallace, G. L. (2010). Adaptive behavior ratings correlate with symptomatology and IQ among individuals with high-functioning autism spectrum disorders. *Journal of Autism and Developmental Disorders, 40*(4), 416-423. doi:10.1007/s10803-009-0911-4

Kern, J. K., Geier, D. A., & Geier, M. R. (2014). Evaluation of regression in autism spectrum disorder based on parental reports. *North American Journal of Medical Sciences, 6*(1), 41-47. doi:10.4103/1947-2714.125867

Kerwin, M. E., Eicher, P. S., & Gelsinger, J. (2005). Parental report of eating problems and gastrointestinal symptoms in children with pervasive developmental disorders. *Child Health Care, 34*(3), 221-234. doi:10.1207/s15326888chc3403_4

Kim, S. H., Paul, R., Tager-Flusberg, H., & Lord, C. (2014). Language and communication in autism. In F. R. Volkmar, R. Paul, S. J. Rogers, & K. A. Pelphrey (Eds.), *Handbook of autism and pervasive developmental disorders: Diagnosis, development, and brain mechanisms* (4th ed., Vol. 1, pp. 230-262). Hoboken, NJ: Wiley.

Klin, A., Shultz, S., & Jones, W. (2015). Social visual engagement in infants and toddlers with autism: Early developmental transitions and a model of pathogenesis. *Neuroscience and Biobehavioral Reviews, 50*, 189-203. doi:10.1016/j.neubiorev.2014.10.006

Klintwall, L., Macari, S., Eikeseth, S., & Chawarska, K. (2014). Interest level in 2-year-olds with autism spectrum disorder predicts rate of verbal, nonverbal, and adaptive skill acquisition. *Autism, 19*(8), 925-933. doi:10.1177/1362361314555376

Koegel, L. K., Park, M. N., & Koegel, R. L. (2014). Using self-management to improve the reciprocal social conversation of children with autism spectrum disorder. *Journal of Autism and Developmental Disorders, 44*(5), 1055-1063. doi:10.1007/s10803-013-1956-y

Koegel, R. L., & Koegel, L. K. (2012). *The PRT pocket guide: Pivotal Response Treatment for autism.* Baltimore, MD: Paul H. Brookes Publishing Co.

Konst, M. J., Matson, J. L., & Turygin, N. (2013). Exploration of the correlation between autism spectrum disorder symptomology and tantrum behaviors. *Research in Autism Spectrum Disorders, 7*(9), 1068–1074. doi:10.1016/j.rasd.2013.05.006

Kopp, C. B. (1982). Antecedents of self-regulation: A developmental perspective. *Developmental Psychology, 18*(2), 199–214. doi:10.1037/0012-1649.18.2.199

Landa, R. J., Holman, K. C., O'Neil, A. H., & Stuart, E. A. (2011). Intervention targeting development of socially synchronous engagement in toddlers with autism spectrum disorder: A randomized controlled trial. *Journal of Child Psychology and Psychiatry, 52*(1), 13–21. doi:10.1111/j.1469-7610.2010.02288.x

Landry, R., & Bryson, S. E. (2004). Impaired disengagement of attention in young children with autism. *Journal of Child Psychology and Psychiatry, 45*(6), 1115–1122. doi:10.1111/j.1469-7610.2004.00304.x

Lane, S. J., Ivey, C. K., & May-Benson, T. A. (2014). Test of Ideational Praxis (TIP): Preliminary findings and interrater and test-retest reliability with preschoolers. *American Journal of Occupational Therapy, 68*(5), 555–561. doi:10.5014/ajot.2014.012542

Lang, R., O'Reilly, M., Healy, O., Rispoli, M., Lydon, H., Streusand, W., ··· Giesbersi, S. (2012). Sensory integration therapy for autism spectrum disorders: A systematic review. *Research in Autism Spectrum Disorders, 6*(3), 1004–1018. doi:10.1016/j.rasd.2012.01.006

Leach, D. (2012). *Bringing ABA to home, school, and play for young children with autism spectrum disorders and other disabilities.* Baltimore, MD: Paul H. Brookes Publishing Co.

Leung, R. C., & Zakzanis, K. K. (2014). Brief report: Cognitive flexibility in autism spectrum disorders: A quantitative review. *Journal of Autism and Developmental Disorders, 44*(10), 2628–2645. doi:10.1007/s10803-014-2136-4

Linkenauger, S. A., Lerner, M. D., Ramenzoni, V. C., & Proffitt, D. R. (2012). A perceptual-motor deficit predicts social and communicative impairments in individuals with autism spectrum disorders. *Autism Research, 5*(5), 352–362. doi:10.1002/aur.1248

Lipsky, D. (2011). *From anxiety to meltdown: How individuals on the autism spectrum deal with anxiety, experience meltdowns, manifest tantrums, and how you can intervene effectively.* London, United Kingdom: Jessica Kingsley.

Lord, C., Rutter, M., DiLavore, P., Risi, S., Gotham, K., & Bishop, S. L. (2012). *Autism Diagnostic Observation Schedule (ADOS-2): Manual* (2nd ed.). Los Angeles, CA:

Western Psychological Services.

Lovaas, O. I. (1987). Behavioral treatment and normal educational and intellectual functioning in young autistic children. *Journal of Consulting and Clinical Psychology*, 55(1), 3-9. Retrieved from http://dddc.rutgers.edu/pdf/lovaas.pdf

Lynch, E. W., & Hanson, M. J. (2011). *Developing crosscultural competence: A guide for working with children and their families* (4th ed.). Baltimore, MD: Paul H. Brookes Publishing Co.

Lyons, V., & Fitzgerald, M. (2013). Atypical sense of self in autism spectrum disorders: A neuro-cognitive perspective. In M. Fitzgerald (Ed.), *Recent advances in autism spectrum disorders* (Vol. 1). Rijeka, Croatia: InTech. Retrieved from http://www.intechopen. com/books/recent-advances-in-aut ism-spectrum-disorders-volume-i/atypical-sense-of-self-in-autismspectrum-disorders-a-neuro-cognitive-perspective

MacDuff, G. S., Krantz, P. J., & McClannahan, L. E. (2001). Prompts and prompt-fading strategies for people with autism. In G. Green & C. Maurice (Eds.), *Making a difference: Behavioral intervention for autism* (pp. 37-50). Austin, TX: PRO-ED.

Mace, F. C., Hock, M. L., Lalli, J. S., West, B. J., Belfiore, P., Pinter, E., & Brown, D. K. (1988). Behavioral momentum in the treatment of noncompliance. *Journal of Applied Behavior Analysis, 21*(2), 123-141. doi:10.1901/jaba.1988. 21-123

Mahoney, G., & MacDonald, J. (2005). *Responsive teaching: Parent-mediated developmental intervention*. Cleveland, OH: Case Western Reserve University.

Marco, E. J., Hinkley, L. B., Hill, S. S., & Nagarajan, S. S. (2011). Sensory processing in autism: A review of neurophysiologic findings. *Pediatric Research, 69*(5), 48R-54R. doi:10.1203/PDR.0b013e3182130c54

Marcus, L. M., Kunce, L. J., & Schopler, E. (2005). Working with families. In F. R. Volkmar, R. Paul, A. Klin, & D. J. Cohen (Eds.), *Handbook of autism and pervasive developmental disorders: Assessment, interventions, and policy* (3rd ed., Vol. 2, pp. 1055-1086). Hoboken, NJ: Wiley.

Marcus, L., & Schopler, E. (2007). Educational approaches for autism-TEACCH. In E. Hollander & E. Anagnostou (Eds.), *Autism spectrum clinical manual for the treatment of autism* (pp. 211-233). Washington, DC: American Psychiatric Publishing.

Matson, J. L., Adams, H. L., Williams, L. W., & Rieske, R. D. (2013). Why are there so many unsubstantiated treatments in autism? *Research in Autism Spectrum Disorders*, 7(3), 466-474. doi:10.1016/j.rasd.2012.11.006

Matson, J. L., Worley, J. A., Kozlowski, A. M., Chung, K., Jung, W., & Yang, J. (2012). Cross cultural differences of parent reported social skills in children with autistic disorder: An examination between South Korea and the United States of America. *Research in Autism Spectrum Disorders*, 6(3), 971-977. doi:10.1016/j.rasd.2011.07.019

Mayes, S. D., Calhoun, S., Bixler, E. O., & Vgontzas, A. N. (2009). Sleep problems in children with autism, ADHD, anxiety, depression, acquired brain injury, and typical development. *Sleep Medicine Clinics*, 4(1), 19-25. doi:10.1016/j.jsmc.2008.12.004

Mazefsky, C. A., Herrington, J., Siegel, M., Scarpa, A., Maddox, B. B., Scahill, L., & White, S. W. (2013). The role of emotion regulation in autism spectrum disorder. *Journal of the American Academy of Child and Adolescent Psychiatry*, 52(7), 679-688. doi:10.1016/j.jaac.2013.05.006

Mazurek, M. O., & Petroski, G. F. (2015). Sleep problems in children with autism spectrum disorder: Examining the contributions of sensory over-responsivity and anxiety. *Sleep Medicine*, 16(2), 270. doi:10.1016/j.sleep.2014.11.006

Mesibov, G. B., Shea, V., & Schopler, E. (2005). *The TEACCH approach to autism spectrum disorders.* New York, NY: Kluwer Academic/Plenum.

Mian, N. D., Godoy, L., Briggs-Gowan, M. J., & Carter, A. S. (2012). Patterns of anxiety symptoms in toddlers and preschool-age children: Evidence of early differentiation. *Journal of Anxiety Disorders*, 26(1), 102-110. doi:10.1016/j.janxdis.2011.09.006

Miniscalco, C., Rudling, M., Råstam, M., Gillberg, C., & Johnels, J. A. (2014). Imitation (rather than core language) predicts pragmatic development in young children with ASD: A preliminary longitudinal study using CDI parental reports. *International Journal of Language and Communication Disorders*, 49(3), 369-375. doi:10.1111/1460-6984.12085

Mitchell, S., Brian, J., Zwaigenbaum, L., Roberts, W., Szatmari, P., Smith, I., & Bryson, S. (2006). Early language and communication development of infants later diagnosed with autism spectrum disorder. *Journal of Developmental and Behavioral Pediatrics*, 27(2), S69-S78. doi:10.1097/00004703-200604002-00004

Mody, M. (2014). Nonverbal individuals with autism spectrum disorder: Why don't they speak? *North American Journal of Medicine and Science, 7*(3), 130–134. doi:10.7156/najms.2014.0703130

Mundy, P., & Jarrold, W. (2010). Infant joint attention, neural networks and social cognition. *Neural Networks, 23*(8), 985–997. doi:10.1016/j.neunet.2010.08.009

Mundy, P., & Newell, L. (2007). Attention, joint attention, and social cognition. *Current Directions in Psychological Science, 16*(5), 269–274. doi:10.1111/j.1467-8721.2007.00518.x

Muratori, F., Apicella, F., Muratori, P., & Maestro, S. (2011). Intersubjective disruptions and caregiver-infant interaction in early autistic disorder. *Research in Autism Spectrum Disorders, 5*(1), 408–417. doi:10.1016/j.rasd.2010.06.003

Myers, B. J., Mackintosh, V. H., & Goin-Kochel, R. P. (2009). "My greatest joy and my greatest heart ache": Parents' own words on how having a child in the autism spectrum has affected their lives and their families' lives. *Research in Autism Spectrum Disorders, 3*(3), 670–684. doi:10.1016/j.rasd.2009.01.004

Myers, S. M., & Johnson, C. J. (2007). Management of children with autism spectrum disorders. *Pediatrics, 120*, 1162–1182.

Nadel, J. (2014). *How imitation boosts development in infancy and autism spectrum disorder.* Oxford, United Kingdom: Oxford University Press.

National Research Council. (2001). *Educating children with autism.* Washington, DC: National Academy Press.

Nicholasen, M., & O'Neal, B. (2008). *I brake for meltdowns: How to handle the most exasperating behavior of your 2-to 5-year-old.* Boston, MA: Da Capo.

O'Connor, K. (2012). Auditory processing in autism spectrum disorder: A review. *Neuroscience and Biobehavioral Reviews, 36*(2), 836–854. doi:10.1016/j.neubiorev.2011.11.008

Odom, S. L., Boyd, B., Hall, L. J., & Hume, K. (2010). Evaluation of comprehensive treatment models for individuals with autism spectrum disorders. *Journal of Autism and Developmental Disabilities, 40*, 425–437. doi:10.1007/s10803-009-0825-1

Odom, S. L., Collet-Klingenberg, L., Rogers, S., & Hatton, D. D. (2010). Evidence-based practices in interventions for children and youth with autism spectrum disorders. *Preventing School Failure, 54*(4), 275-282. doi:10.1080/10459881003785506

Olswang, L. B., Coggins, T. E., & Timler, G. R. (2001). Outcome measures for school-age children with social communication problems. *Topics in Language Disorders, 22*(1), 50-73. doi:10.1097/00011363-200111000-00006

Ozonoff, S., Young, G. S., Carter, A., Messinger, D., Yirmiya, N., Zwaigenbaum, L., ⋯ Stone, W. L (2011). Recurrence risk for autism spectrum disorders: A Baby Siblings Research Consortium study. *Pediatrics, 128*(3), e488-e495. doi:10.1542/peds.2010-2825

Pang, Y. (2010). Facilitating family involvement in early intervention to preschool transition. *School Community Journal, 20*(2), 183-198. Retrieved from http://files.eric.ed.gov/fulltext/EJ908215.pdf

Parham, L. D., Cohn, E. S., Spitzer, S., Koomar, J. A., Miller, L. J., Burke, J. P., ⋯ Summers, C. A. (2007). Fidelity in sensory integration intervention research. *American Journal of Occupational Therapy, 61*(2), 216-227. doi:10.5014/ajot.61.2.216

Parham, L. D., & Mailloux, Z. (2015). Sensory integration. In J. Case-Smith & J. C. O'Brien (Eds.), *Occupational therapy for children and adolescents* (7th ed., pp. 258-303). St. Louis, MO: Elsevier.

Partington, J. W. (2008). *Capturing the motivation of children with autism or other developmental delays.* Walnut Creek, CA: Behavior Analysts.

Patten, E., Ausderau, K. K., Watson, L. R., & Baranek, G. T. (2013). Sensory response patterns in nonverbal children with ASD. *Autism Research and Treatment, 2013,* 1-9. doi:10.1155/2013/436286

Paul, R., Fuerst, Y., Ramsay, G., Chawarska, K., & Klin, A. (2011). Out of the mouths of babes: Vocal production in infant siblings of children with ASD. *Journal of Child Psychology and Psychiatry, 52*(5), 588-598. doi:10.1111/j.1469-7610.2010.02332.x

Pickles, A., Anderson, D. K., & Lord, C. (2014). Heterogeneity and plasticity in the development of language: A 17-year follow-up of children referred early for possible autism. *Journal of Child Psychology and Psychiatry, 55*(12), 1354-1362. doi:10.1111/jcpp.12269

Premack, D. (1959). Toward empirical behavioral laws: I. Positive reinforcement.

Psychological Review, 66(4), 219–233. doi:10.1037/h0040891

Premack, D., & Woodruff, G. (1978). Does the chimpanzee have a theory of mind? *Behavioral and Brain Sciences, 1*(04), 515–526. doi:10.1017/S0140525X00076512

Prizant, B. M. (1983). Language acquisition and communicative behavior in autism: Toward an understanding of the whole of it. *Journal of Speech and Hearing Disorders, 48*(3), 296–307. doi:10.1044/jshd.4803.296

Prizant, B. M., Wetherby, A. M., Rubin, E., Laurent, A. C., & Rydell, P. J. (2006). *The SCERTS© Model: A comprehensive educational approach for children with autism spectrum disorders.* Baltimore, MD: Paul H. Brookes Publishing Co.

Ravindran, N., & Myers, B. J. (2012). Cultural influences on perceptions of health, illness, and disability: A review and focus on autism. *Journal of Child and Family Studies, 21*(2), 311–319. doi:10.1007/s10826-011-9477-9

Reichow, B., Halpern, J. I., Steinhoff, T. B., Letsinger, N., Naples, A., & Volkmar, F. R. (2012). Characteristics and quality of autism websites. *Journal of Autism and Developmental Disorders, 42*(6), 1263–1274. doi:10.1007/s10803-011-1342-6

Repacholi, B. M., Meltzoff, A. N., Rowe, H., & Toub, T. S. (2014). Infant, control thyself: Infants' integration of multiple social cues to regulate their imitative behavior. *Cognitive Development, 32,* 46–57. doi:10.1016/j.cogdev.2014.04.004

Robins, D. L., Fein, D., & Barton, M. L. (2009). *The Modified Checklist for Autism in Toddlers, Revised, with Follow-up.* Retrieved from http://www.autismspeaks.org/sites/default /files/docs/sciencedocs/m-chat/m-chat-r_f.pdf?v=1

Robins, D. L., Fein, D., Barton, M. L., & Green, J. A. (2001). The Modified Checklist for Autism in Toddlers: An initial study investigating the early detection of autism and pervasive developmental disorders. *Journal of Autism and Developmental Disorders, 31*(2), 131–144. doi:10.1023/A:1010738829569

Rogers, S. J., & Dawson, G. (2010). *Early Start Denver Model for children with autism: Promoting language, learning, and engagement.* New York, NY: Guilford Press.

Rogers, S. J., & Vismara, L. (2014). Interventions for infants and toddlers at risk for autism spectrum disorder. In F. R. Volkmar, S. J. Rogers, R. Paul, & K. A. Pelphrey (Eds.), *Handbook of autism and pervasive developmental disorders: Assessment, interventions, and policy* (4th ed., Vol. 2, pp. 739-765). New York, NY: Wiley.

Rosetti, L. (2006). *The Rossetti Infant-Toddler Language Scale.* East Moline, IL: LinguiSystems.

Rothbart, M. K., & Bates, J. E. (2006). Temperament. In W. Damon, R. Lerner, & N. Eisenberg (Eds.), *Handbook of child psychology: Social, emotional, and personality development* (6th ed., Vol. 3, pp. 99-166). New York, NY: Wiley.

Rothbart, M. K., Posner, M. I., & Kleras, J. (2006). Temperament, attention, and the development of self-regulation. In K. McCartney & D. Phillips (Eds.), *Blackwell handbook of early childhood development.* Hoboken, NJ: Wiley-Blackwell.

Rush, D. D., & Shelden, M. L. (2011). *The early childhood coaching handbook.* Baltimore, MD: Paul H. Brookes Publishing Co.

Rutter, M., Le Couteur, A., & Lord, C. (2003). *Autism Diagnostic Interview-Revised.* Los Angeles, CA: Western Psychological Services.

Sacrey, L. R., Armstrong, V. L., Bryson, S. E., & Zwaigenbaum, L. (2014). Impairments to visual disengagement in autism spectrum disorder: A review of experimental studies from infancy to adulthood. *Neuroscience and Biobehavioral Reviews, 47,* 559-577. doi:10.1016/j.neubiorev.2014.10.011

Schaaf, R. C., & Lane, A. E. (2014). Toward a best-practice protocol for assessment of sensory features in ASD. *Journal of Autism and Developmental Disorders, 45*(5), 1380-1395. doi:10.1007/s10803-014-2299-z

Schertz, H. H. (2005). Promoting joint attention in toddlers with autism: A parent-mediated developmental model. (Doctoral dissertation, Indiana University, 2005). *Dissertation Abstracts International, 66,* 3982.

Schertz, H. H., & Odom, S. L. (2007). Promoting joint attention in toddlers with autism: A parent-mediated developmental model. *Journal of Autism and Developmental Disorders, 37*(8), 1562-1575. doi:http://dx.doi.org/10.1007/s10803-006-0290-z

Schertz, H. H., Odom, S. L., Baggett, K. M., & Sideris, J. H. (2013). Effects of joint attention mediated learning for toddlers with autism spectrum disorders: An initial randomized controlled study. *Early Childhood Research Quarterly, 28*(2), 249-258. doi:10.1016/j.ecresq.2012.06.006

Schmitt, L., Heiss, C. J., & Campbell, E. E. (2008). A comparison of nutrient intake and eating behaviors of boys with and without autism. *Topics in Clinical Nutrition, 23*(1), 23-31. doi:10.1097/01.TIN.0000312077.45953.6c

Schreck, K. A., Williams, K., & Smith, A. F. (2004). A comparison of eating behaviors between children with and without autism. *Journal of Autism and Developmental Disorders, 34*(4), 433-438. doi:10.1023/B:JADD.0000037419.78531.86

Schreibman, L., & Ingersoll, B. (2011). Naturalistic approaches to early behavioral intervention. In D. G. Amaral, G. Dawson, & D. H. Geschwind (Eds.), *Autism spectrum disorders* (pp. 1056-1067). New York, NY: Oxford University Press.

Senju, A., & Csibra, G. (2008). Gaze following in human infants depends on communicative signals. *Current Biology, 18*(9), 668-671. doi:10.1016/j.cub.2008.03.059

Shetreat-Klein, M., Shinnar, S., & Rapin, I. (2014). Abnormalities of joint mobility and gait in children with autism spectrum disorders. *Brain and Development, 36*(2), 91-96. doi:10.1016/j.braindev.2012.02.005

Shic, F., Bradshaw, J., Klin, A., Scassellati, B., & Chawarska, K. (2011). Limited activity monitoring in toddlers with autism spectrum disorder. *Brain Research, 1380*, 246-254. doi:10.1016/j.brainres.2010.11.074

Shonkoff, J. P., & Phillips, D. A. (Eds.). (2000). *From neurons to neighborhoods: The science of early childhood programs.* Washington, DC: National Academy.

Shriberg, L. D., Paul, R., Black, L. M., & van Santen, J. P. (2011). The hypothesis of apraxia of speech in children with autism spectrum disorder. *Journal of Autism and Developmental Disorders, 41*(4), 405-426. doi:10.1007/s10803-010-1117-5

Skinner, B. F. (1957). *Verbal behavior.* Englewood Cliffs, NJ: Prentice Hall.

Sparaci, L., Stefanini, S., D'Elia, L., Vicari, S., & Rizzolatti, G. (2014). What and why understanding in autism spectrum disorders and Williams syndrome: Similarities and differences. *Autism Research, 7*(4), 421-432. doi:10.1002/aur.1370

Sroufe, L. A. (2000). Early relationships and the development of children. *Infant Mental Health Journal, 21*(1-2), 67-74. Retrieved from http://www.cpsccares.org/system/files/Early%20Relationships%20and%20the%20Development%20of%20Young%20Children.pdf

Strain, P. S., Schwartz, I. S., & Barton, E. (2011). Providing interventions for young children with ASD: What we still need to accomplish. *Journal of Early Intervention, 33*(4), 321–333. doi:10.1177/1053815111429970

Strauss, K., Vicari, S., Valeri, G., D'Elia, L., Arima, S., & Fava, L. (2012). Parent inclusion in early intensive behavioral intervention: The influence of parental stress, parent treatment fidelity and parent-mediated generalization of behavior targets on child outcomes. *Research in Developmental Disabilities, 33*(2), 688–703. doi:10.1016/j.ridd.2011.11.008

Sucksmith, E., Roth, I., & Hoekstra, R. A. (2011). Autistic traits below the clinical threshold: Re-examining the broader autism phenotype in the 21st century. *Neuropsychology Review, 21*(4), 360–389. doi:10.1007/s11065-011-9183-9

Sundberg, M. L. (2008). *VB-MAPP verbal behavior milestones assessment and placement program: A language and social skills assessment program for children with autism or other developmental disabilities.* Concord, CA: AVB.

Thompson, R. A., & Meyer, S. (2014). Socialization of emotion and emotion regulation in the family. In J. J. Gross (Ed.), *Handbook of emotion regulation* (pp. 173–186). New York, NY: Guilford Press.

Tomlin, A., Koch, S. M., Raches, C., Minshawi, N. F., & Swiezy, N. B. (2013). Autism screening practices among early intervention providers in Indiana. *Infants & Young Children, 26*(1), 74–88. doi:10.1097/IYC.0b013e31827842b1

Trillingsgaard, A., Sørensen, E. U., Němec, G., & Jørgensen, M. (2005). What distinguishes autism spectrum disorders from other developmental disorders before the age of four years? *European Child and Adolescent Psychiatry, 14*(2), 65–72. doi:10.1007/s00787-005-0433-3

Tronick, E. (2013). Typical and atypical development: Peek-a-boo and blind selection. In K. Brandt, B. D. Perry, S. Seligman, & E. Tronick (Eds.), *Infant and early childhood mental health: Core concepts and clinical practice* (pp. 55–69). Arlington, VA: American Psychiatric Publishing.

Tsao, L., Davenport, R., & Schmiege, C. (2012). Supporting siblings of children with autism spectrum disorders. *Early Childhood Education Journal, 40*(1), 47–54. doi:10.1007/s10643-011-0488-3

University of Utah College of Education. (2015). *Terrell Howard Bell*. Retrieved from http://education.utah.edu/alumni/profiles/terrell-bell.php

Vallotton, C., & Ayoub, C. (2011). Use your words: The role of language in the development of toddlers' selfregulation. *Early Childhood Research Quarterly, 26*(2), 169-181. doi:10.1016/j.ecresq.2010.09.002

Vanvuchelen, M., Van Schuerbeeck, L., Roeyers, H., & De Weerdt, W. (2013). Understanding the mechanisms behind deficits in imitation: Do individuals with autism know "what" to imitate and do they know "how" to imitate? *Research in Developmental Disabilities, 34*(1), 538-545. doi:10.1016/j.ridd.2012.09.016

Vivanti, G., & Hamilton, A. (2014). Imitation in autism spectrum disorders. In F. R. Volkmar, R. Paul, A. Klin, & D. Cohen (Eds.), *Handbook of autism and pervasive developmental disorders: Assessment, interventions, and policy* (4th ed., Vol. 2, pp. 278-301). Hoboken, NJ: Wiley.

Vivanti, G., Trembath, D., & Dissanayake, C. (2014). Mechanisms of imitation impairment in autism spectrum disorder. *Journal of Abnormal Child Psychology, 42*(8), 1395-1405. doi:10.1007/s10802-014-9874-9

Wagner, A. L., Wallace, K. S., & Rogers, S. J. (2014). Developmental approaches to treatment of young children with autism spectrum disorder. In J. Tarbox, D. R. Dixon, P. Sturmey, & J. L. Matson (Eds.), *Handbook of early intervention for autism spectrum disorders: Research, policy, and practice* (pp. 501-542). New York, NY: Springer.

Wang, J., & Barrett, K.C. (2012). Mastery motivation and self-regulation during early childhood. In K. C. Barrett, N. A. Fox, & G. Morgan (Eds.), *Handbook of self-regulatory processes in development: New directions and international perspectives* (pp. 337-380). New York, NY: Psychology Press.

Watson, L. R., Crais, E. R., Baranek, G. T., Dykstra, J. R., & Wilson, K. P. (2013). Communicative gesture use in infants with and without autism: A retrospective home video study. *American Journal of Speech-Language Pathology, 22*(1), 25-39. doi:10.1044/1058-0360(2012/11-0145)

Wetherby, A. M. (1991). Profiling pragmatic abilities in the emerging language of young children. In T. M. Gallagher (Ed.), *Pragmatics of language: Clinical practice issues* (pp.

249-281). San Diego, CA: Singular.

Wetherby, A. M., Watt, N., Morgan, L., & Shumway, S. (2007). Social communication profiles of children with autism spectrum disorders late in the second year of life. *Journal of Autism and Developmental Disorders, 37*(5), 960-975. doi:10.1007/s10803-006-0237-4

Wetherby, A. M., & Woods, J. (2006). Early social interaction project for children with autism spectrum disorders beginning in the second year of life: A preliminary study. *Topics in Early Childhood Special Education, 26*(2), 67-82. doi:10.1177/02711214060260020201

Wetherby, A. M., & Woods, J. (2008). Developmental approaches to treatment. In K. Chawarska, A. Klin, & F. R. Volkmar (Eds.), *Autism spectrum disorders in infants and toddlers: Diagnosis, assessment, and treatment* (pp. 170-206). New York, NY: Guilford Press.

Wieder, S., & Greenspan, S. I. (2001). The DIR(Developmental, Individual-difference, Relationship-based) approach to assessment and intervention planning. *Zero to Three, 21*, 11-19.

Williams, K. E., Hendy, H., & Knecht, S. (2008). Parent feeding practices and child variables associated with childhood feeding problems. *Journal of Developmental and Physical Disabilities, 20*(3), 231-242. doi:10.1007/s10882-007-9091-3

Winsper, C., & Wolke, D. (2014). Infant and toddler crying, sleeping and feeding problems and trajectories of dysregulated behavior across childhood. *Journal of Abnormal Child Psychology, 42*(5), 831-843. doi:10.1007/s10802-013-9813-1

Wolff, J. J., Botteron, K. N., Dager, S. R., Elison, J. T., Estes, A. M., Gu, H., ⋯ Piven, J. (2014). Longitudinal patterns of repetitive behavior in toddlers with autism. *Journal of Child Psychology and Psychiatry, 55*(8), 945-953. doi:10.1111/jcpp.12207

Woods, J. (2008). Providing early intervention services in natural environments. *ASHA Leader, 13*(4), 14-17. Retrieved from http://www.cdd.unm.edu/ecspd/portal/docs/tta/ASHA%20Prov ide%20EI%20in%20Natural%20Environ.pdf

Woods, J., Wilcox, M., Friedman, M., & Murch, T. (2011). Collaborative consultation in natural environments: Strategies to enhance family-centered supports and services. *Language, Speech, and Hearing Services in Schools, 42*(3), 379-392. doi:10.1044/0161-1461(2011/10-0016)

Yerys, B. E., Wallace, G. L., Harrison, B., Celano, M. J., Giedd, J. N., & Kenworthy, L. E. (2009). Setshifting in children with autism spectrum disorders: Reversal shifting deficits on the Intradimensional/Extradimensional Shift Test correlate with repetitivebehaviors. *Autism, 13*(5), 523-538. doi:10.1177/1362361309335716

Young, G. S., Rogers, S. J., Hutman, T., Rozga, A., Sigman, M., & Ozonoff, S. (2011). Imitation from 12 to 24 months in autism and typical development: A longitudinal Rasch analysis. *Developmental Psychology, 47*(6), 1565-1578. doi:10.1037/a0025418

Zhou, Q., Chen, S. H., & Main, A. (2012). Commonalities and differences in the research on children's effortful control and executive function: A call for an integrated model of self-regulation. *Child Development Perspectives, 6*(2), 112-121. doi:10.1111/j.1750-8606.2011.00176.x

Zwaigenbaum, L., Bryson, S., Lord, C., Rogers, S., Carter, A., Carver, L., … Yirmiya, N. (2009). Clinical assessment and management of toddlers with suspected autism spectrum disorder: Insights from studies of high-risk infants. *Pediatrics, 123*(5), 1383-1391. doi:10.1542/peds.2008-1606

Zwaigenbaum, L., Bryson, S., Rogers, T., Roberts, W., Brian, J., & Szatmari, P. (2005). Behavioral manifestations of autism in the first year of life. *International Journal of Developmental Neuroscience, 23*(2), 143-152. doi:10.1016/j.ijdevneu.2004.05.001

찾아보기

저자 소개

Ms. Merle J. Crawford는 중앙 펜실베이니아의 작업치료사이다. 특수교육과 초등교육 학사 학위 그리고 작업치료 박사 학위를 가지고 있다. 또한 응용행동 분석과 자폐 영역 전공의 석사 과정을 수료하였다. 특히 관계 중심 중재에서 심화 교육을 받았으며, 국제행동분석전문가 겸 영아 마사지지도사이다. 그녀는 가족을 돕고 유아들을 가르치는 다양한 연수의 경험으로부터 얻은 전략을 통합하여 주로 조기 중재에서 영아 및 유아를 위해 일하고 있다.

Ms. Barbara Weber는 중앙 펜실베이니아의 언어치료사이다. 이학 학사 학위와 의사소통장애 전공으로 박사 학위를 가지고 있다. 또한 응용행동분석학 석사 과정을 수료 중이다. 미국언어청각협회로부터 임상자격증을 받았으며, 국제행동분석가이다. 그녀는 학교, 병원, 가정 등에서 다양한 장애를 가진 유아와 성인들을 위해 30년 이상 일해 왔다. 영아와 유아를 주로 치료해 왔으며, 가족들이 일과 중심 중재를 할 수 있도록 돕는 협력 과정을 위해 일하고 있다.

역자 소개

김선경(Kim Sun Kyung)

이화여자대학교 특수교육과(학사)

이화여자대학교 대학원 특수교육과(석사, 박사)

현 이화여자대학교 아동발달센터 부소장

　　가천대학교 치료교육대학원 초빙 교수

김은윤(Kim Eun Yun)

이화여자대학교 대학원 특수교육과(석사)

현 이화여자대학교 아동발달센터 연구원

임미화(Lim Mi Hwa)

이화여자대학교 대학원 특수교육과(석사)

현 이화여자대학교 아동발달센터 연구원

일상에서의
자폐성장애
영유아 발달지원
Autism Intervention Every Day!
-Embedding Activities in Daily Routines for Young
Children and Their Families

2020년 10월 20일 1판 1쇄 발행
2023년 9월 20일 1판 3쇄 발행

지은이 • Merle J. Crawford · Barbara Weber
옮긴이 • 김선경 · 김은윤 · 임미화
펴낸이 • 김 진 환
펴낸곳 • (주) **학지사**

　　　　　04031 서울특별시 마포구 양화로 15길 20 마인드월드빌딩 5층
대표전화 • 02) 330-5114　　팩스 • 02) 324-2345
등록번호 • 제313-2006-000265호

홈페이지 • http://www.hakjisa.co.kr
인스타그램 • https://www.instagram.com/hakjisabook

ISBN 978-89-997-2220-2 93370

정가 17,000원

출판미디어기업 **학지사**

간호보건의학출판 **학지사메디컬** www.hakjisamd.co.kr
심리검사연구소 **인싸이트** www.inpsyt.co.kr
학술논문서비스 **뉴논문** www.newnonmun.com
원격교육연수원 **카운피아** www.counpia.com